Gerhard Amendt

Das Leben unerwünschter Kinder

Unter Mitarbeit
von Michael Schwarz

Fischer
Taschenbuch
Verlag

Überarbeitete Ausgabe
Veröffentlicht im Fischer Taschenbuch Verlag GmbH,
Frankfurt am Main, Mai 1992

Lizenzausgabe mit freundlicher Genehmigung des Autors
© 1992 Gerhard Amendt
Umschlaggestaltung: Buchholz/Hinsch/Hensinger
Foto: © Zefa-Stockmarket
Gesamtherstellung: Clausen & Bosse, Leck
Printed in Germany 1992
ISBN 3-596-11079-3

Inhalt

Vorwort zur Taschenbuchausgabe

Am Anfang eines Buches steht üblicherweise, wovon es handelt. Davon möchte ich eine Ausnahme machen. Statt dessen möchte ich darstellen, was dieses Buch nicht enthält, was nicht seine Absicht ist und worauf es weder offen noch verdeckt abzielt. Der Anlaß für diese Vorgehensweise ist einfach, aber er bedarf der Erläuterung.

Wir leben in einer Gesellschaft, in der die Erziehung der Kinder trotz zaghafter Gegentendenzen fast ausschließlich von Frauen geleistet wird. Obwohl dieser Zustand heftig kritisiert und sogar bekämpft wird und viele Frauen dieser Situation zu entkommen trachten, hat sich an ihm in den vergangenen 20 Jahren so gut wie nichts verändert – zumindest was die alltäglichen Handlungsweisen von Männern angeht, nicht jedoch, was sie darüber äußern.

Über das Leben unerwünschter Kinder zu berichten, über die Art und Weise, wie ihr Leben entsagungsreich verläuft, welche Bruchstellen und Leiden es kennt, könnte besonders von Frauen vorschnell als Versuch gesehen werden, ihnen vorzuführen, was sie im Leben mit Kindern alles falsch machen und wie sie Schuld auf sich laden. Diese Schuldzuweisung findet nicht nur in den Vorstellungen der Frauen, sondern auch im öffentlichen Leben statt. Frauen leisten nicht nur die Erziehungsarbeit, als Mütter werden sie obendrein als allmächtig phantasiert. Es wird ihnen die Fähigkeit zugeschrieben, alle Probleme zu lösen, die im Leben eines Kindes auftreten können.

Diese Ansicht vertrete ich nicht, und deshalb handelt dieses Buch nicht von Schuldzuweisungen.

Die gesellschaftliche Schuld für das Schicksal unerwünschter Kinder tragen nicht die Frauen, welche die Kinder erziehen. Ihnen gesellschaftliche Schuld für die schweren Lebensbedingungen der unerwünschten Kinder zuzuweisen, ist angesichts unserer Forschungsergebnisse nicht haltbar. Frauen, die gegen ihren Wunsch gezwungen werden, Mutter zu werden, sind in einem sehr tragischen Sinne Opfer einer kinderfeindlichen Politik, die sich auch auf die Kinder auswirkt, die gegen den Willen eines Paares das Licht der Welt erblicken.

Bemerkenswerterweise löst der Versuch, über das Leben unerwünschter Kinder nachzudenken, gerade bei denen, welche die Organisation der Kindererziehung politisch beeinflussen, erboste Opposition aus. Sie zeigen wenig Interesse und Neugier dafür, wie ihre lebensschützerischen

Absichten sich in der alltäglichen Beziehung von Mutter und Kind als Lebenserschwernis niederschlagen. Wahrscheinlich ist es für Politiker, Ärzte und Kirchenfunktionäre deshalb besonders schwer, diese Forschungsergebnisse aufzunehmen. Denn sie stellen in Frage, was von ihnen ein Leben lang oder sogar über Generationen hinweg für richtig gehalten wurde: Daß die Mütterlichkeit nämlich eine einzigartige Tugend der Frauen sei, die sich eigentlich nur dann erschöpft, wenn der Tod die Mütter selbst ereilt.

Unsere Forschungsergebnisse zeigen die unerbittliche Wahrheit, daß der Zwang zum Austragen unerwünschter Schwangerschaften letztlich die Kinder schädigt und sie gemeinsam mit ihren Eltern in eine lebenslange tragische Einheit verstrickt, die das Leben der Eltern erschwert und das Aufwachsen der Kinder mit unendlich vielen psychischen Einschränkungen versieht. Dieser Zwang bringt Lebensbedingungen für die frühe Kindheit hervor, über die sich viele bislang keine Gedanken gemacht haben. Oder eben von jener großartig phantasierten Mütterlichkeit ausgingen, die alles Belastende fürs Kind in Windeseile zu dessen Bestem verwandelt.

Aber es gibt jenen Widerspruch, der in diesem Buch in seinen vielfältigen Facetten dargestellt wird: daß Frauen mit Zwangsmutterschaft nicht fertig werden, obwohl das von ihnen stillschweigend erwartet wird. Es ist eine bedrückende Realität, die lange Zeit verschwiegen und teilweise politisch unterdrückt wurde.

Wir können heute zeigen, daß politische Handlungen, die in der Vergangenheit zum Wohl der Kinder und deren Eltern erzwungen wurden, sich nachträglich als zerstörerische Eingriffe entpuppten.

Letztlich werden sich die neu gewonnenen Einsichten darin niederschlagen, daß Vorstellungen von dem, was zum Wohle der Kinder vertretbar ist, neu bestimmt werden müssen. Vor allem muß die zählebige Phantasie von den grenzenlos belastbaren, zugleich immer-guten Müttern aufgegeben werden.

Unsere Forschung hat gezeigt, daß niemand Frauen zu Zwangsmüttern machen und gleichzeitig berechtigterweise erwarten kann, daß sie spielerisch damit fertig werden und daß die Beziehung zum Kind »glücklich« verläuft.

Es gibt in allen Altersgruppen und sozialen Schichten, sowohl unter Männern wie Frauen, eine weitverbreitete Neigung, sich Mütter als unversiegbare Quellen einer »harmonisch schönen Kindheit« zu wünschen. An dieser Wunschvorstellung wird nicht selten trotz gegenteiliger Erfahrungen festgehalten.

Fast jeder hegt die Illusion von der unendlich guten Mutter, der eine muß länger als der andere graben, um auf diese Illusion zu stoßen. Aber sie ist bei jedem auffindbar. Und wahrscheinlich ist diese Illusion sogar am stärksten bei denen verwurzelt, die besonders hart gegen die Mütter vorgehen und sie ganz besonders einschränken, wenn es darum geht, ihre Wünsche und Hoffnungen zu erfüllen.

Je blühender die Illusion von der mütterlichen Güte, um so größer ist die Phantasie von ihrer unendlichen Belastbarkeit. Weniger nachsichtig formuliert, stellt sich der verborgene Teil dieser Illusionsbildung als etwas Boshaftes gegen die Mütter dar: Je größer die unbewußte Enttäuschung, ja sogar der Haß auf die eigene Mutter ist, seien sie Teil der Lebensgeschichte oder der Phantasie, um so mehr wird ihr, unter dem Schleier der Idealisierung, sadistisch Gemeines zugemutet. Das muß nicht im Privaten sich niederschlagen, sondern kann sehr wohl seinen Ausdruck in politischen Aktivitäten finden.

Die individuellen Illusionen über die Güte der Mütter bilden eine beeindruckende gesellschaftliche Erwartungshaltung. Sie hebt Mütter auf einen hohen Thron, auf dem ihre Weiblichkeit, ihr sexuelles Begehren, ihre weniger guten und ihre ausgesprochen bösen Seiten verleugnet werden, so daß sie nur noch in heimlicher oder verschämter Weise existieren können. Zumindest gehen sie dem Blick jener verloren, die auf den Thron starren, den sie der fiktiven Mütterlichkeit errichtet haben.

Es ist in der Geschichte deutscher Mütterlichkeitsbilder noch keine hundert Jahre her, daß illusionäre Wünsche unverhohlen in der Öffentlichkeit als Maßstab für Mütter propagiert wurden. Mütterliche »Makellosigkeit« und vor allem ihre »Selbstlosigkeit«, eben die Bereitschaft, sich zu opfern und auf eigenes Leben zu verzichten, forderten unsere Urgroßeltern um die Jahrhundertwende ohne Selbstdistanz und ohne Nachsicht.

Mutter

Es ist ein wunderbar Ding eine Mutter,
Andere mögen dich lieben,
aber nur deine Mutter kennt dich.
Sie arbeitet für dich,
sie hütet dich,
liebt dich,
verzeiht dir Alles, was du auch tuest,
denn sie versteht dich
und begeht nur das einzige Unrecht
zu sterben und dich zu verlassen.
                    Baronin von Hutten

Was könnte den illusionären Charakter dieser Wünsche mehr verdeutlichen als die Hoffnung, daß Mütter wirklich nur den einen Fehler haben, daß sie Schuld durch ihre Sterblichkeit auf sich laden?

Obwohl diese besinnlichen Verszeilen aus einem großen Fundus ähnlicher Äußerungen bald achtzig Jahre alt sind und vieles im sozialen Verhältnis der Geschlechter sich seitdem verändert hat, so gibt es noch immer viele Frauen, die zielstrebig diesem unbändigen Ideal der grenzenlos guten Mutter entsprechen möchten. Sie identifizieren sich weiterhin mit den Idealisierungen und verkennen deshalb die Gewalttätigkeit, die in der Schmeichelei zugleich gegen sie gerichtet ist. Sie übersehen den Preis, den sie entrichten müssen, wenn sie sich das fordernde Bild der ewig guten Mutter zu eigen machen. Sie übersehen vor allem auch den Haß und die Wut ihrer Kinder, die sie treffen werden, wenn sie eines Tages nicht mehr die Augen davor verschließen, daß ihre Mütter neben der Sterblichkeit noch viele andere Schwächen und Fehler haben.

Anders als vor zehn Jahren, geschweige denn vor 80 Jahren, können wir heute über die vielfältigen Lebenserschwernisse von Kindern sprechen, die unerwünscht, nämlich gegen den offen oder verdeckt geäußerten Wunsch ihrer Eltern, zur Welt kommen mußten.

Sogar auf der politischen Tribüne der Parlamente läßt sich das Schicksal unerwünschter Kinder nicht mehr verleugnen, und selbst die katholische Kirche stößt an die Grenzen ihrer Mütterlichkeitsillusionen.

Die Gründe für die allmählich einsetzende Identifizierung mit dem schwierigen Schicksal dieser Kinder und ihrer Eltern sind vielfältig. Daß gerade die ältere Generation nach der Phase des ungebrochenen Schweigens sich erstmals dazu zu äußern wagt, hat wohl mit einer gesellschaftlichen Atmosphäre zu tun, die zwar weit davon entfernt ist, die Verherrlichung der Mütter zu beenden, die aber doch Brüchigkeit in den Illusionsbildungen zu ertragen lernt.

Mit der Darstellung von differenzierten Ergebnissen 40jähriger Forschungsgeschichte möchte ich einen Beitrag leisten, der größere Aufgeschlossenheit für die lebenswichtige Frage der kindlichen Erwünschtheit ermöglicht und der gleichzeitig Frauen und Männer befähigt, ihre Kinderplanung als eine private Entscheidung zu begründen, die niemand ihnen abnehmen kann und in die auch niemand ihnen hineinreden darf.

Gerhard Amendt
Oktober 1991

Vorwort zur ersten Ausgabe vom Mai 1990

Wer sich weigert, die seelischen Beschädigungen und Lebenseinschränkungen anzuerkennen, denen unerwünschte Kinder bis ins Erwachsenendasein ausgesetzt sind, wird unweigerlich zu einem modernen Glied in der traditionsreichen Kette der Vernachlässigung, Mißhandlung und Tötung von Kindern.

Es könnte heutzutage zum gesicherten Wissen eines jeden zählen, daß Kinder, die gegen den Willen ihrer Eltern zur Welt kommen, versteckter und offener Zurückweisung und Gewalttätigkeit ausgesetzt sind. Statt die Lebenserschwernisse anzuerkennen, werden die subtile Gewalttätigkeit und die gefühlsmäßige Zurückweisung, denen unerwünschte Kinder gegenüberstehen, verharmlost oder verleugnet.

Eltern mit unerwünschten Kindern verzichten zwar weitgehend auf instrumentelle Gewalt, aber sie »strafen« in ihrer Hilflosigkeit um so entschiedener mit Liebesentzug und Beziehungsverweigerung.

Der weitgehende Verzicht auf instrumentelle Gewalt und die früher geübte Praxis, unerwünschte Kinder auszusetzen, bedeutet jedoch keineswegs, daß die Beziehung zwischen unerwünschten Kindern und ihren Eltern humaner geworden ist. Die Beziehungsdynamik zwischen Eltern und ihrem unerwünschten Kind bildet eine tragische Einheit, die alle Beteiligten emotional überfordert. Das gilt vor allem für die Mütter, wenn sie die Last der Erziehung ohne einen einfühlsamen Partner tragen müssen.

Vor allem die Kinder leiden in dieser Situation am meisten, weil sie von den Eltern abhängig sind und keine Alternativen haben: Sie müssen die Eltern nehmen, wie sie sind.

Die psychischen Verletzungen, die dem elterlichen Rückzug folgen, die extremen Gefühlsschwankungen, die unterschwellige Wut und Enttäuschung sind nicht weniger zerstörerisch als die brachiale Gewalttätigkeit, die früher so manches Kinderleben beherrschte.

Die Metaphern vom »gebrochenen Rückgrat« oder den »seelischen Wunden« drücken anschaulich die Beschädigungen aus, die das Leben unerwünschter Kinder prägen. Sie trüben den Blick auf die Tragik der Eltern-Kind-Beziehung und lassen die Hoffnung zu, daß ihr Leben leichter geworden sei. Aber dieser Blick trügt und mindert die individuelle wie gesellschaftliche Verantwortung für das weitverbreitete »Unerwünschtheitssyndrom«.

Wie stark die gesellschaftliche Neigung ist, das Schicksal der Unerwünschtheit zu bagatellisieren, zeigt sich immer dann, wenn auf die Entwicklungsrisiken von Kindern verwiesen wird, die erwünscht sind. Zweifellos haben auch erwünschte Kinder Probleme. Jede Kindheit kennt Verwerfungen, traumatische Erlebnisse und verzweifelnde Eltern, die zeitweise von den Anforderungen der Erziehung überfordert werden. Aber die allgemeinen Risiken der Kindheit dürfen nicht gegen das besondere Schicksal der Unerwünschtheit verrechnet werden. Jede Möglichkeit, zum Wohl der Kinder tätig zu werden, sollte individuell und gesellschaftlich genutzt werden. Weil wir heute – nicht zuletzt wegen der hier vorgelegten Erkenntnisse langjähriger Forschung – wissen, daß jeder Zwang, unerwünschte Schwangerschaften auszutragen, letztlich die Kinder benachteiligt, sollten alle Möglichkeiten genutzt werden, das »Unerwünschtheitssyndrom« zu vermeiden.

Es wird nie den Zustand der »idyllischen Kindheit« geben, so sehr dieser Zustand auch ersehnt wird. Die Gründe sind vielfältig. Vor allem gibt es keine idealen Eltern, selbst wenn dieser illusionäre Wunsch noch so zählebig ist.

Aber es gibt viele Hindernisse, die der Humanisierung von Kindheit im Wege stehen und die sich auf politischem Wege und durch emotionale Selbsterkundung von Eltern beseitigen lassen. Ein Hindernis sind gesellschaftliche Verhältnisse, die das »Unerwünschtheitssyndrom« immer wieder hervorbringen.

Es geht in diesem Buch nicht nur darum, Erkenntnisse der Kindheitsforschung für die Ausgestaltung der Kindswohlpolitik verfügbar zu machen. Es geht zusätzlich darum, eine weitverbreitete Feindlichkeit gegen Kinderschutzinteressen einzudämmen, die politische Forderungen zum Kindswohl als Sozialdarwinismus diffamiert und sie in die Nähe faschistischer Selektion »von wertem und unwertem« Leben rückt.

Die Geschichte der Kindheit, zu der immer der Kindesmord und die Kindesmißhandlung zählten, hat eine einfache Lehre parat. Um Kinder vor offenen wie verdeckten Aggressionen ihrer Eltern und der Gesellschaft ein Stück weit zu bewahren, bedarf es der Erfüllung einer einzigen wichtigen Voraussetzung: Erwachsene Menschen müssen das Recht und die Möglichkeiten haben, ihre Kinder frei von staatlichen Einwirkungen zu planen.

In Zeiten, in denen es die Verhütungsmittel nicht gab, die heute verfügbar sind, hat das Recht, frei zu planen, bedeutet, daß Eltern unliebsame Kinder in offenen oder verdeckten Formen zu Tode brachten. Die Humanisierung unserer Gesellschaft hat die direkten Tötungen weitgehend abgeschafft. In den entwickelten Industriegesellschaften ist es im Prinzip möglich, nur erwünschte Kinder zur Welt zu bringen.

Die Barrieren, die vor dem freien Zugang zu Verhütungsinformationen und -mitteln noch bestehen, sind vorwiegend politischer Art. Sie können, wenn es einen politischen Konsens gibt, beseitigt werden. Die modernen Verhütungstechniken und modernen Abtreibungsmethoden bieten eine nicht geringe Chance, die Humanisierung der Kindheit fortzuführen. Die autonome Kinderplanung ist eine entscheidende Voraussetzung dafür, daß Kindern das entsagungsreiche Schicksal erspart bleibt, zwischen überforderten Eltern ein schwankendes Leben zwischen tödlicher Gefühlskälte und erstickender Vereinnahmung führen zu müssen, ein Leben, das die Gewißheit von Urvertrauen nicht kennt, ja selbst kaum eine Chance enthält, es zu entwickeln.

Gerhard Amendt

Gerhard Amendt / Michael Schwarz

Einleitung

In diesem Buch versuchen wir eine Reihe von Fragen zu diskutieren, von denen wir denken, daß ihre Beantwortung die Erziehung von Kindern humanisieren kann.

Folgende Fragen stehen im Vordergrund: Woran leiden unerwünschte Kinder? Wie sieht ihre Entwicklung bis zur Adoleszenz aus? Was sind die Besonderheiten ihres Verhältnisses zu den Eltern? Was unterscheidet ihr Leben von dem erwünschter Kinder?

Um diese Fragen beantworten zu können, haben wir etwa 1600 Literaturhinweise überprüft, die wir im wesentlichen Datenbanken (1) und Bibliographien der Akademie für ärztliche Fortbildung der DDR von 1975 und des Bundesministeriums für Jugend, Familie und Gesundheit von 1976 entnahmen.

Etwa 500 Arbeiten haben wir ausgewertet und in die angefügte Bibliographie aufgenommen. Den größten Anteil bilden Zeitschriftenaufsätze der internationalen Fachliteratur. Als verwertbar galten uns alle Arbeiten, welche die Begrifflichkeit »unerwünschtes Kind« bzw. »unerwünschte Schwangerschaft« zu klären versuchten und mögliche Zusammenhänge zwischen der Unerwünschtheit eines Kindes und seinem Lebensverlauf thematisieren.

Aus methodischen Überlegungen haben wir keine Fallbeschreibungen aufgenommen, obwohl sie viel anschaulicher als Zahlenergebnisse dem Leser die konkreten Leidensformen unerwünschter Kinder vor Augen führen. Zwei Gedanken waren dafür maßgeblich.

Einmal werden dem Leser dramatische Beispiele sehr schnell selbst einfallen, wenn er erst einmal anerkennt, daß es unerwünschte Kinder gibt. Die Identifikation mit dem entsagungsreichen Schicksal dieser Kinder wird ihm dann nicht mehr schwerfallen.

Der zweite Gedanke bezieht sich auf Berufsgruppen wie Politiker, Ärzte und Kirchenleute, die sich nicht schnell mit Einzelschicksalen identifizieren, sondern aus ideologischen Überlegungen oder politischen Zielvorstellungen den einzelnen dem »größeren Ganzen« unterordnen. Für diese Berufs- und Interessengruppen sind quantitative Aussagen deshalb »unangenehmer«, weil sie die Verleugnung der Realität, die ihren Wunschvorstellungen nicht entspricht, blockieren.

Quantitative Aussagen – also größere »Mengen« von Kindern – zum Schicksal der unerwünschten Kinder können dann nicht mit dem relativierenden Hinweis auf bedauerliche Einzelschicksale abgetan werden. Quantitative Aussagen über einen gesellschaftlich bedeutsamen Notstand müssen berücksichtigt werden. Es sei denn, eine Berufsgruppe riskiert den Verlust ihres Anspruchs, hilfreich zu sein wie die Mediziner, den Nächsten zu lieben wie die Kirchen oder problemlösend zu sein wie die Parteien.

Die ergiebigsten und zugleich traditionsreichsten Untersuchungen stammen aus den USA, Großbritannien, den skandinavischen Ländern und der Tschechoslowakei. Aus neuerer Zeit gibt es auch Studien aus der Bundesrepublik Deutschland, der ehemaligen Deutschen Demokratischen Republik, Österreich und der Schweiz.

Das Phänomen, wie wir es heute kennen, nämlich ein unerwünschtes Kind zu sein und als Frau gezwungen zu werden, eine unerwünschte Schwangerschaft auszutragen, setzt moderne Industriegesellschaften voraus, die das Gebären und die Kindererziehung in dieser oder jener Form aus der privaten Lebenskultur herauslösen und unter Staatsaufsicht stellen.

Als Kind unerwünscht von den Eltern zur Welt zu kommen, setzt auf der Seite der Gesellschaft Strafgesetze, Kirchenrichtlinien oder familienpolitische Ziele voraus, die es Männern und Frauen unmöglich machen, selbst zu entscheiden, ob sie Kinder haben wollen, wie viele und zu welchem Zeitpunkt.

Die Analyse der umfangreichen Literatur machte uns schnell deutlich, wie schwierig es ist, das Subjekt unseres Interesses, das »unerwünschte Kind«, eindeutig zu beschreiben. Wir richteten deshalb unser Augenmerk auf Arbeiten, die sich auf die Häufigkeit, die Ursachen und die kulturellen Bedingungen richten, in denen das moderne Phänomen des »unerwünschten Kindes« und der zum Gebären genötigten Frau auftreten.

Es interessierte uns der Zeitpunkt im Leben einer Frau und ihres Partners, an dem ungeplant eingetretene Schwangerschaften und neugeborene Kinder abgelehnt werden. Ganz besonders interessierte uns jedoch, wie die gefühlsmäßig ablehnende Seite, die durch weitgehend unbewußte Wut, unbewußten Haß, Ärger und Vergeltungswünsche gegen das Unerwünschte geprägt ist, das Leben eines Kindes beeinträchtigt.

Wir haben damit eine in der öffentlichen und politischen Sphäre verleugnete Frage ins Zentrum unserer Arbeit gerückt, die einzelnen als Erinnerung oder vage Ahnung an bedrückende Aspekte ihrer Kindheit durchaus gegenwärtig ist, die aber weder gegenüber den Eltern geäußert, noch gegenüber der Gesellschaft als weitverbreitetes Schicksal in Erscheinung treten durfte.

Die Frage lautet: In welchen Erscheinungen tritt uns die kindliche Unerwünschtheit entgegen, in welchen Phasen des Lebens können wir sie erkennen, und in welchen Beziehungen bahnt sie sich, umgeben von einer Aura verleugneter und deshalb unbewußter gefühlsmäßiger Feindseligkeit der Mutter, einen Weg in das Leben eines Kindes?

Wir halten diese Frage deshalb für so zentral, weil alle Bemühungen, die Entstehung des Lebens während der Schwangerschaft und das Leben des geborenen Kindes sinnvoll zu gestalten, wesentlich von den Antworten auf diese Fragen abhängen. Dieser Wunsch ist nicht nur das Ziel der Eltern, sondern ebenso jeder Gesellschaft, die aktive Kindswohlpolitik betreibt.

Soweit die Literatur es erlaubte, gingen wir auch der Frage nach, welche Probleme Eltern, die ihr Kind offen oder verdeckt ablehnen, mit sich selbst, ihrer Partnerschaft und den abgelehnten Kindern in unserer Kultur haben.

Wir möchten deshalb an dieser Stelle einen Exkurs über die Widersprüche von Mütterlichkeitsanforderungen und emotionaler Kindesablehnung einflechten. Er soll verständlich machen, warum bislang in unserer Kultur über die Unerwünschtheit weitgehend nur mit schlechtem Gewissen geredet werden durfte.

Es ist typisch für moderne Gesellschaften, daß unerwünschte Kinder weder nach der Geburt noch in der darauffolgenden Zeit getötet werden.

Als Ritual der Wachstumskontrolle und familiären Selbstregulierung ist in unserer Kultur die Tötung von Neugeborenen zumindest der elterlichen Tabuisierung unterworfen. Das heißt, daß die Kindestötung nicht gedacht werden kann, weil dies schwer ertragbare Gefühle der Scham und Schuld hervorrufen würde.

Obwohl die Kindestötung der kollektiven Verdrängung anheimgefallen ist, blitzen gefährliche Tötungsimpulse in jeder Eltern-Kind-Beziehung immer wieder kaschiert und handlungsfern auf.

Die fragile Sublimation von Kindestötungsimpulsen läßt sich in den gängigen Derivaten der alltäglichen psychischen Gewalt gegen Kinder noch am ehesten auffinden. Es ist wohl ein Charakteristikum moderner Elternkultur, daß Kinder, die unerwünscht sind, nicht mehr unmittelbar getötet werden, sondern in einem schleichenden Prozeß der psychischen Deprivation lebensgefährdenden Erfahrungen ausgesetzt werden, die letztlich zum physischen Tod oder zu psychischer Lebensunfähigkeit führen.

Wir müssen deshalb von einer Metamorphose elterlicher Tötungsimpulse in alltägliche Gewalt sprechen. So ist der Eindruck, daß wir Kindern gegenüber ein humaneres Verhältnis hätten als eine Reihe »primitiver Gesellschaften«, höchst zweifelhaft.

Als eine beeindruckende Konsequenz der fragilen Sublimation von Kindestötungsimpulsen muß eine andere Besonderheit im kollektiven Unbe-

16

wußten unserer Kultur gelten: das uneingeschränkte Liebesgebot gegenüber Kindern! Hinter dieser anthropologischen Unmöglichkeit verbergen sich die mangelhaft sublimierten Haß- und Ablehnungsgefühle, die zur Eltern-Kind-Beziehung ausnahmslos dazugehören. Es ist nur eine Frage, ob sie dem bewußten Erleben zugänglich gemacht oder mit viel Anstrengung verdrängt werden.

Mit den identifikatorisch übernommenen Ansprüchen der Selbstlosigkeit, die zumindest für Frauen typisch sind, soll das totalisierende Liebesgebot praktiziert werden. Hinter dessen Zwanghaftigkeit steht in verdrängter Form die zerstörerische Affektivität gegenüber den Kindern.

Woher dieses Liebesgebot als Reaktionsbildung auf eine weitreichende Idealisierung der ebenso aggressiven wie sadistischen »Mutter« rührt, möchte ich hier darstellen.

Jede Frau, die ein unerwünschtes Kind geboren hat, wird eindringlich mit dem universalistisch sich gebärdenden Liebesgebot konfrontiert. Sie darf das unerwünschte Kind weder töten, hassen noch verstoßen. Sie soll es statt dessen vorbehaltlos lieben. Liebespflicht, Haßverbot und Tötungstabu sind von jedem Mitglied unserer Kultur so weit verinnerlicht, daß die destruktive Dynamik als die zeitlich verschobene Form der Tötung von unerwünscht geborenen Kindern nicht mehr bewußt wird.

Diese Psychodynamik ist Teil des gesellschaftlich produzierten Unbewußten. Sie ist der innerpsychischen Selbstzensur und der gesellschaftlichen Kontrolle unterworfen und wird heutzutage nur in außergewöhnlichen Erziehungssituationen in entstellter Weise vorgelassen, denn die Schuld- und Schamgefühle, die als Reaktion auf die hervorbrechenden Haßphantasien und Tötungswünsche entstehen, sind kaum zu bewältigen.

Das westdeutsche Bild von der Frau als einem »konstitutionell gewissensunfähigen Wesen« sieht keine gesellschaftlich zulässigen Formen vor, Kränkungen und Aggressionen zu verarbeiten, die entstehen, wenn eine Frau ein Kind gegen ihre Absichten gebären muß.

Aber was verdrängt wird und nicht gefühlt werden darf, ist deshalb noch lange nicht aus unserem Leben »entfernt«. Es kann vielmehr unser Handeln in einer Art und Weise beeinflussen, die uns nicht einmal merken läßt, daß es geschieht, und schon gar nicht, in welcher Richtung es geschieht.

Der These von den Tötungsimpulsen und der Kindesablehnung, die gerade als verdrängte Impulse handlungswirksam sind, steht eine gesellschaftlich weitverbreitete, inbrünstig zu nennende Wunschvorstellung entgegen.

Im professionellen Alltag von vielen Ärzten und Seelsorgern wird sie folgendermaßen formuliert: »Wenn das Kind erst einmal da ist, dann wird

17

den Frauen das ganz normal erscheinen, und sie werden es schon liebhaben!«

Dies beschwört die Hoffnung, daß unerwünschte Kinder spätestens mit der Geburt »angenommen« werden und wie erwünschte Kinder auf eine ausgeglichen-ambivalente elterliche Gefühlswelt treffen. Da es viele unerwünschte Kinder gibt, ist diese Hoffnung nur zu verständlich. Geht sie nicht in Erfüllung, gerät die liebevoll und annehmend phantasierte Elternimago ins Wanken.

Kindestötung und Phantasien darüber bilden ein Tabu, dessen Bruch öffentlich nur aufscheinen darf, wenn Eltern als sadistische Ungeheuer darstellbar sind und die tatsächliche Nähe zur alltäglichen Elterngewalt und zu Tötungsimpulsen gegen Kinder nicht aufgedeckt wird.

Es ist die Naturalisierung von Mutterliebe zur »natürlichen Zuneigung zum Kind«, die nicht in Frage gestellt werden darf. Sie wird im Begriff der Naturhaftigkeit von Mutterschaft quasi als Teil der idealisierten Weiblichkeit vorausgesetzt.

Es wird gehofft, daß Eltern, die ihre Kinderplanung staatlichen Machtansprüchen unterordnen mußten, sich nicht nachträglich gegen den Mißbrauch ihrer Gebärfähigkeit auflehnen und Rachehandlungen an den Kindern begehen. Diese Hoffnung schließt ein, daß es in keinem größeren Ausmaß zu kaschierten Tötungen durch Kindesvernachlässigung oder auch systematischem Liebesentzug kommt.

Die Hoffnung auf »weibliche Anpassungsfähigkeit« erfüllt sich nach allem, was wir wissen, nicht.

Zwischen dem Verbot der Kindestötung und dem Liebesgebot gefangen, bilden die »Eltern mit dem unerwünschten Kind« Anpassungsmechanismen an eine hochambivalente Situation aus. Sie schaffen es, ein »weitgehend gefühlsmäßig abgelehntes« Kind so aufzuziehen, daß sie vor dem Gesetz nicht strafbar und vor dem eigenen Gewissen nicht schuldig werden. Dieses Verhalten stellt einen psychischen Kompromiß zwischen den feindseligen Polen der innerseelischen Ambivalenzspaltung und den zwanghaften gesellschaftlichen Mutteridealisierungen dar. Das Eltern-Kind-Verhältnis nimmt seinen Ausgang von starker, aber verschütteter Wut und Enttäuschung.

Die Kindesablehnung taucht dann nur noch in den Verkleidungen der Ohnmacht, der Gewalt, der Vernachlässigung, der Abweisung etc. auf. In all diesen Symptomen werden Wut und Haß auf die gesellschaftlichen Instanzen und auf das eigene Versagen verdrängt. Statt dessen wird das Kind zumindest unbewußt zum Schuldigen erklärt.

Diese Sichtweise beschreibt die Lebenszerstörung von Kindern als Folge der gesellschaftlich betriebenen Idealisierung von Müttern. Sie übersieht aber auch nicht, daß Frauen diese Idealisierung selbst betreiben und »Muttersein« gerne mit grenzenloser Güte gleichsetzen.

Das Ende der Selbst- und Fremdidealisierung des Mütterlichen zu einer natürlich imaginierten Einzigartigkeit setzt eine gesellschaftliche Atmosphäre voraus, in der das Aggressive von Frauen, von jedem einzelnen ertragen werden kann – vor allem von Frauen selbst.

Nach diesem Exkurs wollen wir uns dem Aufbau des Buches zuwenden. Es ist so gegliedert, daß es die Ergebnisse der Forschung weitgehend entlang den lebensgeschichtlichen Phasen der kindlichen Entwicklung darstellt. Also werden vorgeburtliche Schädigungen zuerst dargestellt. Es folgen Probleme und Krankheiten der geburtlichen und nachgeburtlichen Phase, und ganz am Ende stehen Forschungserkenntnisse zum Zusammenhang von Unerwünschtheit, Kriminalität und Selbsttötungshandlungen in der Adoleszenz.

Wie die schicksalhafte Erfahrung, selbst ein unerwünschtes Kind gewesen zu sein, sich beim Erwachsenen auf dessen politische Haltung zur Abtreibungsfrage auswirkt, haben wir in diesem Zusammenhang nicht untersucht. Die Wechselwirkung zwischen Kindheitsgeschichte und politischer Einstellung zur Abtreibung wurde bislang empirisch nicht untersucht. Aber es gibt bedeutsame Wechselwirkungen zwischen dem Verlust der emotionalen Elternbeziehung und der politischen Verschlossenheit in der »Abtreibungsfrage«, wie die psychotherapeutische Arbeit regelmäßig zeigt.

In der öffentlichen Debatte wird hingegen immer noch davon ausgegangen, daß die Auseinandersetzung zur Abtreibungspolitik allein von ethischen und moralischen Überlegungen über den »Lebensbeginn« getragen werde. Im Gegensatz dazu sehen wir in der persönlichen Erfahrung, selbst unerwünscht zu sein, ein undurchschautes Handlungsmotiv. Es macht die heftig widerstreitenden Meinungen verstehbar, die zur moralischen und strafrechtlichen Zulässigkeit von Abtreibungen vertreten werden.

Für diese Behauptung gibt es einen überzeugenden Hinweis. Wir wissen, daß viele unerwünschte Kinder Eltern hatten, die selbst unerwünscht waren. Wie sich diese besonderen Erfahrungen auf Ansichten zur Abtreibung psychodynamisch und politisch durchsetzen, wissen wir in groben Zügen (Amendt 1988a).

Danach weisen die individuelle Verleugnung und gesellschaftspolitische Verdrängung des Schicksals unerwünschter Kinder auf das größere Problem hin, daß wir nämlich deren Elend nur äußerst schwer erkennen können; im Grunde ahnen wir etwas von dem, was wir nicht in aller Schärfe zur Kenntnis nehmen wollen. Wir haben möglicherweise ähnliche Erfahrungen wie sie gemacht und stehen ihnen mit unseren verborgenen Gefühlen deshalb sogar sehr nahe.

Wir fürchten, daß unser Verhältnis zu den eigenen Eltern ebenfalls in

Frage gestellt werden könnte, wenn wir uns allzu neugierig den Fragen und Bedingungen des Lebens unerwünschter Kinder zuwenden.

In einer Gesellschaft, in der noch im vergangenen Jahrhundert die Empfängnisverhütung erschwert oder verboten, die technischen Möglichkeiten begrenzt und die Abtreibung verboten und phasenweise mit schweren Freiheitsstrafen belegt war, muß es Männer und Frauen in jeder Altersklasse geben, die heute nur leben, weil das Strafgesetz ihre Eltern zum Zeitpunkt der ungewünscht eingetretenen Schwangerschaft hinderte, ihr Abtreibungsbegehren durchzusetzen.

Sie verdanken ihr Leben buchstäblich dem strafgesetzlichen Abtreibungsverbot, aber auch die gefühlsmäßige Distanz der Eltern. Für das Recht der privaten Kinderplanung zu plädieren heißt dann, den eigenen Eltern in der Phantasie ein gleiches Recht nachträglich einzuräumen. Wer dies mit dem angsterregenden Gedanken der eigenen Nichtexistenz verbindet, wird heute nur schwerlich für Kinderplanung ohne Strafgesetz stimmen können.

Über das Schicksal unerwünschter Kinder privat oder öffentlich zu diskutieren schließt deshalb immer das Risiko ein, auf die eigene Unerwünschtheit zu stoßen, die bislang zwischen Kindern und ihren Eltern verschwiegen wurde.

Die systematische Verdrängung dieses Problems weist auf tabuisierte Erlebnisse der eigenen Kindheit hin. Allein aus diesem Grund ist es bislang zumindest in unserer Gesellschaft zu keiner politisch liebevollen Identifizierung mit den Lebensbedingungen dieser Kinder gekommen.

Vielleicht machen öffentliche Erörterungen die Identifizierung leichter.

Wir stellen Ergebnisse aus Forschungen unterschiedlicher Wissenschaftstraditionen der vergangenen Jahrzehnte vor. Dabei fällt jenseits der Forschungsinteressen und der politischen Positionen der beteiligten Psychologen, Ärzte, Bevölkerungswissenschaftler, Soziologen etc. auf, daß sie alle darin übereinstimmen, die emotionale Zuneigung der Mutter zu ihrem Kind sei zumindest für die Phasen unmittelbar nach der Geburt besonders bedeutsam. Auf ihr gründet nämlich die Fähigkeit, daß es zu einer psychischen Beziehung zwischen Mutter und Kind kommt, in deren Schutz das Kind sich überhaupt erst entwickeln kann. Die psychischen Mechanismen, die Familienideologien sowie die Frauen- wie Männerbilder, die von den Forschern herangezogen wurden, um die Einzigartigkeit der Mutter-Kind-Beziehung zu erklären, sind hingegen keineswegs einheitlich, sondern höchst widersprüchlich.

Noch widersprüchlicher sind die Konsequenzen, die sie für Politik, Pädagogik und Beratung ziehen. Eine der entscheidenden Ursachen für die widersprüchlichen Schlußfolgerungen der Forscher bildet die jeweilige Vorstellung vom Wesen der Mütterlichkeit. Die einen halten sie für biologisch begründet, die anderen sehen in ihr eine wesentlich sozial begründete Fähigkeit, einschließlich der Übergänge, die es zwischen beiden Extremen gibt. Ist Mütterlichkeit mit Natur – »nature« – gleichzusetzen, oder ist sie eine komplizierte Fähigkeit, die als Folge individueller Lebensgeschichte, Erfahrung und Willentlichkeit – eben von »nurture« – entsteht oder ausbleibt?

Beispielhaft wollen wir das an einer Grundannahme der gesamten Diskussion über die Unerwünschtheit von Kindern skizzieren:

Studien der Medizin und der Psychiatrie gehen meist von einem biologisch determinierten, »natürlichen« Kinderwunsch von Frauen aus. Psychologische und soziologische Untersuchungen hingegen basieren eher auf Annahmen, daß der Wunsch nach Kindern im Verlauf des Lebens von Frauen – teils früher, teils später – erst hervorgebracht werden muß. Er kann logischerweise deshalb auch ausbleiben.

In soziologischen und sozialpsychologischen Ansätzen wird zudem damit gerechnet, daß einschneidende Lebensveränderungen die Bedeutung des Kinderwunsches für das Selbstbewußtsein und die Identität der Frauen wie die Partnerschaft verändern. Frauen ohne Kinder sind nicht naturhaft unvollständig und nicht naturhaft unglücklich. Auch der Kinderwunsch der Frau kann in andere kulturschöpferische Betätigungen und Produktivitätsformen sublimiert, nämlich verwandelt werden.

Der Kinderwunsch des Mannes spielt in der Forschungstradition zur Unerwünschtheit, Kinderwunschentstehung und Väterlichkeit überhaupt keine, bestenfalls eine marginale Rolle. Die Forschungen wurden in einer Zeit durchgeführt, in der das Arrangement der Geschlechter noch scharfe Grenzen kannte und weder der Frau, geschweige denn dem Mann der Ausbruch daraus wünschenswert erschien, noch statthaft war.

Der Mann wird deshalb meist unausgesprochen und selten ausdrücklich als der »zuverlässige Brotverdiener« gedacht und äußerst zurückhaltend als korrektiver Faktor erwähnt, der die äußere nicht-psychische Beziehungswelt in die Mutter-Kind-Beziehung einführen soll. Der Kinderwunsch des Mannes, so erscheint es, ist vollständig und widerspruchsfrei zum »Brotverdienen« sublimiert.

Wenn es überhaupt zu einer Entstehungsdebatte des Kinderwunsches kommt, was zuallererst die Preisgabe seiner Naturhaftigkeitsideologie voraussetzt, dann werden den psychologischen, sozialen und biologischen Aspekten unterschiedliche Bedeutungen zugeschrieben.

Je nachdem, wie seine Entstehung und Wandlungsfähigkeit in Abhängigkeit von äußeren Bedingungen gedacht oder verleugnet wird, kommt es zu Strategien, wie der Kinderwunsch mit sozialpolitischen Interventionen »beeinflußt« werden soll; zum Beispiel, wie »weibliche Lebenserfüllung« gefördert werden kann, damit Bevölkerungswachstum ausgelöst wird.

Alle Bestrebungen, die Neuregelung der Abtreibung im geeinten Deutschland zum Anlaß zu nehmen, Frauen mit verbesserten »sozialen Hilfen« andere lebensnahe Abtreibungsmotive zu bestreiten, deuten ebenfalls auf ein naturhaftes Kinderwunsch- und ein ebenso naturhaftes Mütterlichkeitsverständnis hin. Es besagt verkürzt: Wenn Frauen Geld für die Kindererziehung haben, steht der Kinderwunscherfüllung nichts mehr im Wege. Wenn Frauen dann immer noch abtreiben wollen, sind nicht nur ihre Motive verwerflich, sondern sie sind obendrein psychisch gestört und in einem moralischen Sinne nicht gewissensfähig.

Dieser Verquickung von Kinderwunscherfüllung mit Geschlechtsrollen-ideologien (und Bevölkerungswachstum) stehen Positionen gegenüber, die jeden manipulativen Zugriff des Staates auf den Bereich der Eltern-Kind-Beziehung ablehnen. Ihnen gilt die Kinderwunschhandhabung in jeder Variante als Teil der grundgesetzlich geschützten Privatsphäre. Sie sehen in der Manipulation des Kinderwunsches eine Gefährdung des Kindswohls und der partnerschaftlichen Beziehung. Eine Sicht, für die sehr vieles spricht. Die Einschränkung der Kinderplanung und somit auch der Abtreibungsmöglichkeiten wird in diesem Ansatz als ein wesentlicher Eingriff in die Privatsphäre gesehen.

Die komplexe Wechselwirkung zwischen Individuum und Gesellschaft, in der sich die partnerschaftliche Klärung des Kinderwunsches abspielt, läßt unzählig viele Möglichkeiten zu, auf gesellschaftliche Situationen individuell und partnerschaftlich zu reagieren.

Die Bedeutung der Forschungsergebnisse für Einzelschicksale muß deshalb mit großer Vorsicht gehandhabt werden. Es gibt keine leicht herstellbaren Wenn-dann-Beziehungen, die sich auf einen selbst oder den Nachbarn beziehen lassen.

Für den politischen Diskurs hingegen und die Gesetzgebung haben die Forschungsergebnisse große Bedeutung. Denn die Gesetzgebung zielt nicht unmittelbar auf das Einzelschicksal, sondern auf Rahmenbedingungen, in denen Männer und Frauen als Einzelwesen sich bewegen und ihr Leben gestalten. Sie entscheiden, wie sie Gesetze nutzen oder nicht. Der Gesetzgeber muß deshalb sicherstellen, daß die Forschungsergebnisse über das Lebensschicksal von unerwünschten Kindern von verantwortungs- und entscheidungsbewußten Bürgern für ihre Lebensplanung berücksichtigt werden können. Kein Gesetz sollte Bürgern verbieten, Erkenntnisse der Forschung für die vernünftige Gestaltung ihres eigenen Lebens autonom zu nutzen.

Einige methodische Besonderheiten des »Wahrheitsgehaltes« der Forschungsergebnisse möchten wir deshalb erörtern.

Im Rückblick zeigt sich, daß die meisten Studien zum Schicksal unerwünschter Kinder ursprünglich von bevölkerungspolitischen Interessen getragen waren. So galt es als wenig erstrebenswert, geschädigte Kinder mit eingeschränkten Lebensperspektiven großzuziehen. Psychologische Fragestellungen, wie etwa die Lebensqualität unerwünschter Kinder, die durch die zurückweisenden Gefühle der Eltern bestimmt wird, haben sich buchstäblich hinter dem Rücken und gegen die Gleichgültigkeit der Bevölkerungswissenschaftler und -politiker eingeschlichen. Das geschah, als unverständliche Bevölkerungstrends erklärt und neue Instrumente entwickelt werden sollten.

Wie die Unerwünschtheit zum Zeitpunkt der eintretenden Schwangerschaft, der Geburt, der Kindheit und im erwachsenen Leben sich auswirkt, bewegt sich hingegen fast ausschließlich jenseits bevölkerungspolitischer Forschungsinteressen. Die Wissenschaftler und Berufspraktiker, die diesen Fragen nachgingen, sind deshalb ausschließlich den Lebensinteressen der Kinder und ihrer Eltern verbunden.

Die Subjektivität der Menschen, die ihr bewußtes und unbewußtes Leben leitet, wird in den meisten Forschungsarbeiten, von wenigen Ausnahmen abgesehen, verhaltenstheoretisch erfaßt. Dieser theoretische Ansatz vom »Verhalten des Menschen« versucht, kausale, nämlich ursächliche Zusammenhänge zu formulieren. Eines seiner wesentlichen Ziele ist die Voraussagbarkeit menschlichen Verhaltens. Das gelingt weitgehend nur, wenn die reale Welt der Menschen in kontrollierte Variablen eines testpsychologischen Versuchslabors verwandelt wird.

Allerdings gelingt es mit dem verhaltenstheoretischen Ansatz nicht, die unbewußte Dynamik menschlicher Beziehungen zu fassen, eben das, was den Menschen vom Tier unterscheidet. Als Quelle wichtiger Daten kommt den momentanen Situationsabbildungen der Verhaltensforschung eine nicht zu unterschätzende Bedeutung bei der kindlichen wie gesellschaftlichen Folgenabschätzung strafrechtlich erzwungener Schwangerschaftsaustragungen zu.

Die Forschungsergebnisse, die wir diskutieren, haben stets ein geringeres oder höheres Maß an Plausibilität. Zwangsläufigkeiten über Ursachen, Folgen oder Psychodynamik der Unerwünschtheit können weder mit den Ergebnissen der Verhaltensforschung noch mit einem anderen Forschungsparadigma »geliefert« werden. Selbst wenn das beachtliche Forschungsdefizit, als Ausdruck der noch immer bestehenden Unterordnung der Kindswohlförderung unter die Bevölkerungspolitik, weitgehend behoben wäre, ließen sich »Kausalitäten« nicht etablieren.

Dies widerspräche nicht nur den großen Fähigkeiten von Kindern, sich in ihren frühen Lebensphasen sogar auf lebenseinschränkende Situationen erfolgreich einzulassen, sondern ebenso der partnerschaftlichen Beziehungsdynamik, die einen Kinderwunsch verwerfen, verdrängen, ihn aufgeben oder sich erfüllen kann – oder entscheidungsunfähig bleibt.

Die Komplexität der psychischen und gesellschaftlichen Dimensionen der Kinderwunschgenese ist bislang noch nicht erkannt. Zwar ist Wissenschaft vom Interesse gesteuert, Lösungen für globale Problemlagen der Gesellschaft, die bereits eingetreten sind oder eintreten können, rechtzeitig zu erarbeiten. Ob sie das kann, hängt wiederum nicht von ihr ab.

Die Prioritäten der Forschungsfinanzierung legen vielmehr fest, was als wichtig gelten soll und was aus politischen Gründen nicht erforscht werden darf. Das Finanzierungsvolumen zur Erforschung des Schicksals unerwünschter Kinder in der früheren Bundesrepublik zeigt, daß deren Lebensschicksal nicht als gesellschaftspolitisches Problem eingestuft wird. Das ist um so erstaunlicher, als reiche Erfahrungen vorliegen, die zahlreiche Problemlagen beschreiben, die aus der kindlichen Unerwünschtheit für die Gesellschaft entstehen. Unsere Studie wird auf diese Ergebnisse hinweisen.

Es gibt Herrschaftsinteressen in Deutschland, die sich gegen die Benennung dieses Problems wehren. Als Hauptursache identifizieren wir eine »ideologische Bastion zur Frauenfrage«.

Sie ist durch den Wunsch charakterisiert, Frauen aus dem außerfamilialen Leben auszugrenzen und mütterliche Eigenschaften zu idealisieren (vgl. Amendt 1988 a/b). Obwohl diese Ideologie nicht mehr eindeutig die gesellschaftlichen Verhältnisse von Frauen beschreibt, wird an ihr als familienpolitischer Zielvorstellung festgehalten.

Die Position der »Frauenidealisierung« widerspricht dem Kindesschutzgedanken und ist unmittelbar kinderfeindlich. Sie verhindert im wesentlichen, daß ein existierendes Problem von der Wissenschaft überprüft wird und daß in der Tradition des ständig sich differenzierenden Kinderschutzes gesundheitspolitische Konsequenzen gezogen werden.

Obwohl die mannigfaltigen Auswirkungen der Unerwünschtheit nicht mehr zu übersehen sind, werden einschlägige Forschungen in Deutschland unterlassen.

Nach dem Stand der internationalen Forschung muß davon ausgegangen werden, daß unerwünschte Kinder in großer Zahl auch in unserem Land an ihrem Schicksal leiden. Die Leidensformen sind vielfältig. Sie treten als psychische Störung, Subdeprivation, Charakterstörung, Delinquenz, soziale Unangepaßtheit, als psychosomatische Krankheiten und kulturell wie sozial wahrnehmbare Beziehungsprobleme auf. Vor allem bringen sie den psychologischen Wiederholungszwang hervor, der im Erwachsenenleben zur Neuauflage des eigenen Unglücks führt.

Die Forschungsergebnisse zur »Unerwünschtheit« verweisen auf interdisziplinäre Wissenschaftskooperation. Sie sind für die professionelle Leistungsfähigkeit von Beratern, Psychologen, Politikern, Krankenschwestern, Lehrern und Ärzten gleichermaßen von Bedeutung. Sie sind ein Beitrag zur sachlichen Begründung politischer Positionen, welche die strafrechtliche Einschränkung der Abtreibung im Zusammenhang des Schicksals kindlicher Unerwünschtheit sehen.

Die Suche nach »verursachenden Bedingungen«, die die behavioristische Forschungstradition prägt, schließt in der Annahme einer Ursache-Wirkung-Beziehung immer die rückblickende Zeitperspektive ein. Die meisten Studien sind folgerichtig retrospektiv angelegt. Die Wechselbeziehung zwischen vermuteten Ursachen muß dabei nachträglich rekonstruiert werden, ohne daß im Einzelfall bekannt wäre, welche der vielen möglichen Faktoren in welchen Kombinationen zu welchen Zeitpunkten in welcher Weise wirksam waren.

Bei retrospektiven Befragungen z. B. zur eigenen unerwünschten Kindheit treten ungewollt Verzerrungen auf, weil die Antworten aus der aktuellen Lebenssituation heraus so gegeben werden, daß sie die weitgehend positive Sicht auf die eigene Kindheit nicht stören.

Die Antworten sollen die höchst verletzbare Identität des unerwünschten Kindes, von dem wir annehmen, daß es sich zwischenzeitlich zum Erwachsenen entwickelt hat, schützen. Das ist z. B. dann der Fall, wenn ein Suizidversuch, elterliche Gewalttätigkeiten, Ausbrüche des Hasses mit anschließenden Schuldgefühlen, Gefühle tiefer Enttäuschung oder andere Leidenserlebnisse vorliegen.

Prospektiv angelegte Untersuchungen setzen den ätiologischen Einfluß bestimmter Faktoren hypothetisch voraus. Es wird versucht, die Auswirkungen dieser Faktoren über gewisse Zeitabläufe zu kontrollieren. Prospektive Untersuchungen sind in aller Regel möglich, wenn ein Problem bereits als gesellschaftlich relevant anerkannt wurde. Prospektive Studien sind deshalb ein Zeichen gesellschaftlicher Problemorientierung – und nicht der Problemverleugnung!

Die Strafbarkeit einer Handlung oder die Verleugnung eines Problems, wie das der Unerwünschtheit, macht es schwer, Informationen zu erhalten. Andererseits werden die Ergebnisse von Befragungen dadurch »verfälscht«, daß die Arbeit der Forscher die Lebenssituationen der befragten Personen kurzfristig verändern, hier der Eltern unerwünschter Kinder oder unerwünschter Kinder selbst:

- Ein Beispiel ist die Neigung von Interviewpartnern, Fragen so zu beantworten, daß sie mit gesellschaftlich erwünschten Vorstellungen übereinstimmen oder nicht allzu weit von ihnen entfernt erscheinen. Die Interviewpartner werden als Repräsentanten der öffentlichen Moral oder anerkannter sozialer Normen wahrgenommen, denen man die eigenen Ansichten nicht ungeschminkt mitteilen möchte.
- Ein weiteres Beispiel bietet die isoliert lebende alleinerziehende Frau, die angesichts des »erfreulichen Interesses« der Wissenschaftler an ihrer Lebenssituation ihre Zukunft und Vergangenheit nicht ganz so deprimierend erlebt wie zuvor. Ihre Antworten »schönen« ihre Lebenssituation.

- Werden Interviews zur Unerwünschtheit »gegeben«, so wird anerkannt, daß es Kindesablehnung gibt, und Eltern werden befähigt, über ihre Gefühle zu sprechen; das Tabu ist gebrochen. Das Interview befreit sich schuldig fühlende Eltern aus ihrer ängstlichen Selbstisolation. Sie erkennen, daß auch andere vergleichbare Probleme haben.

Probleme dieser Art kommen in den Untersuchungen besonders nachhaltig zum Ausdruck, weil Sexualität, Partnerbeziehung und Kindererziehung besonders unerbittlich mit moralischen Bewertungen und Sanktionen der Gesellschaft belegt werden.

Über die Folgen der Unerwünschtheit kann nur in einer gesellschaftlichen Atmosphäre gesprochen werden, die am Kindswohl solidarisch festhält, selbst wenn dadurch die kinderfreundliche Selbstidealisierung von Eltern und Gesellschaft in Frage gestellt wird.

Im Vergleich zu anderen Ländern besteht in Deutschland eine starke Strömung, das Problem der unerwünschten Kinder zu verleugnen. Zwar sind vereinzelt Kinderärzte, Soziologen und Psychologen in ihrer Berufspraxis auf Manifestationen der Unerwünschtheit gestoßen und haben sie untersucht. Aber ein politisch wirksames Interesse an den seelischen Folgen der unerwünschten Geburt war bislang nicht festzustellen, auch nicht während der großen Debatten der 70er Jahre über den repressiven Charakter des Abtreibungsverbotes.

Paradoxerweise ist das hartnäckige Schweigen zum Schicksal unerwünschter Kinder der nachhaltigste Ausdruck dafür, daß es sich um ein Problem von unvorstellbarer Größenordnung handelt. Verdrängt wird im allgemeinen nur ein Problem, das höchst beunruhigend wirkt. Die Verdrängung des Problems ist deshalb so schwer aufzuheben, weil die zurückliegende Leugnung so viele nachträgliche Probleme hervorbringt.

Nach einer repräsentativen Untersuchung der Gesellschaft für Grundlagenforschung und der Bundeszentrale für gesundheitliche Aufklärung aus dem Jahre 1970 waren fast die Hälfte aller Schwangerschaften in der früheren Bundesrepublik nicht erwünscht. In der Unterschicht war der Anteil mehr als doppelt so hoch wie in der Oberschicht (25%). In den Mittelschichten waren es immer noch 47% der Kinder, die unerwünscht sind. Nur 32% der Kinder wurden in der Repräsentativumfrage als gewünscht und bewußt geplant bezeichnet.

Strafrechtspolitik, aber auch Sozialpolitik, die das kindliche Leid verleugnet, das sich hinter diesen Zahlen verbirgt, steht im Widerspruch zu einer humanen Kindeswohlpolitik. Wir werden einige sozial-strukturelle Veränderungen skizzieren, die Hinweise geben, warum Frauen und Männer Kinder wollen oder es vorziehen, kinderlos zu bleiben. Für Politiker, Professionelle und Wissenschaftler, die einer naturalistischen Begründung des Kinderwunsches der Frau anhängen, werden diese Überlegungen bedeutungslos sein. Ihr »Mythos von der Naturhaftigkeit des Kinderwunsches« ist seinem triebhaften Wesen nach gegen äußere Modifikationen (Amendt 1988a) gefeit. Die »Naturhaftigkeit des Kinderwunsches« – wohlgemerkt: damit ist immer nur die Frau gemeint – ist gegen Soziales wie Psychisches resistent.

Wir schicken voraus, daß die nachfolgende Beschreibung gesellschaftlicher Strukturbedingungen so allgemein gehalten ist, daß aus ihr weder auf historische Besonderheiten, auf individuelle Kinderschicksale noch individuelles Verhalten schwangerer Frauen und ihrer Partner geschlossen werden kann. Dies würde den psychischen, in familiäre Lebensgeschichte eingebetteten Anteil der Kinderwunschgenese zugunsten eines gesellschaftlichen Determinismus auflösen. Das wäre so falsch wie das Gegenteil – nämlich ein rein psychologischer Monismus. Das Wesen der Mutterschaft und der Vaterschaft ist in seinen psychischen sowie seinen biologischen Dimensionen immer kulturell bedingt.

In den letzten 250 Jahren hat sich die Rolle des Kindes in Familie und Gesellschaft grundlegend verändert. In der patriarchalisch außengeleiteten und matriarchalisch innengeleiteten Familie hatten Kinder neben dem Beitrag zur Alltagsarbeit die weitere Funktion, die Eltern bei Krankheit und im Alter zu versorgen. Das Erbe war die Belohnung für die Versorgung, und die Drohung mit der Enterbung sicherte die Versorgung.

Unabhängig davon, welche emotionalen Bindungen an die Eltern bestanden, waren sie von ökonomischen Interessen beider Seiten an einem gelingenden Eltern-Kind-Verhältnis »unterfüttert«. Diese Art des »Generationenvertrages« verlor an Bedeutung, je mehr sich die kapitalistische Produktionsweise verallgemeinerte. Sie zerstörte die Großfamilie und zwang alle ihre Mitglieder unter das Joch der Lohnarbeit.

Unabhängig von Alter, Sitte und Geschlecht mußten alle ihre Arbeitskraft gegen Lohn verkaufen. Die Verallgemeinerung der Lohnarbeit hatte in ihren Anfangsphasen bis weit hinein ins 19. Jahrhundert verheerende Auswirkungen auf Psyche, Moral und Gesundheit der Menschen. Vor allem die Existenz der Kinder war durch die rücksichtslose Einordnung unter die frühkapitalistisch organisierte Lohnarbeit gefährdet.

Um zumindest den Nachwuchs der Gesellschaft vor den zerstörerischen Auswirkungen der Lohnarbeit zu schützen und die kontinuierliche »Menschenproduktion« zu garantieren, wurden in einem mühevollen Kampf, der von liberalen Ligen zum Schutz der Kinder bis zu den Organisationen der Arbeiterbewegung geführt wurde, Kinderschutzgesetze und Gesetze zum Schutz schwangerer Frauen erlassen.

Durch Gesetze zum Schutz der Arbeitskraft wurde in einem über hundert Jahre währenden Prozeß zweierlei erreicht: Das Überleben der Kinder wurde gesichert und die Eltern-Kind-Beziehung immer stärker auf die Gefühlsbindung zur Mutter reduziert. Daß dieser zweite Aspekt, der uns so selbstverständlich erscheint, ein kulturelles Phänomen darstellt, wird nur allzu oft übersehen. Dieser Vorgang dauerte lange. Er war einerseits ökonomisch bedingt, bezog aber andererseits auch Anstöße von den Frauen selbst, die sich lebensperspektivisch auf ein Hausfrauenleben einrichteten oder zu ihm gezwungen wurden. Der affektive Reduktionismus in der Mutter-Kind-Beziehung hat die Weichen dafür gestellt, daß sich letztlich das System der affektiven Rollenpolarisierung von Männern und Frauen herausbildete. Ohne dieses System hier in seiner psychischen und kulturellen Dynamik entfalten zu können, kann seine Existenz trotz leicht aufweichender Tendenzen als fest verankert gelten.

Unter den relativ neuen Verhältnissen wurde es zur elterlichen Pflicht, die Pflege und Erziehung ihres Nachwuchses zu übernehmen. Ihre Vernachlässigung wird strafrechtlich verfolgt, wenn bestimmte Toleranzgrenzen überschritten werden.

Mit der Auflösung der patriarchalischen Familie, dem Verlust des Eigentums, der gesicherten »Verdienerrolle« als Basis der männlich präsentativen Macht und der Übernahme der Krankheits- und Altersversorgung durch Fonds von Solidargemeinschaften entfiel die ökonomische Notwendigkeit, sich um Nachkommen zu sorgen (vgl. Heinsohn/Knieper/Steiger 1986).

Der Lohn für geleistete Arbeit stieg nicht durch die Existenz von Kindern – zumindest nicht im Verhältnis zu den anfallenden Kosten für deren Erziehung und Ausbildung. Kindererziehung mußte unentgeltlich geleistet werden. Die »Erben« sicherten nicht mehr die Existenz, sondern gefährdeten sie. Kinder wurden zum Kostenfaktor.

Mit der Zahlung von Kinder- oder Erziehungsgeld sowie steuerlichen Belastungen versucht der Staat Männer und Frauen von der Kosten-Nutzen-Sicht auf die Kinder wieder abzubringen.

Wäre dies allerdings die einzige »Sichtweise« von Männern und Frauen auf Kinder, so gäbe es mit Gewißheit keine mehr. Wir finden neben der ökonomischen Sichtweise die bedeutsame psychische Komponente in der Kinderwunscherfüllung, die starke gesellschaftsabgewandte Seiten kennt, aber auch solche, die stark von kulturellen Traditionen und vom Arrangement der Geschlechter bestimmt sind. Sie weisen auf psychische Strukturbildungen in der Erziehung von Mädchen und Knaben hin, die sich unmittelbar auf gesellschaftliche Machtverhältnisse auswirken. Wir werden diese bislang nicht untersuchten Auswirkungen vorläufig als weiblich-mütterliche Beiträge zur Bildung der Sozialstruktur bezeichnen.

Es wäre einer Überprüfung wert, mit welchen staatlichen Mitteln in den vergangenen 200 Jahren Frauen die Identifikation mit einem affektiv reduzierten Mutter-Kind-Verhältnis so nahegebracht werden konnte, daß sie sich letztlich dazu entschieden, den Schritt zur Identifikation mit einem vielfach einschränkenden Zustand zu vollziehen.

Nachdem in der konventionellen Rollenhandhabung der Familie sich die Frau als Kinderpflegerin und Erzieherin und der Mann als »Brotverdiener« durchgesetzt hatten, vervollständigte sich die Entfremdung der Frau gegenüber dem öffentlichen gegenständlichen Arbeitsprozeß und die Entfremdung des Mannes gegenüber dem privaten Beziehungsprozeß. Heute gibt es Rollenhandhabungen, die versuchen, die Entfremdungen wieder rückgängig zu machen.

Ein Ergebnis dieser allmählichen Entwicklung ist eine Polarisierung der Gattungsreproduktion, die heute mit Begriffen wie »Arrangement der Geschlechter«, »Patriarchat« oder »weibliche Opfer und männliche Täter« partiell kritisch, partiell simplifizierend und mit dem Begriff »männliche Rollenidentität« affirmativ gefaßt werden. Die Thematisierung der Machtverhältnisse der Geschlechter ist weitgehend der Frauenbewegung zu danken.

»Kinder haben« bedeutet eine ständige Akkumulation von sehr unterschiedlichen Problemen. So schränkt ihre Einschulung die berufliche Mobilität der Eltern ein. Soziale Mobilität ist aber nicht nur in Zeiten der Rezession eine Eigenschaft, die Arbeitnehmern Arbeitsplatzchancen und beruflichen Erfolg eröffnet. Für hochqualifizierte Arbeitskräfte stellt sie eine Standardforderung dar. Wer keine Mobilität zeigt, muß Einkommensvorstellungen zurückschrauben oder Karriereerwartungen aufgeben.

Mit steigender Kinderzahl treten weitere Probleme auf. Es fehlen ausreichend große Wohnungen. Durch ungenügende Kindergeldzahlungen bzw. fehlende Anerkennung der Erziehungsarbeit in Geldwert geraten kinderreiche Familien in Abhängigkeit von öffentlichen Sozialleistungen. Alleinerziehende Eltern – fast ausschließlich Frauen – müssen ihre Kinder unterbringen, damit sie einer ökonomisch unerläßlichen Berufstätigkeit nachgehen können. Als Alternative bietet sich lediglich die Abhängigkeit von Sozialhilfe, die mit dem Verlust von Autonomie verbunden ist. Infrastrukturelle Mängel, wie Einsparungen im System der öffentlichen Kindererziehung, wirken sich unmittelbar auf die Lebenssituation von Familien aus.

Kinderreiche Familien werden als »Asoziale« stigmatisiert, weil sie öffentliche Unterstützung empfangen. Ledige oder geschiedene Frauen mit Kindern sind starkem sozialen Druck ausgesetzt, sei es bei der Arbeitsplatz- oder Wohnungssuche. Alleinstehende Elternteile haben schlechtere Chancen, einen Partner zu finden.

Bereits diese unsystematisch aufgeführten Beispiele zeigen, daß »Kinder haben« nicht nur zu finanziellen, sondern ebenso zu sozialen und kulturellen Einschränkungen führt. Die Lebensperspektiven mit Kindern bieten dem einzelnen nur eingeschränkte Chancen, seine sozialen Kontakte außerhalb der Familie zu befriedigen.

Trotz sicherer Lebensverhältnisse und kultureller Kontinuität bleiben immer mehr Männer und Frauen kinderlos. Das monadische Leben als »Single« wird zumindest für eine begrenzte Zeit zu einem geschätzten Lebensstil für viele.

Sowohl Bevölkerungspolitiker als auch Sozial- und Familienpolitiker beschäftigen sich immer intensiver mit der Kinderfrage. Die einen, weil es nach ihren Vorstellungen nicht genügend gibt, die anderen, weil die Qualität der Kinder nicht ausreichend ist. Die Gefährdung der Kindererziehung ist heute aus einer Reihe von Gründen zu einem Problem der Gesellschaftspolitik geworden.

Vom fortbestehenden Mengendenken der Bevölkerungspolitik hat eine Verlagerung zu qualitativen Interessen an gelingender Erziehung stattgefunden. Die überragende Bedeutung der affektiv annehmenden Einstellung der Eltern für die körperliche und seelische Entwicklung des Kindes wurde erst erkannt, nachdem die außerfamiliale Erziehung der staatlichen Kinderverwahrung gescheitert war bzw. schwerwiegende Schäden bei Kindern ausgelöst hatte.

Weigerung oder Unfähigkeit von Eltern, ihre Kinder angemessen zu erziehen, hatte zwar dazu geführt, daß staatliche Institutionen eingriffen. Diese Institutionen waren jedoch ausschließlich ökonomischer Rationalität unterworfen. Niedrige Kosten für Ernährung und Hygiene, eine auf Drill statt auf Lebensaneignung ausgerichtete Erziehung sowie die nur schwer realisierbare affektive Zuwendung durch Lohnerzieher führte unmittelbar zu Autismussymptomen bei verwahrten Kindern.

Es waren die Sozialisationsforscher, die ihren Blick zuerst auf die Bedingungen richteten, die staatliche Erziehungseinrichtungen scheitern ließen. Später wurden die Forschungsergebnisse auf die Beziehungen innerhalb von Familien übertragen. Nicht zuletzt die Übereinstimmung der Humanwissenschaften führte dazu, daß 1959 von der Vollversammlung der Vereinten Nationen in der »Erklärung der Rechte des Kindes« die besonderen Bedingungen für die Entwicklung der Kinder hervorgehoben wurden.

Das Problem der Bevölkerungspolitik besteht darin, daß die Liebe der Eltern zu ihren Kindern sich nicht mit staatlichen Mitteln, weder mit dem Strafgesetz noch durch Geburtenprämien oder Kindergeld, erzwingen läßt. Kinderliebe entzieht sich der sozialen Generierung, weil sie zutiefst subjektgebunden ist.

Staatliche »Gebärprogramme« entsprechen deshalb nur dann den Menschenrechten, wenn sie die emotionale Annahme der Kinder zur Voraussetzung haben. Darüber kann Bevölkerungspolitik nicht verfügen.

Gerade in modernen Industriegesellschaften mit einer individualisierten Moral und Lebensplanung bis in die unteren sozialen Schichten werden gesellschaftliche Mängel wie Kinderfeindlichkeit, Strahlengefährdung und Umweltzerstörung zu kalkulatorischen Momenten der Kinderplanung. Damit zeichnen sich die Grenzen einer finanziellen Kinderförderungspolitik ab – bevor sie überhaupt zum Politikziel erhoben wurde. Den besten Kinderschutz bieten die autonomen Entscheidungen von Beziehungspartnern. Diesem Schutz ist die Studie gewidmet.

Die Erfüllung des Kinderwunsches

Widersprüchliche Gefühlswelten der Schwangerschaft

Es ist einfach, Kinder nach ihren Geschlecht zu unterscheiden. Ob sie von ihren Eltern hingegen erwünscht waren oder nicht, ist nicht so ohne weiteres entscheidbar. Das liegt vor allem daran, daß die »Unerwünschtheit« weniger eine Eigenschaft des Kindes ist, sondern vielmehr die Gefühlswelt seiner Eltern zu ihm beschreibt. Als Kind von den Eltern nicht herbeigesehnt zu werden ist eine besondere Art der Beziehung, die alle Gefühle negativ und höchst gegensätzlich färbt.

Weil es nicht leicht ist, die »Unerwünschtheit« nachzuvollziehen, möchten wir zunächst einmal an Beispielen zeigen, wie vielfältig die Formen sein können, in denen sich eine unerwünschte Schwangerschaft äußern kann – und woran das Besondere im Leben unerwünschter Kinder zu erkennen ist.

Wir werden untersuchen, wie bedeutsam die Gefühlswelten von Eltern für die Entwicklung ihrer Kinder sind, und wir werden einen Überblick über die Forschungsergebnisse geben, die eine Vorstellung davon vermitteln, wie häufig unerwünschte Schwangerschaften auftreten und wie zahlreich unerwünschte Kinder geboren werden. Dann werden wir die komplexen Verhältnisse beschreiben und die Zusammenhänge nachzeichnen, die dafür entscheidend sind, daß Eltern Kinder ablehnen.

Sehr anschaulich schilderte Mildred Beck in einer Veröffentlichung von 1971 die verschiedenen Arten der »Unerwünschtheit« von Schwangerschaften. Sie zeigte dabei zugleich die Schwierigkeiten auf, die entstehen, wenn für ein empirisches Forschungsprojekt festgelegt werden soll, was eigentlich ein »unerwünschtes Kind« sei.

Grundlegend für ihre Beschreibung des unerwünschten Kindes ist die Einstellung einer Frau zu ihrer Schwangerschaft, ob sie die Schwangerschaft annimmt oder ablehnt. Diese Frühzeit bestimmt nämlich die Zukunft.

Die Komplexität der Mutter-Kind-Beziehung zeigt sich bereits daran, daß Gefühle zum geborenen Kind sich schon im Verlauf der Schwangerschaft entwickeln. Die Gefühle zum Kind entstehen nicht erst mit der Geburt. Ebensowenig wird eine Frau erst zur Mutter durch die Geburt. Sie wird es durch vielfältige Veränderungen, die mit der Beschäftigung mit dem Kinderwunsch bis zu den gefühlsmäßigen Neuorientierungen während der Schwangerschaft und der gemeinsamen Antizipation des Kindes mit dem Partner reichen. Mildred Beck differenziert deshalb die Gefühlswelten von Frauen zur Schwangerschaft:

»Es gibt außerordentlich wichtige Unterschiede zwischen Frauen, die sagen, ›ich möchte nie schwanger werden‹, und denen, die sagen, ›ich möchte diese Schwangerschaft nicht‹, und zwar aus einem oder mehreren der folgenden Gründe:
1. Mir wurde aufgrund medizinischer Erkenntnisse gesagt, daß mein Kind mit großer Wahrscheinlichkeit schwer mißbildet oder in seiner Entwicklung verzögert sein könnte. (Dies umfaßt die Schädigung durch Röteln und Fälle, in denen der Fötus aus genetischen Gründen gefährdet ist und in denen die Mutter oder der Vater schädigende Medikamente eingenommen haben etc.).
2. Der Arzt warnte mich wiederholt vor einer weiteren Schwangerschaft, weil ich eine schwere Herzkrankheit habe (oder ähnlich lebensbedrohende oder -verkürzende körperliche Schädigungen).
3. Ich kann die drei (vier, fünf, sechs...) Kinder kaum versorgen, die ich bereits habe.
4. Mein Ehemann ist gerade aus dem Vietnamkrieg heimgekehrt und steht unter einem schrecklichen psychischen Druck, den ich nicht verstehe. Ich kann mich zur Zeit unmöglich um unsere anderen Kinder und um ihn kümmern, und, mein Gott, gewiß nicht um ein weiteres Baby!
5. Dieses Baby ist verflucht, genau wie alle anderen Kinder meines Vaters (gemeint ist Inzest).
6. Wir haben bisher wirksam Empfängnisverhütung betrieben, und unsere Kinder haben wir bekommen, genau wie wir sie geplant hatten. Ich möchte dieses Baby nicht; ich kann tatsächlich nicht noch eins großziehen.
7. Herr Doktor, Sie lassen sie dieses Kind nicht kriegen, nicht wahr? Sie ist doch selbst erst zwölf Jahre alt!
8. Ich wollte nie wirklich ein Baby; ich wollte nur sehen, ob ich schwanger werden kann. Ich hasse Kinder!
9. Wir müßten heiraten, wenn ich dieses Baby bekomme, weil meine Eltern darauf bestehen. Aber von mir aus können sie das Baby und den Vater dazu haben. Ich will nicht eine Minute mit ihm zusammenleben« (Beck, 1971, S. 60).

In diesen Äußerungen von schwangeren Frauen, Vätern und Verwandten, die Beck wiedergibt, werden meistens sowohl die Konsequenzen für die Frau wie für das unerwünschte Kind bedacht. Das zukünftige Schicksal des unerwünschten Kindes wird als Konsequenz einer unerwünschten

Schwangerschaft betrachtet, deren Austragung in aller Regel durch ein strafrechtliches Verbot der autonomen Kinderplanung herbeigeführt wird.

In der Literatur zum sozialpsychologischen Begriff »Einstellung«, z. B. zu einem Kind, finden wir verschiedene Versuche, diesen Begriff zu beschreiben. So gibt es eine Reihe von Merkmalen, die in die Bestimmung des Begriffs eingehen und von den meisten Ansätzen aufgenommen werden. Wir gehen im Anschluß kurz auf sie ein, weil sie die Grundlage der Kritik bilden, die an diesen empirischen Studien zur »Einstellung zur Schwangerschaft« geübt wird.

Es muß festgehalten werden, daß eine gefühlsmäßige Einstellung stets auf ein psychologisches Objekt bezogen ist. Dabei kann alles als psychologisches Objekt verstanden werden, was Gegenstand von Wahrnehmungen von Personen ist – z. B. Kinder, Autos, Krieg oder Obstsorten.

Entscheidend ist demnach in unserem Zusammenhang immer die gegenwärtige Einstellung, die eine Frau zu einer je einzelnen Schwangerschaft und jedem einzelnen Kind hat, wie das von M. Beck formuliert wurde.

Die ablehnende Einstellung zu einer Schwangerschaft ist deshalb nicht mit der allgemeinen Einstellung einer Frau zu Kindern identisch, wie das in politischen Diskussionen über die Abtreibung oft unterstellt wird.

Die Entscheidung für eine Abtreibung ist nicht Ausdruck der generellen »Kinderfeindlichkeit« von Frauen. Die Gefühlswelt zu einer gerade erlebten Schwangerschaft oder einer Schwangerschaft, die gerade durch eine Abtreibung beendet wurde, wird sich für eine Frau zu anderen Schwangerschaften und Abtreibungen grundsätzlich unterscheiden. Die augenblicklichen Gefühlswelten haben immer einen aktuellen, zumeist einmaligen Hintergrund.

Beispielhaft dafür kann die Einstellung traditionell denkender katholischer Frauen sein, die eine unerwünschte Schwangerschaft ziemlich selbstverständlich abtreiben, aber politisch sich nicht für deren Liberalisierung aussprechen und auch nicht auf Kinder zu einem späteren Zeitpunkt verzichten möchten (vgl. beispielhaft die Einstellungen katholischer Frauen zur Empfängnisverhütung: Westoff/Jones 1977; vgl. zur Begriffsbestimmung »Einstellung«: Shaw/Wright 1967; Koch 1972, S. 31 f.).

Einstellungen zu Schwangerschaften und Kindern werden von Gefühlen bestimmt, die im Leben eines Erwachsenen von Bedeutung sind. Diese Gefühle sind nie eindeutig. Sie sind stets mit negativen und positiven Vorstellungen, mit angstvollen und freudigen Aspekten verbunden. Wir können deshalb berechtigterweise die gefühlsmäßigen Einstellungen zum Kinderwunsch, aber ebenso zur Abtreibung und Kindererziehung als ambivalent bezeichnen. Ambivalenz meint lediglich die Gleichzeitigkeit von gegensätzlichen Gefühlen.

Auch der kognitive Aspekt, der dem gefühlsmäßigen gegenübersteht, beeinflußt die Art und Weise, in der das »Objekt der Einstellung« wahrgenommen wird – zum Beispiel die unerwünschte Schwangerschaft. Das Wissen, eigene und gesellschaftliche Ansichten, Informationen etc., die eine Person mit dem Objekt der Einstellung verbindet, nehmen wiederum Einfluß auf die gefühlsmäßige Einstellung.

So kann die Einstellung einer Frau zu ihrer Schwangerschaft durch ihren starken Wunsch nach einem Kind, aber gleichzeitig auch durch ihre Kenntnis der besonderen Lebensschwierigkeiten lediger Mütter in ihrer sozialen Schicht und der Nachbarschaft verändert werden (vgl. Triandis 1971; Lukesch/Lukesch [Hg.] 1976, S. 6f.). In welchem Spannungsverhältnis die emotionalen zu den kognitiven Anteilen in einer Person stehen, läßt sich für jeden Menschen nur individuell bestimmen. Voneinander trennen lassen sie sich allerdings nicht.

Die Grundlagen für die individuellen Gefühlswelten werden vor allem im frühkindlichen Erleben der Mutter-Kind-Beziehung gelegt. Sie können sich im Laufe des Lebens jedoch mehrmals und gegenläufig verändern und Anlaß von psychischen Störungen werden. So kann die emotional annehmende Einstellung einer Frau zu ihrer Schwangerschaft von einer feindselig ablehnenden Einstellung abgelöst werden, wenn sie vom Vater des Kindes wegen der Schwangerschaft verlassen wird, wenn sie ihre Arbeitsstelle verliert oder sich in ihren persönlichen Möglichkeiten der Lebensgestaltung eingeengt sieht (vgl. M. Lukesch, 1975, S. 204 f.).

Alle gefühlsmäßigen Verhaltensweisen wie soziale und kulturelle Erwartungen einer Frau (aber auch eines Mannes) können die Einstellungen zur Schwangerschaft und zum Kind bestimmen.

Aber auch die Schwangerschaft kann maßgeblich alle Lebensperspektiven prägen. Das wird dann bei Frauen häufig der Fall sein, wenn ihr Lebenszweck vorwiegend auf ein Leben mit Kindern ausgerichtet ist und sie keine anderen Perspektiven für sich ins Auge fassen.

Die eher verdrängte Ablehnung eines unerwünschten Kindes schlägt sich mit Sicherheit deshalb auch im manifesten Verhalten der Eltern nieder, selbst wenn sie ihre ablehnenden Gefühle vor sich selbst zu verbergen trachten. So läßt sich die emotionale Ablehnung mitunter nicht leicht erkennen (vgl. Lukesch/Schneewind 1978, S. 12). Der gesellschaftliche Erwartungsdruck an »gute Elternschaft« hindert sie daran, ins bewußte Erleben vorgelassen zu werden.

Für den Außenstehenden sind Störungen in der psychischen und psychosomatischen Entwicklung eines Kindes erste offene Anzeichen für verborgene widersprüchliche, nämlich feindselige Affekte der Mutter oder des Vaters zum Kind.

Wie lassen sich die verborgenen und gesellschaftlich mißbilligten negativen Gefühle zum Kind erkennen? Die empirische Erfassung von Einstellungen zur Schwangerschaft und zum Kind geht von der Annahme aus, daß »Einstellungen« sich dadurch feststellen lassen, daß Verhalten beurteilbar wird, indem ich eine Person befrage. So definieren z. B. viele Untersuchungen »Unerwünschtheit« von Schwangerschaft und Kind aus dem Entschluß einer Frau, eine Abtreibung vornehmen zu lassen.

Es gibt eine Reihe von Befragungsmethoden, mit denen die Einstellungen von Eltern zu den Bereichen Schwangerschaft, Sexualität und Kindererziehung erhoben werden können (vgl. Lukesch/Lukesch 1976, S. 7ff.). Dabei entstehen Probleme, wenn die Besonderheit, nämlich die gefühlsmäßige Qualität einer Einstellung, durch die Höhe von addierten Punktwerten angegeben wird. Der Aussagewert addierter Antworten und ihrer Punktwerte ist umstritten. Außerdem ist es problematisch, mit Punktwerten zu arbeiten, durch die positive von negativen Einstellungen unterschieden werden (vgl. M. Stosberg 1972, S. 82 f.; nach Stadler 1975, S. 132).

Die Lebensbereiche Sexualität, Schwangerschaft und Kindererziehung gelten in hohem Maße als private Angelegenheit. Sie werden deshalb dem Zugriff der Öffentlichkeit entzogen. Auch werden sie der privaten Diskussion oft durch Gefühle der Scham und der Schuld vorenthalten.

Zugleich aber bestehen sehr strenge gesellschaftliche Normen für diese Bereiche, deren Überschreitung nicht nur moralisch kritisiert, sondern öffentlich zur Kenntnis genommen und wie bei der Abtreibung sogar strafrechtlich sanktioniert wird.

Wer die Ergebnisse von Einstellungsuntersuchungen zu Schwangerschaft und Abtreibung beurteilt, sollte deshalb stets bedenken, daß die Äußerungen der Befragten der Tendenz unterliegen, sich als normale Bürger darzustellen, die nicht durch abweichende Normen auffallen wollen. Die Antworten sollen eher »soziale Angepaßtheit« demonstrieren.

In aller Regel wird sich niemand allzu offen zu gesellschaftlich mißbilligten Verhaltensweisen oder Gefühlen bekennen, sondern versuchen, sie zu verbergen. Sinnvollerweise werden deshalb private Auskünfte über Gefühle mit Schutzinteressen vor öffentlichen oder strafrechtlichen Urteilen verbunden. So bedeutet es in konservativ denkenden und fühlenden Schichten unserer Gesellschaft, die Abneigungen gegen eine Schwangerschaft oder ein Kind öffentlich zuzugeben, dem gesellschaftlich vielfach gestützten Stereotyp von der »guten Mutter«, den »fürsorglichen Eltern« oder der »Heiligkeit der Familie« nicht zu entsprechen (vgl. Bönitz 1979, S. 21).

Eine gesellschaftliche Idealbildung in Frage zu stellen oder offen zurückzuweisen, vor allem wenn sie sich um die mütterliche Seite der Frauen rankt, schafft keine Freunde, sondern Feinde und mitunter sogar soziale Ausgrenzung.

Schwangerschaften, die unerwünscht sind

In großen Teilen unserer Bevölkerung ist das sachliche Wissen über Methoden und Anwendung der Familienplanung noch gering, oder es wird nicht konsequent angewendet. Die Folge sind Schwangerschaften, die nicht gewollt waren. Diese Vermutung liegt nahe angesichts der hohen Zahl ungeplanter Schwangerschaften.

Von einem Teil der Bevölkerung wird heute Kinderplanung in dem Sinne betrieben, daß eine Schwangerschaft dann eintreten soll, wenn Partner sich den Anforderungen und Verzichten der Elternschaft gewachsen fühlen und sie die Partnerschaft als so stabil wahrnehmen, daß die Perspektive der gemeinsamen Kindererziehung praktikabel erscheint. Geplante Schwangerschaften sind daher fast alle gewünscht (vgl. dazu Lukesch 1975, S. 189). Unerwünschte Schwangerschaften hingegen sind von Frauen und ihren Partnern in den meisten Fällen auch nicht geplant. Nicht alle ungeplant eintretenden Schwangerschaften sind allerdings unerwünscht. Unter bestimmten günstigen, allerdings nicht häufigen Bedingungen können unerwünschte Schwangerschaften zur Geburt eines erwünschten Kindes führen.

Zweifellos trifft es aber nicht zu, wie wir noch detailliert zeigen werden, daß sich unerwünschte Schwangerschaften mit der Geburt des Kindes generell und sozusagen automatisch in eine emotional annehmende Beziehung zum Neugeborenen verwandeln.

In den folgenden Ausführungen wollen wir zeigen, daß in modernen Industriegesellschaften der Anteil der ungeplanten Schwangerschaften immer noch überwiegt und daß die unerwünschten Schwangerschaften den größten Anteil daran haben.

Obwohl das Prinzip der Planbarkeit, der Risikoabschätzung und der Ökologie sich in modernen Gesellschaften immer mehr durchsetzt, gibt es starke politische und kirchliche Tendenzen, die Fragen der partnerschaftlichen Lebens- und Kinderplanung davon grundsätzlich auszuschließen. Ein Indiz dafür ist das Verbot der Empfängnisverhütung mit modernen Methoden, wie es die katholische Kirche über gläubige Frauen verhängt. In welchem Verhältnis stehen die geplanten zu den ungeplanten Geburten?

Für Australien schätzte Leeton (1975) das Verhältnis zwischen ungeplanten und geplanten Schwangerschaften auf 2:1. Unverheiratete und außerehelich schwangere Frauen hatten ihre Schwangerschaft zu nahezu 100% nicht geplant (vgl. Leeton 1975, S. 821 ff.).

In Schweden untersuchten Nilsson/Almgren, ob die Einstellung von Frauen zu ihrer Schwangerschaft von ihren sozialen Lebensbedingungen abhängig ist. Sie hielten es immerhin für denkbar, daß Frauen die Entscheidung über Austragung oder Abbruch der Schwangerschaft ausschließlich von persönlichen Motiven abhängig machen, die unabhängig von äußeren Faktoren wie Einkommen, Ausbildung, Kinderzahl, Ehelichkeit sind. Die Ergebnisse werden wir später beschreiben.

In ihre Untersuchung haben die Autoren nur Frauen aufgenommen, die später ein Kind gebaren. Eine Befragung während der Schwangerschaft ergab hinsichtlich der Geplantheit ihrer Schwangerschaft folgendes Bild (siehe Tabelle 1.1):

Tabelle 1.1: Geplante und ungeplante Schwangerschaften

	N	%
Schwangerschaft wurde aktiv geplant	65	42,7
Schwangerschaft wurde nicht aktiv geplant	87	57,3

(vgl. Nilsson/Almgren 1970, S. 24)

Immerhin bezeichneten zum Zeitpunkt der ersten Befragung nur 60 % der Frauen ihre Schwangerschaft als »willkommen«. Unterstellen wir einmal, daß ein relativ großer Teil von ungeplanten Schwangerschaften von den Frauen als unerwünscht empfunden und deshalb mit einer Abtreibung beendet wurde, so muß die Zahl der ungeplanten Schwangerschaften, bezogen auf die Gesamtheit, als untere Grenze gelten. Die Einbeziehung der unbekannten Abtreibungen erhöht in diesem Fall noch zusätzlich die Zahl der ungeplanten Schwangerschaften.

Die Ergebnisse der schwedischen Studie lassen sich jedoch nur begrenzt für eine zahlenmäßige Bestimmung des Verhältnisses von geplanten zu ungeplanten Schwangerschaften heranziehen, weil die Wissenschaftler für ihre Studie keine Repräsentativität geplant hatten (vgl. Nilsson/ Almgren 1970, S. 3).

Zum anderen sind ihre Ergebnisse nicht ohne weiteres auf andere Länder übertragbar. So wissen wir, daß Sexualaufklärung und liberale Abtreibungspolitik, wie sie in Holland betrieben werden, ganz wesentlich dazu beitragen, daß die Zahl der Abtreibungen – eben der nachträglichen Kinderplanung – sinkt.

Vom Widerspruch, der zwischen der Absicht besteht, Familienplanung in der Partnerschaft betreiben zu wollen, und der Realität, wie sie wirklich praktiziert wird, berichtete bereits Ferreira (1960).

Er fand heraus, daß auf jeden Fall zwischen »ungeplanter« und »unerwünschter« Schwangerschaft unterschieden werden müsse. Ferreira befragte 163 Mütter vier Wochen vor der Geburt ihres Kindes mit folgendem Ergebnis:

»Obwohl 67% der Mütter an geplante Schwangerschaften ›glaubten‹, hatten nur 32% ›diese‹ Schwangerschaft geplant!« (Ferreira 1960, S. 561).

Hier taucht ein Problem auf, das nicht unerwähnt bleiben darf. Es bezieht sich auf die vernunftgesteuerte Planung von Schwangerschaften auf der einen Seite und handlungswirksame unbewußte Wünsche auf der anderen Seite, die das selbstgesetzte Ziel sozusagen unter der Hand sabotieren. Diese Diskrepanz weist auf Steuerungen und Durchsetzungen von Wünschen hin, die unserem bewußten Zugriff weitgehend entzogen sind. Die Erklärung dieser Dynamik, die in Verhaltenseinstellungsstudien als Widersprüchlichkeit auftaucht, läßt sich mit Hilfe der Psychoanalyse als unbewußte Dynamik im Leben von Beziehungspartnern verstehen (vgl. Amendt 1988a).

Die beschriebene Diskrepanz zwischen Absicht und praktiziertem Verhalten wirkt sich in dieser Untersuchung vermutlich im Rückblick der befragten Mütter dergestalt aus, daß sie ihre Antworten zum Teil an der erwarteten kulturellen Norm (Amendt 1988a, S. 40ff.) ausgerichtet hatten, nach der Kinder erwünscht sein sollen und Frauen Mutterschaft nicht ablehnen, zumal wenn sie bereits schwanger sind; die Zahlen über ungeplante bzw. unerwünschte Schwangerschaften wären in solchen Befragungen dann zu niedrig angesetzt (vgl. Miller 1974, S. 401), weil gesellschaftliche und Selbstzensur der Äußerung der innerpsychischen Wahrheit im Wege stehen.

In einer Untersuchung über die Situation schwangerer Frauen, die von der »Bundeszentrale für gesundheitliche Aufklärung« (Köln) im Jahre 1970 veröffentlicht wurde, gaben ebenfalls nur 32% der befragten Frauen an, die gegenwärtige Schwangerschaft sei ganz bewußt geplant gewesen. Der hohe Anteil der ungeplanten Schwangerschaften ist hier von Interesse. Eine ungeplant eingetretene Schwangerschaft fordert von der Frau, sich unter Zeitdruck für oder gegen das Austragen zu entscheiden. Jede ungeplante Schwangerschaft erzwingt eine solche Entscheidung. Schwierig ist die Situation, wenn Frauen die ungeplante Schwangerschaft »fatalistisch hinnehmen«, das geborene Kind ablehnen, aber das Kind für seine Existenz »verantwortlich« machen.

Die Schwierigkeit des Entscheidungsprozesses wird damit erkennbar. Denn wen immer eine Frau in ihre Überlegungen darüber einbezieht, ob sie eine Schwangerschaft austragen will oder nicht, sie wird letztlich eine Entscheidung allein treffen müssen; angesichts der weitreichenden Folgen für sie selbst, das Kind und die Beziehung zu ihrem Partner kann sie diese Entscheidung nicht delegieren. Wird die Entscheidung trotzdem delegiert, so wird sie häufig zur Quelle nachträglicher Beziehungsprobleme.

Es gibt andererseits das gegenteilige Phänomen, daß ungeplante Schwangerschaften von Frauen als erwünscht bezeichnet werden. Die statistischen Angaben aus verschiedenen Untersuchungen weisen aber eigentlich immer nach, daß der Anteil der unerwünschten Schwangerschaften stets höher ist als der Anteil der geplant eingetretenen Wunschkind-Schwangerschaften.

Die Frauen, die für die Studie der »Bundeszentrale für gesundheitliche Aufklärung« (1970) während ihrer Schwangerschaft befragt wurden, äußerten sich auch zur Erwünschtheit ihrer gegenwärtigen Schwangerschaft (siehe Tabelle 1.2).

Tabelle 1.2: Erwünschtheit der Schwangerschaft

Haltung der Schwangeren	Gesamtanteil
Das Kind ist zu diesem Zeitpunkt *überhaupt nicht gewünscht*	21 %
Hätte das Kind lieber später bekommen	27 %
Das Kind ist zu diesem Zeitpunkt *gewünscht und geplant*	32 %

(vgl. BzGA [Hg.] 1970, S. 84)

Etwa die Hälfte der Frauen äußerte, daß die eingetretene Schwangerschaft nicht ihrem Lebensplan entsprach (zu ähnlichen und vergleichbaren Ergebnissen kommt auch Miller 1974, S. 401).

Die Zahl der unerwünschten Schwangerschaften läßt sich überhaupt nur genau errechnen, wenn die Zahl der Abtreibungen bedacht wird. Die Entscheidung, eine Schwangerschaft nicht auszutragen, ist meistens Ausdruck dafür, daß sie abgelehnt wird. Mit welchen widerstreitenden Gefühlen die Schwangerschaft abgelehnt wird, bleibt in diesen Befragungen offen.

Die hohe Dunkelziffer der illegalen Abtreibung – in der Bundesrepublik vor allem die Zeit vor 1976 – verhindert eine genaue Zahlenermittlung; lediglich Schätzungen in unterschiedlicher Höhe liegen vor. Wenn lediglich die Zahlen legal durchgeführter Abtreibungen zugrunde gelegt werden, so hatten im Verlauf ihres Lebens

»drei Viertel aller Frauen eine Lebendgeburt, ein Viertel eine Fehlgeburt und zwischen einem Viertel und einem Fünftel einen künstlichen Abort« (Gebhard/Pomery/Martin/Christensen 1969, S. 150; diese Zahlen bestätigt ebenfalls Cartwright 1970, S. 11).

Veränderungen während der Schwangerschaft

In vielen Untersuchungen wird davon berichtet, daß die Gefühlswelten schwangerer Frauen bis zum Zeitpunkt der Geburt und in der unmittelbar daran anschließenden Zeit sich überwiegend positiv verändern. Dieses Phänomen hat Binder bereits 1941 in einer rückblickenden Untersuchung von 350 Frauen mit unehelichen Kindern beobachtet. Er beschrieb die psychischen, gesellschaftlichen und rechtlichen Probleme der »unehelichen Mutterschaft« und wollte wissen, unter welchen Umständen eine Abtreibung straflos sein sollte. Dazu erforschte er die Einstellungen der Mütter zu ihrer Schwangerschaft und einem zukünftigen Kind. Sie wurden von ihm über einer Zeitachse aufgetragen (siehe Schaubild 1.3 und Tabelle 1.4).

Schaubild 1.3: Einstellungen von unehelichen Müttern zu Schwangerschaft und Kind

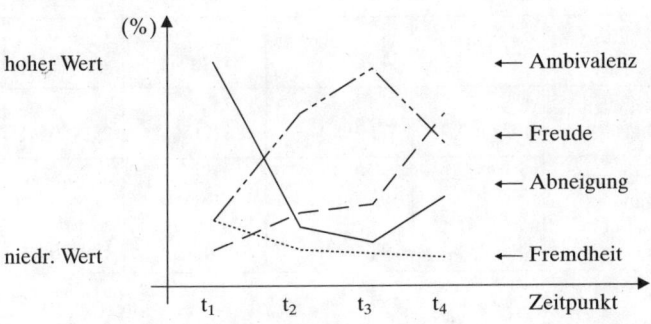

t_1 = erste Hälfte der Schwangerschaft
t_2 = zweite Hälfte der Schwangerschaft
t_3 = kurz nach der Geburt
t_4 = später nach der Geburt

(vgl. Binder 1941, S. 109)

Die Ergebnisse von Binder zeigen, ohne daß er dafür Begründungen nennt, daß im Verlauf der Schwangerschaft die ablehnenden und gleichgültigen Gefühle der Frauen nachgelassen haben. Der Anteil der Frauen, der auf Befragen äußerte, sich über die Geburt des Kindes gefreut zu haben, verringerte sich jedoch in den folgenden Jahren um die Hälfte. Gleichzeitig wurden widersprüchliche oder ablehnende Gefühle geäußert, die in den Frauen »aufstiegen«. Die verdrängte Seite der Gefühlsambivalenz tauchte plötzlich wieder auf und bestimmte die Beziehung zum Kind.

41

Das könnte als ein Hinweis dafür gelten, daß die Äußerungen emotional annehmender Gefühle im Verlauf der Schwangerschaft und zum Zeitpunkt der Geburt tatsächlich nur unter dem gesellschaftlichen Erwartungszwang einsetzten, daß Frauen sich dem Bild der »guten Mutter« anpaßten, weil sie die Vorstellung, eine gefühlsmäßig zurückweisende Mutter zu sein, selbst nicht ertragen konnten und die Mißbilligung abweisender Gefühle durch ihr soziales Milieu fürchteten.

Tabelle 1.4: Einstellungen von 350 unehelichen Müttern
zu ihrer Schwangerschaft und zum Kind
(N = 418 Schwangerschaften)

Zeitraum	Abneigung	Fremdheit Gleichgültigkeit	Ambivalenz	Freude
erste Hälfte der Schwangerschaft	263 (63%)	80 (19%)	38 (9%)	37 (9%)
zweite Hälfte der Schwangerschaft	79 (19%)	54 (13%)	84 (20%)	201 (48%)
erste Zeit nach der Geburt	42 (10%)	37 (9%)	88 (21%)	251 (60%)
vorherrschende Einstellung im späteren Leben des Kindes	96 (23%)	29 (7%)	167 (40%)	126 (30%)

(vgl. Binder 1941, S. 109)

In Wirklichkeit hätte es danach keine dauerhafte Veränderung ihrer Gefühlswelt gegeben, die jener vergleichbar wäre, die eine Frau durchläuft, die sich auf die Schwangerschaft und das Kind freut.
Die Untersuchung von Binder bezog sich lediglich auf ledige Mütter in einer Zeit, als dieser Status mit massiven gesellschaftlichen Nachteilen, Diskriminierungen und moralischen Verurteilungen fast ausnahmslos verbunden war. Die Ergebnisse seiner Untersuchung sind also nicht so ohne weiteres auf Frauen mit unerwünschten, jedoch ehelichen Kindern übertragbar, deren soziale Lebensverhältnisse durchweg geschützter sind.
Angesichts gesellschaftlich sich wandelnder Einstellungen gegenüber alleinerziehenden Müttern, die früher vorwiegend unter der Unehelichkeit ihrer Kinder und der sozialen Ausgrenzung litten, ist der »Einelternstatus« von Frauen heute sehr oft gewollt. Frauen sehen ihn keineswegs als schmählich an, sondern als Ausdruck eines autonomen

Lebensstils, trotz offenkundiger Nachteile, die damit immer noch verbunden sind. Zumindest trifft das für Frauen in urbanen, weniger in ländlichen Lebensbedingungen zu.

Mit einer Reihe von Vorbehalten läßt sich sagen, daß die Unerwünschtheit eines Kindes heute immer öfter aus sehr subjektiven Wünschen von Frauen abgeleitet wird und äußere Lebensverhältnisse wie soziale Not im Gegensatz zur Vergangenheit immer mehr in den Hintergrund treten. Dieser Wandel entspringt einer stetig sich verbreitenden Individualisierung von Lebensstilen und damit verbundenen Entkoppelungen von tradierten Sozialbezügen wie z. B. Verwandtschaft, Kirche und Nachbarschaft.

Im nächsten Abschnitt gehen wir noch einmal auf die Bedeutung ein, die der Familienstand der Mutter für ihre Einstellung zur Schwangerschaft hat.

Binders Untersuchung hat den unübersehbaren Vorteil, daß sie, ausführlicher, als das heute üblicherweise geschieht, die Bedeutung von Einstellungsveränderungen nach der Geburt für das zukünftige Schicksal des Kindes würdigt. Die meisten Untersuchungen gehen nämlich ungeprüft davon aus, daß die Äußerungen positiver Gefühlsveränderungen während der Schwangerschaft sich nach der Geburt stabilisieren oder tendenziell fortsetzen (vgl. z. B. Nilsson et al. 1967; Nilsson/Almgren 1970; Arasteh 1971, S. 182; BMJFG [Hg.]: Lane-Report, 1975, S. 57 u. 60; Bönitz 1979, S. 1457; Amendt 1988a). Dies entspricht wohl mehr dem Wunsch, daß ungeplante Geburten sich nicht zum Nachteil von Kindern auswirken. In der Realität wird dieser Wunsch jedoch nicht Wirklichkeit.

Die positiven Veränderungen, die sich bei Frauen vollzogen, die am Forschungsprojekt teilnahmen, sind leicht nachzuvollziehen. Projektive Studien zur Problematik der unerwünschten Schwangerschaft müssen nämlich berücksichtigen, daß die feindlich gesonnene und diskriminierende Realität, in der die Frauen lebten, durch die vorurteilsfreie Abwicklung des Forschungsprojekts »zum Guten« verändert wurde.

Der gesellschaftlich verbotene Abtreibungswunsch erhielt als »Forschungsgegenstand« eine größere Anerkennung als üblich. Die stark tabuisierte Abtreibung unterlag damit zwar einer zusätzlichen sozialen Kontrolle durch die Wissenschaftler. Möglicherweise wurde deshalb sogar die ursprüngliche Absicht abzutreiben aufgegeben, weil das Interesse der Forscher an den Frauen als »emotionale Zuwendung und psychische Stärkung« erlebt wurde (vgl. z. B. Noack 1954). Möglicherweise fühlen sich einige Frauen in einer solchen »Versuchsanordnung« gezwungen oder in der Lage, die abgelehnte Schwangerschaft doch noch auszutragen.

Wir stoßen hier abermals auf das Problem, daß eine wissenschaftliche

Untersuchung in einem hoch tabuisierten Lebensbereich, wie es die Abtreibung für viele noch ist, die Subjekte, welche die Forscher interessieren, aber auch die Forscher selbst, was nur meist übersehen wird, verändern kann.

So ist es naheliegend, daß Forscher ihre Ansichten über abtreibende Frauen ändern, wenn sie deren Probleme und Motive im Rahmen des Forschungsprozesses kennenlernen. Ähnliches hat sich Ende der 70er Jahre in der Zwangsberatung des § 218 b StGB gezeigt. Beraterinnen haben ihr Vorurteil von »undurchdachten« Entscheidungen – durch die Gesprächserfahrungen belehrt – revidiert.

Die Geschichte der Erforschung der Lebensbedingungen unerwünscht geborener Kinder weist allerdings darauf hin, daß die Wissenschaftler sich in erster Linie mit dem Schicksal der Kinder identifizierten und daraus ihre Motivation bezogen. Die Identifikation mit den Frauen fehlte weitgehend. Die meisten Forscher waren wenig daran interessiert, was es vor allem für Mütter, Geschwister und Partner bedeutet, durch Strafrechtspolitik dazu gezwungen zu werden, mit einem Kind zu leben, das nicht erwünscht ist.

Aber die Frage wird doch hin und wieder aufgeworfen, welche Folgen die Ablehnung einer beantragten Abtreibung auf den Ausgang einer Schwangerschaft und auf die Lage der Frau haben können. So untersucht Dellien (1966) den Abbruch von Schwangerschaften, die zwischen 1950 und 1959 beantragt, aber vom Rat der Stadt Erfurt (DDR) nicht genehmigt wurden. Das waren etwa 50 % aller Anträge. Trotz der ablehnenden Bescheide wurden nur knapp 60 % der unerwünschten Schwangerschaften ausgetragen. Dellien weist nach, daß auf 1,7 Lebendgeburten jeweils eine Abtreibung kommt (vgl. Dellien 1966, S. 18 u. 21).

Dellien befragte die Frauen, deren Antrag von der Kommission abgelehnt wurde und die ein unerwünschtes Kind zur Welt brachten. Von diesen 88 Frauen beurteilen 46 Frauen (52 %) nachträglich die Kommissionsentscheidung – keine Genehmigung zur Abtreibung zu erteilen – positiv. Bei ihnen könnte deshalb davon ausgegangen werden, daß sich ihre Einstellung im Verlaufe der Schwangerschaft positiv verändert hatte. 37 Frauen (42 %) beurteilten die Gutachterentscheidung als falsch. Fünf Frauen (6 %) lehnten eine Stellungnahme ab. Das bedeutet, daß schließlich mindestens jedes zweite Kind unerwünscht geboren wurde, weil die betroffene Frau ihr Abtreibungsbegehren nicht durchsetzen konnte (vgl. Dellien 1966, S. 61). Dellien interpretierte den hohen Anteil der Frauen, die ihre Schwangerschaft trotz Ablehnung ihres Antrages nicht beendeten, folgendermaßen:

»Eine Frau geht für zwei Dinge durch die Hölle. Ein Kind zu bekommen, das sie sich wünscht, oder eines nicht zu bekommen, das sie sich nicht wünscht« (ebd., S. 71).

Aus dem deutschsprachigen Raum liegt aus der Zeit zwischen 1948 und 1968 eine große Anzahl von Untersuchungen zum Verlauf von unerwünschten Schwangerschaften vor, für die bei den damals zuständigen Ärztekommissionen erfolglos die Abtreibung beantragt wurde. In der Regel kommen die Wissenschaftler zu dem Ergebnis, es sei nachträglich zu verantworten, daß die Abtreibungsbegehren abgelehnt wurden, obwohl dadurch die Lebenspläne der Frauen zerstört wurden. In allen Arbeiten taucht jedoch ein nicht geklärter »Schwund« auf, der nicht allein mit Krankheit, Wohnsitzänderung oder ähnlichen Ereignissen erklärt werden kann.

In manchen Arbeiten wird davon ausgegangen, daß vor allem jene Frauen die (weitere) Teilnahme an der Untersuchung verweigerten, die eine illegale Abtreibung verheimlichen mußten, die sie zwischenzeitlich arrangiert hatten (vgl. Vosskühler 1931; Puorger 1933; Buser-Wildi 1948; Rumpf/Noell 1950; Fritsch 1952; Jacobs 1952; Scheller 1952; Hohlbein 1960; Köhler 1961; Recklies 1961; Dellien 1966; Schache 1967). Diese Problematik verschwindet nicht automatisch, wenn die Situation in Ländern untersucht wird, die ihre Gesetzgebung zur Abtreibung liberalisiert haben.

Der vom Bundesministerium für Jugend, Familie und Gesundheit (heute BMJFFG) ins Deutsche übersetzte »Bericht des Ausschusses über die Auswirkungen des Gesetzes über den Schwangerschaftsabbruch in England« (LANE-REPORT) berichtet von solchen Studien (vgl. BMJFG [Hg.] 1975, S. 57 ff.). Gesetzesänderungen haben Einstellungsänderungen zwar oft initiiert, aber die Gefühlswelt der Frauen widerspricht nicht selten der gewandelten Gesetzeslage (siehe z. B. Einstellungen zur Homosexualität; vgl. Lautmann [Hg.] 1977). So schämen sich Frauen immer noch der Abtreibung in der Öffentlichkeit, obwohl die Liberalisierung dies »überflüssig« macht. Hier wird erkennbar, daß nicht allein die strafrechtliche Bewertung der Abtreibung die Gefühlswelt der Frauen bestimmt, sondern daß sie ebenso von der Mutter-Tochter-Beziehung, der Religion und der Tradition beeinflußt wird. So untersuchten die beiden Engländer Pare und Raven die Einstellungen von Frauen, die aus psychiatrischen und anderen Gründen eine Abtreibung beantragt hatten, die ihnen aber verweigert wurde. Ein großer Teil der Frauen organisierte sich anderweitig Abtreibungsmöglichkeiten, die allerdings mit den strafrechtlichen und gesundheitlichen Risiken der Illegalität belastet waren.

Ein Drittel der Frauen, welche die unerwünschte Schwangerschaft ausgetragen hatten, bedauerte nach der Geburt, daß sie nicht hatten abtreiben lassen. Viele dieser Frauen gestanden sich und den Wissenschaftlern massive Haßgefühle gegen das unerwünscht geborene Kind ein. Diese Offenheit spricht für eine bemerkenswerte Identifikation der Forscher mit den Frauen, die eine angstfreie Äußerung gesellschaftlich geächteter Mutter-

Tabelle 1.5: Weiteres Schicksal von unerwünschten Schwangerschaften, nachdem ein legaler Schwangerschaftsabbruch abgelehnt worden ist

	Begründung des später abgelehnten Antrags auf Schwangerschaftsabbruch	
	psychiatrische Indikation	andere Gründe
Kind behalten	59 (49%)	22 (45%)
Schwangerschaft abgebrochen	43 (36%)	19 (39%)
Totgeburt	4 (3%)	2 (4%)
Adoption oder Pflegestelle	14 (12%)	6 (12%)
Zusammen	120 (100%)	59 (100%)

(vgl. Pare/Raven 1970, S. 636f.)

gefühle erst möglich machte (vgl. ebd., S. 635; vgl. auch Beazley/Haeri 1971, S. 1059ff.; vgl. Bönitz 1979, S. 145). Hier wird erstmals erkennbar, daß manipulative oder strafrechtliche Verbote der Abtreibung von den betroffenen Frauen mit ablehnenden und zerstörerischen Gefühlen gegen das Kind und merkwürdigerweise nicht gegen jene, die das Verbot erzwungen haben, verbunden werden. Dieses Ergebnis legt nahe, Forschungsergebnisse, die positive Änderungen im Sinne der strafrechtlich vorgeschriebenen Austragung der Schwangerschaft nachweisen, daraufhin zu prüfen, ob sie die Dunkelzifferproblematik berücksichtigen und ob sie auf die vorbewußt verfügbaren Haß- und Ablehnungsgefühle der Frauen gegenüber der Zwangsgeburt gestoßen sind.

Emotionale Belastungen der Schwangerschaft

Familienstand

Die rechtliche Gleichstellung von ehelichen und nichtehelichen Kindern hebt nicht die soziale Diskriminierung von unverheirateten Frauen und deren Kindern auf. Obwohl die Situation lediger Mütter sich in den letzten 20 Jahren wesentlich verbessert und das Selbstbewußtsein unverheirateter Frauen sich verändert hat, ist der »Familienstand« der schwangeren Frau noch immer der sensibelste Anzeiger für folgenschwere Diskriminierungen in vielen Lebensbereichen vor und nach der Geburt.
Die psychischen Probleme, die für Kinder immer dann entstehen, wenn ihre Eltern sich nicht um sie kümmern können oder kümmern wollen, sind grundsätzlich bei Zweielternfamilien wie Einelternbeziehungen gegeben. Die Einelternfamilie hat jedoch meistens zusätzliche Probleme zu

bewältigen, die in der Zweielternfamilie nur eine nebensächliche Rolle spielen, leichter beherrschbar sind oder erst gar nicht auftreten (vgl. Nitsch [Hg.] 1978, S. 42).

Kinder mit nur einem Elternteil werden häufiger in schwierige familiäre und ökonomische Verhältnisse geboren als Kinder, deren Eltern verfügbar sind. Die »Unehelichkeit« eines Kindes kann daher nicht als ausschließlicher Indikator für spätere Probleme des Kindes gelten. Es müssen vielmehr die sozioökonomischen wie emotionalen Bedingungen bedacht werden, welche die Lebensverhältnisse einer weiblich geführten Einelternfamilie beschreiben.

Angst vor Diskriminierung und sozialer Ausgrenzung sind offensichtlich wichtige Aspekte, die das Selbstwertgefühl der ledigen schwangeren Frau bestimmen (siehe Tabelle 1.6). Der Ledigenstatus gewinnt um so mehr an Bedeutung, je mehr eine Frau sozial abhängig ist. Materielle Abhängigkeit, moralischer Druck, soziale Stigmatisierung, aber auch die Anforderungen des eigenen Über-Ichs der »ledigen Mutter« sind jedoch weitgehend gesellschaftlich produzierte Verhältnisse, die veränderbar sind; und zwar neben sozialen Veränderungen ebenso durch Selbstveränderung.

Tabelle 1.6: Sozialer Druck auf schwangere Frauen nach dem Familienstand

	Gesamt	Unverheiratete	Verheiratete
Es gibt durch die Schwangerschaft Schwierigkeiten mit den Eltern/ Schwiegereltern	11%	54%	6%
Das Gerede der Leute ist störend	14%	54%	10%
Durch die Schwangerschaft treten finanzielle Probleme auf	16%	38%	13%
Meine seelische Verfassung machte mir zu schaffen	16%	34%	14%
Durch die Schwangerschaft habe ich Schwierigkeiten im Beruf	11%	27%	9%
Mich stört immer wieder die Rücksichtslosigkeit der Leute einer schwangeren Frau gegenüber	14%	27%	12%

(vgl. Bundeszentrale für gesundheitliche Aufklärung [Hg.], 1970, S. 66)

Wenn die Einstellungen zur Mutterrolle in Tabelle 1.7 interpretiert werden, ist zu bedenken, daß die Berufstätigkeit für alleinerziehende Mütter existentielle Bedeutung hat. Der Verlust des Arbeitsplatzes bedeutet Abhängigkeit von staatlicher Versorgung, Sozialhilfestatus und somit einen gravierenden Autonomieverlust. Berufstätige Mütter müssen in der Regel ihre Kinder tagsüber »unterbringen«. Sie müssen sich selbst um einen Kindergartenplatz bemühen und ihn selbst bezahlen. Öffentliche Erzie-

hungshilfe tritt erst bei einer Notsituation ein. Außerdem wird die Fremdunterbringung von Kindern gesellschaftlich negativ bewertet, unabhängig davon, ob die öffentlichen Erziehungsangebote qualifiziert sind oder
nicht. In aller Regel haben berufstätige Mütter in ihrer eigenen Kindheit
diese negative Bewertung bereits selbst internalisiert oder sogar eigene
Erfahrungen mit der Fremdunterbringung während der Kindheit gemacht (vgl. Blüml 1977, S. 33).

Tabelle 1.7: Einstellung zur Mutterrolle nach Familienstand

	Gesamt	Unverheiratete	Verheiratete
Die Frau sollte sich endlich von der Auffassung befreien, unbedingt Kinder bekommen zu müssen	55%	70%	54%
Ein Beruf kann eine Frau so aus-füllen, daß sie auf Kinder verzich-ten kann	54%	66%	52%
Es gibt wichtigere Aufgaben für eine Frau, als Kinder zu bekommen	35%	60%	32%
Kinder halten eine Frau nur davon ab, ihre Anlagen frei zu entfalten und zu verwirklichen	11%	25%	9%
Kinder sind für eine Frau mehr ein Ballast als eine Freude	7%	17%	5%

(vgl. BzGA [Hg.], 1970, S. 68)

Allgemeine Aussagen über die »natürliche« Bestimmung der Frau zur
Mutterschaft finden zwar immer noch auffällig große Zustimmung. Das
Bundesverfassungsgericht hat 1975 in seinem Urteil zur Verfassungs-
widrigkeit der Fristenlösung diesen Naturhaftigkeitsmythos mit der Vorstellung »natürlicher Mutterpflichten« ausdrücklich wiederholt. Unverheiratete Frauen votieren aber hier eher skeptisch und zweifelnd. Die
starke individuelle Belastung ist für sie offensichtlich voraussehbar (vgl.
Bundeszentrale für gesundheitliche Aufklärung [Hg.] 1970, S. 62).
Neben deutschen Forschungsarbeiten haben ausländische Studien bestätigt, daß der Anteil der unerwünschten Schwangerschaften bei unverheirateten Frauen größer ist als bei verheirateten oder geschiedenen Frauen.
Diese Zahlen werden für jedes Land unterschiedlich hoch angegeben.
Die Aussage von Leeton (1975) für Australien gilt ihrer Tendenz nach
aber wohl für alle entwickelten Industriegesellschaften.

»Wenn wir die strenge Definition für Unerwünschtheit zugrunde legen...
dann können wir festhalten, daß die große Mehrheit der geplanten

Schwangerschaften in ehelichen Beziehungen erwünscht ist, während ein signifikanter Teil der unerwünschten Schwangerschaften außerhalb ehelicher Bindung unerwünscht ist. Die meisten Schwangerschaften, die unehelich entstehen, seien sie geplant oder nicht, sind unerwünscht« (Leeton 1975, S. 823; vgl. auch für die USA: Gebhard et al. 1969, S. 78).

Die kanadischen Wissenschaftler Stone und Scott (1974) befragten 200 Mütter, die Säuglinge geboren und die nacheinander im gleichen Krankenhaus entbunden hatten. Am dritten Tag nach der Entbindung wurde den Frauen ein Fragebogen zum Verlauf ihrer Schwangerschaft vorgelegt. Rückblickend gaben die Frauen einige Veränderungen in ihren Einstellungen an (vgl. Stone/Scott 1974, S. 1097)

Tabelle 1.8: Einstellung zur Schwangerschaft und zum Kind bei verheirateten und unverheirateten Frauen aus einer unausgelesenen Stichprobe

Einstellung	Verheiratet N = 166	Unverheiratet N = 30	Zusammen N = 196
Zeitpunkt: Beginn der Schwangerschaft			
Erwünscht und geplant	92 (55%)	5 (17%)	97 (49%)
Erwünscht und ungeplant	12 (7%)	0 (–)	12 (6%)
Unerwünscht	62 (38%)	25 (83%)	87 (45%)
Zeitpunkt: Nach der Geburt des Kindes			
Erwünscht	104 (63%)	5 (17%)	109 (56%)
Haltung zum Positiven verändert	55 (33%)	14 (47%)	69 (35%)
Noch unerwünscht	7 (4%)	11 (36%)	18 (9%)

(vgl. Stone/Scott, 1974, S. 1096)

Nun haben die kanadischen Wissenschaftler nur Frauen in ihre Untersuchung einbezogen, die ihre Schwangerschaft ausgetragen und ein gesundes Kind geboren hatten. Eine Aussage über den Anteil unerwünschter Schwangerschaften sowie annehmender Gefühle für das Kind gegenüber den ursprünglich ablehnenden Einstellungen, die verallgemeinerungsfähig wäre, ist damit nicht möglich. Denn viele unerwünschte Schwangerschaften werden nicht ausgetragen, weil sie durch Fehlgeburt oder Abtreibung vorzeitig beendet werden. Immerhin läßt sich den Ergebnissen von Stone und Scott entnehmen, daß unter erschwerten sozialen Lebensbedingungen, wie sie für unverheiratete Frauen in aller Regel bestehen, beachtlich viele ausgetragene Schwangerschaften unerwünscht bleiben.

Je größer die finanziellen, sozialen und partnerschaftlichen Schwierigkeiten sein werden, die ein ungeplantes Kind »auslöst«, um so wahrscheinlicher wird bereits die Schwangerschaft unerwünscht sein und das Kind abgelehnt werden. Cohen (1966), Rottmann (1974) und Nilsson et al. (1967) bestätigten die Vermutung, daß ungeplante Schwangerschaften häufiger unerwünscht sind, wenn sich die finanziellen und sozialen Verhältnisse der Familien durch die Geburt eines unerwünschten Kindes verschlechtern. Mit großer Wahrscheinlichkeit wird das vor allem in den unteren sozialen Schichten der Fall sein.

Die Zuordnung zu einer sozialen Schicht wird in der Regel vorgenommen, um typische Lebenssituationen und Mobilitätschancen zu beschreiben. In der Untersuchung der Bundeszentrale für gesundheitliche Aufklärung (1970) wurde die Schichtzugehörigkeit nach folgenden Indikatoren klassifiziert: wirtschaftliche Lage der Frau (Haushaltsnettoeinkommen), Berufsgruppenzugehörigkeit der Frau (oder, wenn diese nicht erwerbstätig war, die des Partners) und kulturelles Niveau (Schulabschluß).

Auffällig an den Ergebnissen war, daß der Anteil von »Wunschkindern« mit der Zugehörigkeit zu einer höheren sozialen Schicht stieg, da sie mit Sicherheit größere Potentiale für eine autonomere Lebensgestaltung bietet. Der Anteil unerwünschter Kinder sank entsprechend (vgl. Gränacher 1956, S. 410 ff.).

Tabelle 1.9: Planung der Schwangerschaft nach Schichtzugehörigkeit

	Gesamt	Unter-schicht	Mittel-schicht	Ober-schicht
Die gegenwärtige Schwangerschaft ist ganz bewußt zu diesem Zeitpunkt geplant	32 %	27 %	33 %	50 %
Die letzte Schwangerschaft zum damaligen Zeitpunkt ganz bewußt geplant (sofern Befragte schon einmal schwanger war):	45 %	38 %	54 %	59 %

(vgl. Bundeszentrale für gesundheitliche Aufklärung [Hg.], 1970, S. 100)

Die Wahrscheinlichkeit, als Wunschkind geboren zu werden, ist demnach um so höher, je günstiger die materiellen und sozialen Lebensbedingungen seiner zukünftigen Eltern sind. Umgekehrt kann angenommen werden, daß eine Schwangerschaft um so eher als unerwünscht gilt, je schlechter die Lebensbedingungen der Eltern sind. Auch Lukesch/Rottmann (1976) bestätigten mit ihrer Studie, daß Mütter aus niedrigen sozialen Schichten eher eine Schwangerschaft ablehnen (vgl. Lukesch/Rottmann 1976, S. 13).

»Muß-Ehen«

Der Anteil der Unverheirateten unter den Schwangeren ist bei Frauen unter 25 Jahren höher als bei Frauen, die das 25. Lebensjahr bereits überschritten haben. Eine Differenzierung nach dem Lebensalter der Frauen erscheint uns hier deshalb sinnvoll, weil damit die besondere Verknüpfung von sozialer Lage, Chancen der Lebensgestaltung und individueller Einstellung zur Schwangerschaft erneut deutlich wird. Außerdem zeigt es sich, daß verschiedene soziale Indikatoren wie Familienstand, Alter, Kinderzahl usw. durchaus Hinweise auf Lebenslagen geben können, in denen die Wahrscheinlichkeit für eine unerwünschte Schwangerschaft besonders groß ist.

In der Untersuchung der Bundeszentrale für gesundheitliche Aufklärung (Köln) über die »Situation der werdenden Mutter« sind die Einstellungen der befragten schwangeren Frauen dem Lebensalter zugeordnet worden. Dabei wurde ersichtlich, daß eine Schwangerschaft dann unerwünscht ist, wenn sie die Lebenspläne und die Familienplanung der Frau und ihres Partners beeinträchtigt. So gaben sehr junge Frauen häufiger als ältere an, eine Schwangerschaft lieber erst später austragen zu wollen. Frauen zwischen 20 und 39 Jahren gaben überdurchschnittlich häufig an, daß das Kind zum augenblicklichen Zeitpunkt erwünscht sei. Frauen über 40 Jahren hingegen gaben häufiger als jüngere an, eine Schwangerschaft überhaupt nicht zu wünschen (siehe Tabelle 1.10).

Diese Tabelle zeigt lediglich Häufigkeiten an. Sie nennt keine Gründe, warum Schwangerschaften unerwünscht sind. So bleibt auch in diesem Fall nur der Weg, die Situation von sehr jungen oder von Frauen über 40 Jahren durch begründete Vermutungen zu erhellen. So stehen jüngere Frauen meist noch in der Berufsausbildung; sie sind finanziell abhängig und wohnen zum großen Teil noch bei ihren Eltern. Ältere Frauen sind zwar nicht selten finanziell durch ihre Berufstätigkeit oder durch ihren Partner abgesichert, sie haben aber oft bereits Kinder und haben ihre Familienplanung abgeschlossen. Bei sehr jungen Frauen hat eine unerwünschte Schwangerschaft eine überragende Bedeutung für alle weiteren Lebensentscheidungen. Die Nachteile, die ein Kind mit sich bringt, führen zu nie aufholbaren Wettbewerbsnachteilen im beruflichen Sektor, wenn z. B. eine Berufsausbildung oder das Studium nicht abgeschlossen werden.

Am Beispiel der sogenannten »Muß-Ehen« läßt sich das verdeutlichen. »Muß-Ehen« werden jene Ehen genannt, die allein wegen einer unge-

Tabelle 1.10: Einstellungen zur Schwangerschaft nach Lebensalter
der schwangeren Frauen

	Gesamt	Alter			
		unter 20 Jahre	20–29 Jahre	30–39 Jahre	40 Jahre und älter
Das Kind ist zu diesem Zeitpunkt überhaupt nicht gewünscht	21%	33%	14%	30%	49%
Hätte das Kind lieber später bekommen	27%	38%	30%	13%	–
Das Kind ist zu diesem Zeitpunkt gewünscht	49%	26%	53%	52%	32%
Das Kind ist zu diesem Zeitpunkt gewünscht und geplant	32%	15%	34%	33%	23%

(vgl. Bundeszentrale für gesundheitliche Aufklärung [Hg.], 1970, S. 84

planten Schwangerschaft geschlossen werden; ohne sie würden die Partner
nicht heiraten und statt dessen ursprüngliche Lebensplanungen fortfüh-
ren. Der Anteil der Muß-Ehen ist bei Frauen bis zum Alter von 20 Jahren
höher als bei älteren Frauen (vgl. Gebhard et al. 1969, S. 81). Eine Schwangerschaft führt bei jüngeren Frauen eher zur Ehe, bei steigendem Alter
nimmt hingegen der Anteil der Abtreibungen zu (siehe Tabelle 1.11).

Tabelle 1.11: Ausgang vorehelicher Schwangerschaften nach Heiratsalter

Alter	Ausgang der Schwangerschaft			
	voreheliche Geburt	Fehlgeburt	Abtreibung	Schwangerschaft erzwingt Ehe
20 oder jünger	3,3%	3,3%	42,6%	50,8%
21–25	3,2%	5,6%	71,0%	20,2%
26 oder älter	3,5%	3,5%	85,9%	7,1%

(vgl. Gebhard et al. 1969, S. 81)

Diese Zahlen können als Indiz für einen erhöhten Anteil unerwünschter
Kinder in sogenannten Frühehen aufgrund ungeplanter Schwangerschaften gelten. Diese Vermutung wurde von Staemmler et al. (1974) bestätigt.
In einer Befragung zum Thema »Familienplanung«, die 2575 Frauen umfaßte, erfragte er die individuellen Vorstellungen zum Lebensverlauf, Abhängigkeiten von Eltern und sozioökonomische Einflüsse. Die Autoren
erhielten die in Tabelle 1.12 gezeigten Ergebnisse.

Es erscheint deshalb plausibel, daß Muß-Ehen von Jugendlichen eine drei- bis viermal höhere Scheidungsrate als der Durchschnitt aller Ehen aufweisen (vgl. Wenderlein 1977). Arasteh wies 1971 darauf hin, daß in sogenannten Muß-Ehen schwerwiegende Auseinandersetzungen sich häufiger ereignen als in Ehen, die nicht wegen einer unerwünschten Schwangerschaft geschlossen wurden (vgl. Arasteh 1971. Sie verweist auf: Christensen/Meissner 1953; u. Reed 1947).

Auch das familiäre »Klima« in einer Muß-Ehe ist oft schlecht. Das hat wiederum nachteilige Wirkungen auf die Erziehung des Kindes. Das trifft immer dann zu, wenn das unerwünschte Kind von einem oder beiden Eltern für die partnerschaftlichen Zerwürfnisse verantwortlich gemacht wird. Das geschieht in der psychisch unreifen Haltung einer projektiven Verarbeitung eigener Unfähigkeiten.

Tabelle 1.12: Geplante erste Kinder in Abhängigkeit vom Alter bei der Eheschließung (N = 2575)

	Alter bei Eheschließung							
	15–19 Jahre		20–24 Jahre		25–29 Jahre		30–34 Jahre	
	n	%	n	%	n	%	n	%
Kind ist geplant	186	31,8	559	39,9	217	42,9	28	33,7
Kind ist nicht geplant	327	56,0	602	42,9	195	38,5	36	43,4
keine Angabe keine Kinder	71	12,2	241	17,2	94	18,6	19	22,9
Zusammen	584	100	1402	100	506	100	83	100

(vgl. Staemmler et al. 1974, S. 67f.)

Schinke et al. (1979) hoben ergänzend hervor, daß die jungen Muß-Ehen nicht nur durch partnerschaftliche Beziehungsprobleme belastet werden. Die Kinder von sehr jungen Frauen werden darüber hinaus häufiger mißgebildet oder schwer geschädigt geboren. Die erhöhten psychischen Belastungen mit einem unerwünschten Kind, das in einer erzwungenen Ehe aufwächst, erschweren auch hier die Zuwendung zum Kind, die für seine Entwicklung unabdingbar ist (vgl. Schinke et al. 1979, S. 81; National Center for Health Statistics 1977; Hunt 1976; Trussel 1977, Moore/Caldwell 1977; Lorenzi et al. 1977; vgl. auch Anastasiow et al. 1978).

Die finanziellen Belastungen in Muß-Ehen sind häufig bei Teenagern besonders groß, da sich eine abgebrochene Berufsausbildung langfristig auf die Lebensbedingungen der ganzen Familie nachteilig auswirkt. Diese Nachteile sind nie mehr aufholbar, staatliche Finanzhilfen können sie nicht ausgleichen (vgl. Freedman/Thornton 1979, S. 20).

Schichtzugehörigkeit, Familienstand und Lebensalter weisen als maßgebliche Indikatoren darauf hin, daß Schwangerschaften desto eher unerwünscht sind, je größer die materiellen Probleme der Beziehungspartner sind. Bei der Erörterung der Probleme in »Muß-Ehen« wurde schon erkennbar, daß eine direkte Beziehung zwischen der psychischen Verfassung der Frau und der Unerwünschtheit der Schwangerschaft besteht. Die gefühlsmäßigen Beziehungen zum Partner oder offen gebliebene emotionale Bedürfnisse der eigenen Kindheit haben eine große Bedeutung für die Einstellung der Frau zur Schwangerschaft und zum Kind. Das gilt besonders dann, wenn die Schwangerschaft ungeplant aufgetreten ist und die psychische Anpassung an die Mutterschaft von der jungen Frau nicht nur verweigert wird, sondern sie in vieler Hinsicht überfordert.

Abgesehen von Professionen, die Mutterschaft ungebrochen als eine »Naturqualität des Weiblichen« (Amendt 1988b) sehen, besteht heute kaum noch Zweifel daran, daß die Einstellungen zur Schwangerschaft von Beziehungsanforderungen und Lebenserfahrungen beeinflußt werden. So untersuchten die schwedischen Wissenschaftler Nilsson und Algrem 1970 die Beziehungen, die zwischen der Planung bzw. der Erwünschtheit einer Schwangerschaft sowie den sozialen und psychischen Faktoren bestehen, die maßgeblich für die Einstellungen der Frauen sein könnten. Das Ergebnis dieser Studie verdeutlicht, daß die geplante Schwangerschaft nur halb so oft statistisch signifikante Zusammenhänge zu sozialen und psychischen Faktoren aufwiesen wie zur Erwünschtheit der Schwangerschaft (siehe Tabelle 1.13). Die Unterscheidung zwischen »ungeplanter« und »unerwünschter« Schwangerschaft ist damit auch hinsichtlich ihrer ätiologischen Faktoren sinnvoll dargestellt.

Wie bei Beziehungspartnern die Erwünschtheit der Schwangerschaft mit einzelnen sozialen und psychischen Faktoren zusammenhängt, läßt sich nicht sagen. Denn die »Erwünschtheit« wird durch das Zusammenwirken verschiedener Prozesse beeinflußt, die auf individuelle Persönlichkeitsstrukturen und Partnerdynamiken treffen. Neben den sozialen Faktoren wie Alter, Anzahl der geborenen Kinder, Familienstand usw. wurde vor allem nachgewiesen, daß es einen Zusammenhang mit psychischen Einstellungen gibt, der von der Reaktion des (Ehe-)Partners oder der Verwandtschaft auf die Schwangerschaft bestimmt wird.

Auch die von Maspfuhl 1977 vorgelegten Ergebnisse einer Erkundungsstudie über »Bedingungen, die im Zusammenhang mit der Verwirklichung eines Kinderwunsches stehen«, wiesen nach, wie bedeutsam gerade psychische Störungen dafür sind, ob der Kinderwunsch verwirklicht wird oder nicht. Maspfuhl befragte Frauen, die zu einer Abtreibung in die Universitäts-Frauenklinik Ost-Berlin gekommen waren. Ihnen wurden

Tabelle 1.13: Beziehungen zwischen »Planung« und »Erwünschtheit«
der Schwangerschaft und anderen Variablen

Variable	Planung X^2	df	p<	X^2	df	p<
Alter	28.30	4	0.001	23.17	6	0.001
Parität	5.21	2	n s	10.12	4	0.05
Zeitraum seit letzter Schwangerschaft	3.74	2	n s	9.77	2	0.01
Familienstand	26.92	3	0.001	30.51	4	0.001
Ehedauer	26.92	3	0.001	30.51	4	0.001
Beginn der Vorsorge- untersuchung	1.73	2	n s	13.18	4	0.02
Sozialschicht	1.54	2	n s	16.26	4	0.01
Wohnbedingungen	17.28	2	0.001	26.26	4	0.001
Finanzen	1.01	1	n s	14.19	4	0.01
Kontakt mit dem Kindesvater	2.43	1	n s	14.22	2	0.001
Alkoholmißbrauch des Kindesvaters	4.54	1	0.05	8.15	1	0.01
Kontakt mit eigener Mutter (Kindheit)	1.24	1	n s	7.43	2	0.05
Geschwister	1.19	2	n s	12.71	2	0.01
Sexualaufklärung	7.01	1	0.01	5.43	2	n s
Methode der Emp- fängnisverhütung	10.46	2	0.01	11.86	4	0.02
Beginn der sexuellen Aktivität	3.80	1	0.05	6.24	2	0.05
sexueller Widerwillen	9.86	1	0.01	11.66	2	0.01
Angst um das Kind	0.34	1	n s	8.55	2	0.02
erste Reaktion auf die Entdeckung der Schwangerschaft	54.41	1	0.001	108.66	4	0.001
Reaktion des Ehe- mannes	21.77	1	0.001	61.25	4	0.001
Reaktion der Familie oder Verwandtschaft	31.39	1	0.001	72.10	4	0.001

(vgl. Nilsson/Almgren 1970, S. 32f.)

»26 verschiedene Bedingungen paarweise – d. h. jede Bedingung gegen
jede – zur Beurteilung vorgelegt... mit der Instruktion, jeweils die Alternative, die nach Meinung der Patientinnen für die Realisierung eines Kin-
deswunsches die wichtigere von beiden ist, anzukreuzen... Die zu bewer-
tenden Bedingungen bezogen sich inhaltlich auf medizinische und biologische Aspekte (hereditäre Belastungen, gesundheitliche Risiken für
Mutter und Kind, Alter der Kindesmutter), auf die familiäre Situation
(Kinderzahl, Geburtenabstand, Entwicklungsbedingungen, Ehe- bzw.

Familienharmonie, Partnerbeziehung), auf ausbildungsmäßige und berufliche Momente, auf die finanzielle und Wohnraumsituation sowie auf persönliche und konfessionelle Zusammenhänge« (Maspfuhl 1977, S. 867).

Aus dem Paarvergleich wurden Skalenwerte errechnet, welche die subjektive Bedeutung der einzelnen Faktoren wiedergeben (siehe Tabelle 1.14).

Tabelle 1.14: Skalenwerte für die Bedeutsamkeit von Bedingungen, die für die Realisierung eines Kinderwunsches eine Rolle spielen können

Inhaltlicher Bezug des Items	Skalenwert (O-Punkt-transformiert)
Konfession	0
gegenwärtige Spezialausbildung des Mannes	3,3059
außereheliche Konzeption	3,3793
berufliche Einschränkung der Frau durch ein Kind	3,3856
Geburtenabstand (< 6 Jahre)	3,3879
Vollständigkeit der Wohnungseinrichtung	3,4438
Alter (> 20 Jahre)	3,4850
Geburtenabstand (> 2 Jahre)	3,5366
verheiratet	3,6329
gegenwärtige Spezialausbildung der Frau	3,6825
Kinderwunsch seitens des Mannes	3,7915
vorherige hormonelle Kontrazeption	3,9703
Vorhandensein einer Wohnung	4,0075
abgeschlossene Berufsausbildung des Mannes	4,0364
abgeschlossene Berufsausbildung der Frau	4,3261
nicht mehr als 1 bis 2 Kinder in der Familie	4,3280
Risiko einer Interruptio	4,3943
finanzielle Sicherheit der Familie	4,5920
noch kein Kind in der Familie	4,6433
Alter (> 35 Jahre)	4,6929
Kinderwunsch seitens der Frau	4,9876
gesundheitliche Faktoren für Kindesmutter	5,2605
Übereinstimmung bezüglich Kinderwunsch	5,3136
Eheharmonie	5,3513
Beschränkung der Familiengröße auf maximal 3 Kinder	5,3789
gesundheitliche Faktoren für das zu erwartende Kind	6,5659

(vgl. Maspfuhl 1977, S. 868)

Wenn die Ergebnisse dieser Studie auf die Situation in den alten Bundesländern der Bundesrepublik übertragen werden, so ist der Hinweis erforderlich, daß in der damaligen DDR die berufstätigen Mütter mehr gefördert wurden als bei uns. Das galt mit Sicherheit für die materiellen Leistungen und die Entlohnung. Ob es aber auch für affektive Einstellungen galt, muß bezweifelt werden, da der Integration der Frau in die Produktion keine Rollendiversifikation im häuslich-familiären Bereich folgte. Das realsozialistische Gesellschaftsmodell hat keine dem kapitalistisch-demokratischen vergleichbaren Veränderungen im Arrangement der Geschlechter herbeigeführt. Die tradierten Geschlechtsrollen blieben vom Anspruch des realsozialistischen Veränderungsanspruchs weitgehend unberührt.

Veränderungen bezogen sich auf die sogenannte materielle Basis der Lebensverhältnisse. So ist die Berufstätigkeit der Frauen in der ehemaligen DDR selbstverständlicher gewesen, und das staatliche Hilfsangebot für unverheiratete Mütter war größer als in der BRD.

Die Rangfolge der Bedingungen, welche die Erfüllung des Kinderwunsches begünstigen, würde 1977 in der Bundesrepublik anders ausgesehen haben. Denkbar ist z. B. eine höhere Gewichtung verfügbaren Wohnraums, größerer Einfluß der Kirchen auf das Familienplanungsverhalten und ebenso die Bereitschaft des Partners, sich an der Erziehung wie der Hausarbeit zu beteiligen. Maspfuhl läßt diese subtilen Erwartungen an die Partnerschaftskultur in der globalen Kategorie »Eheharmonie« undifferenziert untergehen. Er zeigte in seiner Studie, daß die Vorstellung von einer »gemeinsamen Zukunft mit Kind« eng mit der Partnerbeziehung verknüpft ist und noch vor den materiellen Lebensbedingungen (z. B. Wohnraum) rangierte. Die Perspektive von Beziehungspartnern wird stets durch ihre Eigenarten und die vergangenen, gegenwärtigen und zukünftigen Lebensbedingungen geprägt. Eine Lebensperspektive, die durch eine unerwünschte Schwangerschaft eingeschränkt wird, stellt vor allem für eine Frau unter dem geltenden weiblichen Erziehungsprimat eine große Belastung dar. Wenn ein Kind allerdings besonders intensiv gewünscht wird, so kann trotz der absehbaren Verzichte die Situation als weniger einschränkend empfunden werden als von einer Frau (und einem Partner), deren Wunsch nach einem Kind in dieser Lebenslage vergleichsweise gering ausgeprägt ist. So bestätigte auch die österreichische Psychologin Monika Lukesch in einer empirischen Untersuchung über psychogene Faktoren der Schwangerschaft von 1975, daß

»in der Gruppe, in welcher die pessimistischsten Zukunftsperspektiven anzutreffen waren... nicht nur in einem weitaus größeren Ausmaß verschiedene Belastungsfaktoren erwähnt wurden, sondern daß diese Frauen auch in allen vier Einstellungsskalen die höchsten negativen Werte erzielten...« (Lukesch 1975, S. 204).

Die Zukunftsperspektiven der Frau umfaßten vor allem die Vorstellungen von der gemeinsamen Zukunft mit dem Partner. Die Partnerbeziehung selbst beeinflußte also unmittelbar die Einstellungen der Frauen zu ihren Kindern. Monika Lukesch untersuchte, welche Einstellungen die Frauen zu Schwangerschaft, Sexualität und Geburt haben und wie sie ihre Lebenssituation und Partnerbeziehung einschätzen. Die Ergebnisse der Salzburger Studie bestätigten die große Bedeutung, die der emotionalen Beziehung zum Partner für die Einstellung zu Schwangerschaft und Kind zukommt, die bereits von Maspfuhl 1977 und Nilsson/Almgren 1970 genannt wurde.

»Bei jenen Frauen... die in ihrer Ehe so unzufrieden waren, daß sie einen anderen Partner dem eigenen vorziehen würden, beschränkte sich die negative Haltung nicht nur auf den Partner. Sie korrespondierte auch mit einer ablehnenden Haltung dem Kind gegenüber und drückte sich in einer bewußten Ablehnung der Schwangerschaft und einer geringen Bereitschaft zum Stillen aus. Lagen sogar Trennungsabsichten vor, dann reichte die Ablehnung auch in den eher unbewußten Bereich hinein und schlug sich in einer erhöhten Verletzungs- und Geburtsangst nieder. Ähnliche Ergebnisse wurden bei den Familien gefunden, in denen die Frau beim Partner Scheidungsgedanken vermutete... Frauen, die sich durch ihren Partner stark belastet fühlten, nahmen der Schwangerschaft gegenüber eine eher feindlich ablehnende Haltung ein und weigerten sich oftmals entschieden, ihr Kind zu stillen... Die Anteilnahme des Mannes bei diesen Vorbereitungen (auf die Geburt; d. Verf.) wurde von den Frauen als sehr positiv erlebt, während das Fehlen dieser Unterstützung von den Frauen als stark belastend für die Schwangerschaft empfunden wurde... Zudem zeigten diejenigen Frauen, die eine Verschlechterung der Ehebeziehung während der Schwangerschaft angaben, deutlich ablehnendere Einstellungen« (Lukesch-Toman 1979, S. 114ff.; vgl. auch Niedermeier 1962, S. 382, Lukesch/Rottmann 1976, S. 13f.).

Es ist überzeugend, daß die Gefühlswelt einer Frau sich weder durch private noch staatliche Finanzhilfen verändern läßt, wenn die Schwangerschaft wegen einer unbefriedigenden Partnerbeziehung abgelehnt wird. Wenn die Zukunftsperspektive nur die Wahl zwischen einer unbefriedigenden Partnerbeziehung und einem Leben als alleinstehende Mutter mit einem unerwünschten Kind zuläßt, haben Finanzhilfen, die zur Austragung einer unerwünschten Schwangerschaft »anspornen« sollen, eine höchst marginale Bedeutung, selbst wenn sie großzügiger als zur Zeit bemessen und vom Stigma der Sozialhilfeleistung befreit wären.
In den folgenden Kapiteln werden wir Untersuchungsergebnisse vorstellen, die zeigen, daß Erfahrungen, die in der Kindheit gemacht werden, im

Leben von Erwachsenen wiederholt werden. Was Kinder durch ihren Vater und ihre Mutter erleiden, lassen sie wiederum ihre eigenen Kinder erleiden. In der Rolle als Mutter oder Vater legen sie Erfahrungen und Verarbeitungsformen der eigenen Kindheit sozusagen »neu auf«. Die Kränkungen und Verletzungen, auch die Gewalttätigkeit, die sie erlebten, wiederholen sie an ihren eigenen Kindern. Wie besonders die familientherapeutische Arbeit zeigt, sind die Erwachsenen nicht in der Lage, aus den Erfahrungen ihrer Kindheit zu »lernen«. Sie handeln unter einem undurchschauten Wiederholungszwang, obwohl sie unter ihrer Kindheit leiden. Nicht nur in der Einstellung zu Kindern, sondern ebenso zur Schwangerschaft kommt ein starker biographischer Wiederholungszwang vorausgegangener Lebenserfahrungen zum Ausdruck.

»Bei Frauen, deren Suche nach affektiver Zuwendung und Aufmerksamkeit in ihrer eigenen Kindheit nicht entsprochen wurde, steht hinter dem Wunsch nach einer Schwangerschaft oft die versteckte Hoffnung, in ihrem Kind eine Quelle von Zärtlichkeit zu entdecken, welche eine Möglichkeit darstellt, durch Streicheln und Liebkosen das eigene affektive Nachholbedürfnis abzudecken« (Lukesch 1975, S. 10; vgl. auch die Erklärung für das Phänomen des »willful exposure to unwanted pregnancy [WEUP] von Lehfeldt 1971; vgl. Cowell 1974, S. 1045 ff.).

Wenn die Erwartungen einer Frau an die gemeinsame Lebensperspektive mit einem Kind nicht erfüllt werden, wird der aktuellen Manifestation des Kinderwunsches die Grundlage entzogen. In den folgenden Kapiteln – vor allem zur Kindesmißhandlung – wird auf das Schicksal dieser »Wunschkinder« eingegangen.

Auf die Bedeutung dieses lebensgeschichtlichen Aspekts hat auch Uddenberg (1974) nachdrücklich hingewiesen. Er untersuchte die Einstellungen und das Verhalten von schwangeren Frauen im zweiten Drittel der Schwangerschaft sowie nach der Geburt des Kindes. Ihm fiel auf, daß jene Frauen sich mit den Anforderungen der Mutterschaft nur schwer abfinden konnten, die nach der Geburt Phasen psychischer Störung (*mental disturbance*) zeigen. Ihre Beziehungen zu den Säuglingen waren durch die widersprüchliche Gleichzeitigkeit von Zurückweisung und ängstlicher Überfürsorglichkeit gekennzeichnet (vgl. Uddenberg 1974, S. 101; zum Zusammenhang zwischen Ablehnung und Überbehütung auch Davids 1968, S. 346).

Weil Uddenberg die mangelnde Anpassung an die Anforderungen von Mutterschaft in Erlebnissen der frühen Kindheit vermutete, verglich er das Verhalten von 85 Mutter-Tochter-Paaren.

»Die Ergebnisse... legen es zwingend nahe, daß Schwierigkeiten, die Mutterschaft zu akzeptieren, ihren Ursprung in der Kindheit einer Frau haben. Die Beziehung einer Frau zu ihrer eigenen Mutter wie zu deren persönlichen Eigenschaften scheinen in diesem Zusammenhang von besonderer Bedeutung zu sein« (Uddenberg 1974, S. 101).

Aus seiner Analyse zog er den Schluß, daß die Töchter von Müttern, die bereits selbst ablehnende Einstellungen zu Sexualität und zum Kinderwunsch äußerten, nicht selten ebenfalls ablehnende Einstellungen und Haltungen zeigten. Umgekehrt hatten die Töchter keinerlei Probleme mit ihrer Rolle als Mutter, wenn ihre eigenen Mütter positive Einstellungen zur Mutterschaft und zum Kinderwunsch zeigten (vgl. ebd., S. 101; vgl. Clausen 1976, S. 219). Die Töchter verhalten sich aus der engen Identifizierung mit den Müttern annähernd wie diese. Die Identifizierung schützt sie davor, das mütterliche Verhalten kritisieren zu müssen, wo es ihre Entwicklung einschränken könnte.
Uddenberg wählt zur Erklärung dieses Anlehnungsphänomens den Begriff »psychological heredity« – »psychologisches Erbe«. Die Mutter wirkt als Identifikationsmodell. Die Identifikation der Tochter mit der Mutter ist in diesem Konzept der richtungweisende Mechanismus. Er funktioniert unabhängig davon, ob eine positive oder eine negative Einstellung der Mutter zur Tochter besteht.

»Frauen, die Schwierigkeiten mit der Mutterrolle haben, weisen auf der bewußten Ebene oft ihre Mutter ab. Obwohl sie sich ihrer Mutter unähnlich fühlt, verhält sich die Frau, die in ihrem reproduktiven Verhalten schlecht angepaßt ist, oft ähnlich wie ihre Mutter« (Uddenberg 1974, S. 102).

Unter psychoanalytischen Gesichtspunkten bestätigte Nancy Friday (1979) die große Bedeutung der Mutter-Tochter-Beziehung für die Einstellungen der Tochter zum Kinderwunsch (vgl. Friday 1979). Auf diesen psychischen Transfereffekt, der zwischen den Generationen wirksam ist, wird in den folgenden Kapiteln erneut eingegangen.
Unerwünschte Schwangerschaften zu verhindern und selbstbestimmte Elternschaft zu fördern ist für eine Eltern-Kind-Beziehung unabdingbar, die von emotionaler Zuneigung gekennzeichnet sein soll. Andererseits kommt aber auch der Gesellschaftspolitik wie strafgesetzlichen Regelungen eine langfristige psychische Bedeutung zu. Dann nämlich, wenn Gesellschafts- und Strafrechtspolitik dafür sorgen, daß das frühkindliche Leben durch elterliche Zuneigung gefördert wird.

Die Angst der Mutter und die vorgeburtlichen Schädigungen

Die Erforschung der vorgeburtlichen Entwicklung

In diesem Kapitel werden wir der Vermutung nachgehen, daß bereits die Lebensumstände, in denen eine Frau schwanger wird und die Schwangerschaft erlebt, sich auf die Entwicklung des Fötus auswirken und zugleich wichtige Weichen für den nachgeburtlichen Lebensprozeß des Neugeborenen stellen. Dabei handelt es sich nicht nur um äußere Lebensumstände wie Lebensstandard, ökologische Bedingungen und Wohnverhältnisse. Von gleicher, wenn nicht von noch größerer Bedeutung sind die innerpsychischen Zustände, welche die Schwangerschaft jeder Frau begleiten. Dazu zählen Angstgefühle nicht weniger als beglückende Stimmungen.

Dem Volksmund wie der Alltagsweisheit sind solche Zusammenhänge seit eh und je bekannt. Die Wissenschaft hat sie lediglich genauer untersucht.

In viele Redewendungen der Alltagssprache, in Volksweisheiten und historische Schriften der Volksmedizin hat der Zusammenhang von Verhaltensweisen der Schwangeren und späteren Schädigungen, Auffälligkeiten und Besonderheiten des Kindes Eingang gefunden, lange bevor sich die Wissenschaften diesen Zusammenhängen zuwandten, ja bevor es Wissenschaften im heutigen modernen Sinne überhaupt gab. Als Beispiel für diese Überlieferung, die tief in die Lebenserfahrung der Menschen versenkt war, zitieren wir aus einer der ältesten verfügbaren Quellen, aus dem Neuen Testament der Bibel: »Siehe, da ich die Stimme deines Grußes hörte, hüpfte mit Freuden das Kind in meinem Leibe« (Lukas 1,39–44).

Die moderne Frauenheilkunde, die noch nicht einmal zweihundert Jahre alt ist, hat diesen Zusammenhang in ihren Lehrbüchern zuerst einmal verleugnet. Schwangerschaft und Gebären hat sie vorzugsweise als einen Naturvorgang beschrieben, der die Organe der Frau zwar voraussetzt, von denen die Frauenheilkunde aber annimmt, daß sie ihre Fähigkeiten am besten unter medizinischer Kontrolle entfalten. Daß es zwischen dem »Funktionieren« der Organe, eben dem Schwangerschaftsverlauf, dem Wohlbefinden des Fötus, der Geburt und dem seelischen Befinden der Frau unauflösbare, höchst komplizierte Zusammenhänge gibt, ist bis heute noch nicht in das allgemeine Verständnis der Frauenheilkunde eingekehrt. Vieles gilt ihr als ererbt, konstitutionell festgelegt und nur allzuwenig von den augenblicklichen äußeren und inneren Lebensbedingungen schwangerer Frauen beeinträchtigt. Diesen Zusammenhang hat in mühseligen und höchst streitbaren Auseinandersetzungen die moderne Frauenbewegung in den vergangenen zwei Jahrzehnten wieder ins öffentliche und damit auch ins frauenheilkundliche Bewußtsein gehoben.

Der Gedanke, daß vorgeburtliche Erfahrungen der Frauen Anlaß mancher Mißbildung von Neugeborenen sein könnten, die bislang im Denken der Frauenheilkunde als angeboren oder ererbt galten, faszinierte zuerst Geburtshelfer wie Ballantyne (1905) und Palmer (1896). Palmer sprach von der »Richtigkeit der Theorie mütterlicher Eindrücke« und von der Idee, daß »tiefgreifende mütterliche Gefühle in irgendeiner Weise Wachstum und Größe des Fötus beeinflussen können und es auch tun« (zit. nach Ferreira, 1969, S. 12). Ballantyne zog 1905 den Schluß, daß

»kein Zweifel daran [besteht], daß längere ausgeprägte psychische Beeinträchtigungen der Mutter die Entwicklung des Fötus im Uterus beeinträchtigen können. Daß dies auch eine Abtreibung auslösen kann, ...wird niemand bezweifeln; und daß dies auch zu Unregelmäßigkeiten in der Embryoentwicklung führen kann, wenn längere vasculäre oder nutritive Störungen bestehen, ist sehr wahrscheinlich« (zit. nach Ferreira, a. a. O., S. 12 f.; vgl. auch Whitehead, 1967, S. 60 f.; vgl. Devereux, 1976).

Mitte der dreißiger Jahre begannen vereinzelt in den Vereinigten Staaten und in Großbritannien Mediziner und Psychologen, nach Beweisen für diese Vermutungen zu forschen.

»Erst in den 50er Jahren konnte der unzweideutige experimentelle Nachweis vorgelegt werden, daß die psychischen Erfahrungen der Mutter während der Schwangerschaft das Verhalten ihres Nachwuchses beeinflussen können« (Joffe 1969, S. 3; vgl. auch Scott 1957, S. 1011; Petros-Barvazian 1975; Sontag 1941 und 1944).

Dieser Forschung kam deshalb so große Bedeutung zu, weil bei der Bekämpfung der Säuglingssterblichkeit in den modernen Industriegesellschaften keine durchschlagenden Erfolge mehr möglich waren, wie sie die Schutzimpfung gegen potentiell tödlich verlaufende Kinderkrankheiten erreicht hatten. Die verminderte Leistungsfähigkeit medizinischer Maßnahmen war eine nicht unerhebliche Voraussetzung dafür, daß die psychische Befindlichkeit der Frau für den Schwangerschaftsverlauf und die Geburt gesundheitspolitische und wissenschaftliche Aufmerksamkeit auf sich zogen.

Das politische Interesse, die Mütter- und Säuglingssterblichkeit zu senken, führte in den 60er Jahren vermehrt zu Untersuchungen, in denen immer häufiger Hinweise dafür gefunden wurden, daß unterschiedliche

Vas = Gefäß

nutritio = Ernährung

vorgeburtliche Einflüsse auf die spätere physiologische und psychische Verfassung des Neugeborenen einwirken. Neben die medizinische Sicht von der Schwangerschaft als einem organischen Veränderungsprozeß »im Inneren« der Frau trat damit eine konkurrierende Sichtweise von der Schwangerschaft. Jenseits der organischen Veränderungen, die ohne die psychische Beteiligung der Frau gar nicht vorstellbar sind, wurde ein Prozeß der Wechselwirkungen vermutet, dessen Eigentümlichkeiten erst noch zu erforschen waren. Zu diesem Zweck wurde im Jahre 1971 von dem Berner Psychoanalytiker Graber die Internationale Gesellschaft für Pränatale Psychologie (ISSP) gegründet. In dieser Vereinigung schlossen sich Mediziner, Psychologen, Verhaltensforscher und Biologen zusammen, um die psychische Entwicklung vor der Geburt zu erforschen.

In der Zwischenzeit ist die vorgeburtliche Entwicklung auch zum Forschungsbereich der Sozialwissenschaften geworden. Bevor wir die besonderen Probleme der Wissenschaften mit dem Forschungsbereich »vorgeburtliche Entwicklung« benennen, sei eine grundlegende Erkenntnis der Naturwissenschaft zur Entwicklung des menschlichen Fötus skizziert, die tradierte Vorstellungen von der »Beschaffenheit« des Fötus problematisierte.

Die Forschung über die pränatalen Einflüsse widerlegte die gesellschaftlich weit verbreitete Ansicht, daß die vorgeburtliche Entwicklung lange Zeit nur eine »Anhäufung von Gewebe« darstellt und daß dieses überdies durch die Plazenta von äußeren Einflüssen getrennt sei. Die Vorstellung, daß ein Fötus quasi als »Parasit im Brutkasten« (vgl. Caruso 1973, S. 70) lebe und es keine psychischen »Beziehungen« zwischen ihm und der Frau gebe, wurde allmählich fallengelassen. Das trifft auch für Positionen der Frauenbewegung und die Bewegung gegen den § 218 StGB in der Bundesrepublik während der 70er und 80er Jahre zu (vgl. Amendt 1988a), die eine »psychische Beziehung« aus politischen Überlegungen in Frage stellten, weil sie befürchteten, daß damit der Vorwurf begründet werden könnte, daß Abtreibung Kindestötung sei.

Der Fortschritt der Medizintechnik ermöglichte es, die Entwicklung des Fötus genau zu studieren. Heute ist bekannt, daß ein Fötus »sehen, hören, schmecken und fühlen kann«, (vgl. Salk 1962, S. 753 u. 760; Simon 1974, S. 115; Schindler 1973, S. 760; Simon 1974, S. 115; Schindler 1973, S. 102; Peerbolte 1974, S. 117ff.). Heute besteht andererseits die Tendenz, die rudimentären Reaktionsformen des Embryos zu anthropomorphisieren. Seine Reaktionen sind lediglich reflektorischer Art, die auf eine Wechselwirkung zwischen »ihm« und der »Umwelt« hindeuten. Sie sind nicht mit dem geschmacklichen Unterscheidungsvermögen oder der sinnlichen Wahrnehmung eines Zweijährigen vergleichbar. Dessen Fähigkeiten, differenziert zu sehen, zu schmecken und zu fühlen, sind trotz beständiger Erweiterung bereits das Ergebnis von nachgeburtlichen Erfahrungen aus den allgemeinen sinnlichen Austauschprozessen mit der Mutter, später mit dem hinzutretenden Vater und ganz zuletzt auch unmittelbar mit der äußeren Gesellschaft.

In einer besonderen Weise wirkt die »Gesellschaft« direkt vor der Geburt auf den Fötus ein. Wir wissen, daß die Plazenta entgegen früheren Annahmen keinen undurchlässigen Schutzfilter gegen schädliche Stoffe bildet, sondern daß Hunderte von chemischen Verbindungen, darunter höchst schädliche, aber vor allem auch radioaktive Strahlen im Niedrigdosenbereich, direkt oder über den Blutkreislauf den Fötus beeinträchtigen. Diese chemische Beziehung des Fötus zur Umwelt ist zugleich eine unmittelbar gesellschaftliche, denn es steht heute durchaus in unserem Vermögen, alle giftigen Stoffe zu kontrollieren und sie vom Fötus fernzuhalten.

Wenn wir das Verhältnis zwischen der Frau und dem Fötus charakterisieren wollen, dann müssen wir es als symbiotisch und unteilbar bezeichnen: als ein Innenverhältnis, das keine Verdoppelung in »Frau« einerseits und »Fötus« andererseits zuläßt. Der Fötus ist in allen physiologischen und vorgeburtlich rudimentär-psychologischen Abläufen untrennbarer Teil und Zustand der Frau. Zugleich gehen von dieser unauflösbaren Einheitlichkeit auch in umgekehrter Richtung physiologische und psychische Impulse, Anregungen und Veränderungsschübe auf alle Lebensprozesse der Frau aus (vgl. Mahler/Pine 1978). Muttersein ist keine biologische Veranlagung, sondern eine entstandene Fähigkeit, sich dem Kind seinen altersgemäßen Bedürfnissen empathisch verstehend zuzuwenden. Diese Fähigkeit ist nicht bei allen Frauen im Lauf ihres Lebens und einer Schwangerschaft entstanden.

Einheitlichkeit und Differenzierung lösen sich erst mit der Geburt in zwei Personen auf. Aus den Beeinträchtigungen der Einheit, vor allem der relativ neu wiederentdeckten psychischen, gehen Wirkungen auf das geborene Kind aus, die sehr folgenreich sein können und sich keineswegs nur auf die unmittelbare Phase nach der Geburt erstrecken.

»Wir können... von bestimmten pränatalen Schäden auch ziemlich klar definierte Folgen für das Neugeborene erwarten; und wir können umgekehrt von den beobachteten Schäden eindeutige Rückschlüsse auf ihre Entstehung ziehen« (Borsche 1973, S. 44).

Aus dieser allgemeinen Erkenntnis wurden in den vergangenen Jahrzehnten eine Reihe gesundheitspolitischer Konsequenzen gezogen. Es wurden Kataloge möglicher Risikofaktoren aufgestellt, die vorbeugende Maßnahmen während der Schwangerschaft empfehlen. Allerdings leiden sie an dem unübersehbaren Nachteil der organisch-physiologischen Einseitigkeit. Die Vorsorgeuntersuchungen zielen nämlich vorwiegend auf die physiologischen Grundlagen der intrauterinen Entwicklung. Ratschläge für schwangere Frauen und Risikoeinschränkungen sollten jedoch darauf zielen, möglichst alle schädigenden Einflüsse zu identifizieren und auszuschließen, also auch jene, die der psychischen Sphäre der Schwangerschaft angehören. Zur psychischen Seite der Schwangerschaft zählen vor allem Angst und Streß sowie gefühlsmäßige Erschütterungen, die über alle feinen Zwischenstufen vom Manisch-Depressiven bis zum Manisch-Euphorischen reichen können. Diesen psychischen Zuständen und ihren Auswirkungen wird immer noch zu wenig Beachtung geschenkt.

Die Hintergründe psychischer Schwankungen während der Schwangerschaft sind höchst vielfältig. Sie können sowohl aus sozialen, partnerschaftlichen, also äußeren Bedingungen, entstehen, aber auch aus innerpsychischen Problemen, die so gut wie nichts mit den äußeren Lebensbedingungen und der Partnerschaft zu tun haben. Je nach Anlaß der psychischen Belastung werden entsprechende Hilfen oder Behandlungen gewählt werden müssen. Unter den vielfältigen Streßsituationen fällt eine besonders auf. Es ist die Streß- und Überforderungssituation von Frauen, die eine unerwünschte Schwangerschaft aus äußeren Zwängen austragen müssen oder aus inneren psychischen Regungen glauben austragen zu müssen. Sich widerstrebend dem Gebärverhalten der eigenen Mutter anzugleichen, kann ein schwer überwindbarer innerer Zwang sein. Es kann aber ebenso der äußere strafgesetzliche Zwang sein, gegen die eigenen Wunschvorstellungen eine unerwünschte Schwangerschaft austragen zu sollen.

Diese besondere Streßsituation findet in der Öffentlichkeit bislang noch wenig Beachtung. Auch im Alltag der Frauenheilkunde, sei es in der ärztlichen Praxis oder der klinischen Forschung, werden Angst und Streß, von wenigen Ausnahmen abgesehen, nicht ernsthaft als psychisch und physiologisch wirksame Risikofaktoren aufgeführt (vgl. Stiftung für das behinderte Kind, 1979); Akkermann/Töwe 1971; Issel/Eggers/Töwe 1977, S. 833 f.; vgl. auch Thalhammer 1967). Würden Angst und Streß, die Risiken während der Schwangerschaft darstellen, vorbehaltlos anerkannt, so wären vorbeugende Maßnahmen von großer Differenziertheit erforderlich und vor allem eine sehr viel größere Beachtung der psychischen Äußerungen schwangerer Frauen.

Das Begehren von Frauen, zu einem bestimmten Zeitpunkt ihres Lebens kein Kind gebären zu wollen, würde dann zu einem Problem der Gesundheits- und Kindswohlpolitik. Das Wunschkindbegehren würde damit aus dem Gespinst weltfremder Ideologiebeschwörung sowie menschenfeindlicher Frauenbilder befreit. Die Verhinderung unerwünschter Schwangerschaften und der Geburt unerwünschter Kinder ist in jedem Fall eine sinnvolle Form, voraussehbare Schädigungen von Mutter und Kind zu verhindern. Es ist falsch, Angst und Streß allein als Funktion von Armut und materieller Not zu sehen und die Unerwünschtheit, der ein Zustand psychischer Ablehnung bei der Mutter entspricht, als Gefährdungspotential auszuschließen. Die Abtreibung ist eine individuelle Form von Gesundheitsfürsorge, die auf sehr unterschiedlichen Ebenen Auswirkungen zeigt.

Probleme der Forschung

Die Wissenschaftler, welche die vorgeburtliche Phase der menschlichen Entwicklung erforschen, stehen vor besonderen methodischen Problemen. Hier sind die Naturwissenschaften weitgehend abhängig vom Stand der Medizintechnik. So ermöglichte beispielsweise erst die Fetoskopie genauere Einblicke in die physiologische Entwicklung des Fötus. Man kann heute Gehirnströme des Embryos und Herzschlagfrequenzen bereits zu einem sehr frühen Zeitpunkt messen. Diese Methoden legen die Folgerung nahe, daß besondere psychische und körperliche Beanspruchung der Frau die Herzschlagfrequenz des Fötus erhöhen. Aussagen dieser Art besitzen ohne Zweifel großen Wert, weil sie das empfindliche symbiotische Verhältnis der Frau zu ihrer »Schwangerschaft« beschreiben. Es wäre jedoch unsinnig, daraus zu folgern, daß es vorgeburtliche Wahrnehmungen oder Erfahrungsfähigkeiten gibt, die denen der Mutter oder allgemein von Erwachsenen oder Kindern ähneln.

Für die Forschung auf dem Gebiet der pränatalen Einwirkungen führte Copans (1974) fünf grundlegende methodologische Probleme an, die es schwermachen, Aussagen jenseits physiologischer oder biochemischer Prozesse im »Inneren des Uterus« zu machen:

»a) die Anwendung postnataler retrospektiver Daten aus Fragebögen oder Interviews, um vorgeburtlichen Streß oder psychische Zustände einschätzen zu können;

b) mangelnde Kontrolle nachgeburtlicher Einflüsse auf den Säugling;

c) das Fehlen unabhängiger Datensammlungen, die nachträglich miteinander verglichen (korreliert) werden können;

d) eingeschränkte Kontrolle von Variablen wie geburtliche Medikation und Geburtsgewicht, die möglicherweise mit Angst zusammenhängen und in Beziehung zu neonatalen Ergebnissen stehen;

e) mangelnde Unterscheidung zwischen Umweltfaktoren (Belastungen von außen) und intrapersonalen Faktoren wie Angst« (Copans, zit. nach Standle et al. 1978, S. 208; vgl. auch Davids 1968, S. 349).

Wenn vorgeburtliche Erfahrungen überhaupt erfaßt werden können, dann allenfalls retrospektiv. Die bewußte Erinnerung an vorgeburtliche Erlebnisse oder Sinneseindrücke ist nicht möglich. Allenfalls in besonderen Übertragungszuständen der psychoanalytischen Behandlung und der Deutung von Träumen können unbewußte pränatale Zustandsqualitäten in ihrer Bedeutung rekonstruiert, nicht jedoch als »Handlungen« erinnert werden. Die in Träumen und Phantasien auffindbaren Erinnerungsspuren frühester »Erlebnisse« werden von den Vertretern der pränatalen Psychologie unter dem Asepkt der vorgeburtlichen (vegetativen) Interaktion zwischen Mutter und Kind analysiert (vgl. dazu auch Janov 1974; Rank 1924; Lorenzer 1975 u. 1981).

Die Befragung von Müttern über Veränderungen ihrer Gefühle während der Schwangerschaft kann ebenfalls Auskunft über ihre eigene Wahrnehmung geben. Aber Befragungen von Müttern über ihre Schwangerschaftserinnerungen unterliegen einem nachgeburtlichen Einfluß. Die zurückliegenden Erfahrungen und Erinnerungen werden nachträglich verarbeitet und einer innerpsychischen Zensur unterworfen. Unangenehmes wird nicht selten verdrängt, weil es angst macht, Angenehmes überbetont, weil es das Ängstigende neutralisiert. Die nachträgliche Verarbeitung folgt der Tendenz, das persönliche Wohlgefühl zu steigern und Konflikte auszublenden.

Diese Beeinflussung der Vergangenheit durch erste Handlungen und Beziehungsanknüpfungen von Mutter und Kind kurz nach der Geburt kann nur unterbunden werden, wenn die Kinder in den ersten Tagen strikt von ihren Müttern isoliert würden. Angesichts der verheerenden Folgen, die eine solche Trennung für das Kind hat, kann sich die Wissenschaft dieser Methode nicht bedienen. Es ist demnach sehr schwer, den Einfluß vor der Geburt isoliert von dem intensiven Mutter-Kind-Prozeß nach der Geburt zu untersuchen.

Nicht weniger problematisch ist die Forschung darüber, wie die Entwicklung des Fötus beeinflußt wird, wenn eine unerwünschte Schwangerschaft ausgetragen werden muß. Da eine unerwünschte Schwangerschaft kein konstanter Gefühlszustand ist, sondern eine ständig wechselnde Situation, die zwar von ablehnenden Gefühlen beherrscht wird, aber auch annehmende kennt, wirkt sich die Unerwünschtheit auch in höchst unterschiedlichen Formen aus, die an anderer Stelle ausführlich dargestellt werden (vgl. Kruse 1974, S. 10).

Eine unerwünschte Schwangerschaft ist immer in eine vielgestaltige psychische Dynamik und widersprüchliche äußere Verhältnisse eingebunden, die sowohl bewußt wie unbewußt verarbeitet werden können. Sie zu erfassen ist mit den herkömmlichen Methoden der quantitativen empirischen Forschung nur schwer möglich. In der Regel werden ausgewählte Faktoren in Untersuchungen erfaßt und analysiert. Es sind Faktoren oder Konstellationen, die den jeweiligen Forscher oder die jeweilige Forscherin besonders interessieren. Sie werden der Subjektivität der Frauen, der Einzigartigkeit ihres Wesens, nicht gerecht. Zumal dann, wenn aus Forschungsergebnissen Kausalbeziehungen zur Wechselwirkung von Unerwünschtheit und Risikosituationen abgeleitet werden. Um Genauigkeit zu erreichen, bedient sich die Forschung besonderer Methoden.

»Solche Schlüssigkeit kann nur dadurch erreicht werden, daß multi-variate Datenanalysen durchgeführt werden, die in großangelegten prospektiven Studien gewonnen werden. Wenn Fälle und Kontrolluntersuchungen statistisch verglichen werden können, besteht die Möglichkeit, ätiologische Zusammenhänge nachzuweisen... Die mangelnde Gewißheit über ätiologische Zusammenhänge legt nicht nahe, daß Studien an Menschen unwichtig sind... Es mag eine schlechte Tugend sein, aber es scheint, als ob eine größere Gültigkeit darin bestünde, Rückschlüsse aus Studien mit Menschen zu ziehen, trotz ihrer Einschränkungen, als aus Tierexperimenten zu extrapolieren, ohne Beweise für die Anwendbarkeit für Menschen zu belegen. Positiv formuliert: Studien an Menschen liefern Beweise, die uns in die Lage versetzen, vorbeugende vorgeburtliche Handlungen im Hinblick auf besondere Schwangerschafts- und Kindheitsstörungen zu veranlassen, ohne darauf warten zu müssen, bis die methodologisch strittigen Punkte exakt entwirrt sind – obwohl die präventiven Maßnahmen dadurch effektiver sein könnten« (Joffe 1969, S. 308).

Wenn die Forschung mehrere Faktoren benennen kann, die bei einer gewissen Häufigkeit mit einem Risiko verbunden sind, kommt der Ausschaltung eines jeden Faktors etwa durch gesundheits- oder strafgesetzpolitische Schritte besondere Bedeutung zu (vgl. Thalhammer 1967, S. 408). Im Rahmen dieser Arbeit können wir allerdings nicht alle Ergebnisse der Forschung dokumentieren, die schädigende Einflüsse nachweisen, die der Unerwünschtheit eines Kindes anhaften können.

Die Unerwünschtheit einer Schwangerschaft kann auf die körperliche und psychische Verfassung einer Frau und, durch sie vermittelt, in komplexer Weise auf den Fötalbereich einwirken. Vor allem kann die ablehnende Haltung zur Schwangerschaft dazu führen, daß Frauen z. B. auf die Teilnahme an Vorsorgeuntersuchungen verzichten und so mögliche Schädigungen des Fötus in Kauf nehmen. Weiterhin sind physikalische Einwirkungen wie Temperaturveränderungen, heiße Bäder, Sauerstoffmangel, mechanische Einwirkungen wie z. B. Schläge, ionisierte Strahlen oder elektrischer Strom, chemische Einwirkungen (Hormone, Antikörper, Nahrungsmittel, Gifte wie z. B. Alkohol, Nikotin, bestimmte Medikamente, Strahlungen, Dämpfe und Gase am Arbeitsplatz) sowie biologische Faktoren (Viren, Bakterien, Parasiten) denkbar und teilweise auch schon als potente Schädigungsquellen erforscht.
Für den Zusammenhang von psychischer Überforderung und vorgeburt-

licher Fötusschädigung wollen wir ausgewählte Forschungsergebnisse vorstellen. So werden wir im nächsten Abschnitt zunächst am Beispiel des Alkoholmißbrauchs zeigen, wie sich die Schädigung des Fötus vollzieht, wenn die Ablehnung der Schwangerschaft und der Zwang, sie auszutragen, von Frauen hauptsächlich mit autoaggressiven Verhaltensweisen beantwortet wird. Anschließend stellen wir Ergebnisse vor, welche die Gefühlswelt von Frauen ausdrücklich in einen Bezug zum Verlauf von Schwangerschaft und Geburt setzen – und damit zur Entwicklung des Fötus. Wir beschränken uns auf Arbeiten, welche die vorgeburtliche Mutter-Kind-Dyade unter entwicklungspsychologischen Aspekten betrachten.

Alkoholmißbrauch während der Schwangerschaft

Es gilt heute als unbestritten, daß Alkoholkonsum während der Schwangerschaft zu einem erhöhten Mißbildungsrisiko des Kindes beiträgt. »Alkoholembryopathie« bezeichnet das Erscheinungsbild dieser Mißbildung. Es ist durch übereinstimmende Symptome gekennzeichnet. Wir stellen diese Form pränataler Schädigung vor, weil sie deutlich macht, wie organische Schädigungen vom sozialen und psychischen Verhalten einer schwangeren Frau abhängen. Ähnliche Zusammenhänge gelten für Schäden, die auf Drogen- und Medikamentenmißbrauch hindeuten. Die Wahrscheinlichkeit einer Schädigung durch Alkohol während der Schwangerschaft ist deshalb nur eine exemplarische Darstellung.
In den meisten Fällen ist es für eine Frau eine extreme Streßsituation, wenn eine Schwangerschaft ungeplant auftritt und sie auch nicht gewünscht ist. Das ist unabhängig davon, ob eine Frau eine Abtreibung erwägt, ob sie die unerwünschte Schwangerschaft austragen will oder ob sie dazu gezwungen wird. Ihre Entscheidung wird in jedem Fall unter erschwerten Bedingungen getroffen. Moralische Gesichtspunkte und Beziehungsaspekte, äußere Zwänge und mögliche Lebensperspektiven mit oder ohne Kind müssen gegeneinander abgewogen werden. Das geschieht alles unter großem Zeitdruck, weil die legale Abtreibung durch gesetzlich festgelegte Fristen begrenzt ist.
Dieser Entscheidungzwang geht allein von äußeren belastenden Bedingungen aus. Ein Teil der Frauen entschließt sich, die Schwangerschaft, die nicht gewünscht ist, abzubrechen. Ob eine Abtreibung legal vorgenommen werden kann oder nicht, hängt von der ärztlichen Versorgung und dem gesundheitspolitischen Klima der Region ab, in der eine Frau lebt. Wird das Abtreibungsbegehren durch rechtswidrige Gesetzesanwendung erschwert, was regional durchaus üblich ist, so werden besonders belastende Anforderungen an eine Frau gestellt. In dieser Situation

greifen viele Frauen zu Beruhigungsmitteln, Alkohol und anderen Drogen, obwohl sie wissen, daß diese Substanzen den Fötus schädigen. Die entschiedene Absicht abzutreiben macht diese Kenntnisse für viele Frauen bedeutungslos.

Entschließt sich eine Frau, während oder nach den gesetzlich vorgeschriebenen Beratungsgesprächen nach § 218 b StGB die Schwangerschaft auszutragen, so geht sie das erhöhte Risiko ein, ein Kind zu gebären, das durch Alkohol oder sonstige giftige Substanzen geschädigt ist. Das gleiche gilt für den Fall, daß ein Arzt sich weigert, die Abtreibung zu genehmigen, und die Frist von zwölf Wochen für einen legalen Abbruch überschritten wird. Je mehr unerwünschte Schwangerschaften durch äußere Einflußnahmen ausgetragen werden müssen und je weniger die freie Entscheidung von Frauen gewährleistet ist, um so wahrscheinlicher wird es, daß der Mißbrauch von Alkohol während der Schwangerschaft fortgesetzt wird. Konfliktsituationen, die durch die unerwünschte Schwangerschaft zwischen den Beziehungspartnern und am Arbeitsplatz entstehen, führen zu zusätzlichen psychischen Belastungen.

In einem interdisziplinären Forschungsprojekt der Boston University (USA) fanden Rosett et al. (1976) heraus, daß schwangere Frauen Rauchen und Trinken als »sehr nützlich für die Verminderung von Depressionen und Nervosität« beschreiben (vgl. ebd., S. 121). »Die Frauen, die am stärksten tranken, waren zugleich auch die stärksten Raucher und litten unter einer unzureichenden Ernährungsweise« (Erb/Andresen 1978, S. 646; vgl. auch Kruse 1974). Das trifft auch für Fälle zu, in denen noch im ersten Drittel der Schwangerschaft sich eine gefühlsmäßige Annahme der Schwangerschaft entwickelte.

Auch die Neurophysiologie hat festgestellt, daß die körperliche Verfassung der Frau die Entwicklung des Fötus beeinflußt. Alkohol, Nikotin und Drogen wurden im Körper von Föten festgestellt; sie bewirken dort zum Beispiel verlangsamtes Wachstum, Erhöhung der Herzschlagfrequenz und andere Reaktionen. Laute Geräusche führen zu Krämpfen in den Därmen und im Magen des Fötus. Ungenügende Sauerstoffzufuhr und falsche Ernährung wirken sich auf seinen gesamten Stoffwechsel aus (vgl. Goldstein 1977; Haddon et al. 1961; Lowe 1959; Russel et al. 1968; Sontag/Wallace 1953; Schär 1971; Dobbing 1968 u. 1968a; siehe auch die Literatur zum Themenschwerpunkt: Alkoholembryopathie).

Weist ein Kind, das aus einer unerwünschten Schwangerschaft geboren wurde, Mißbildungen auf, so verschlechtert das zusätzlich die Beziehung der Mutter zum Kind und die Beziehung der Partner zueinander. Die Entwicklung einer gelingenden Beziehung zwischen ihr und dem Kind wird nicht nur durch zusätzliche physische und psychische Belastung vereitelt, die das behinderte Kind »verursacht«, sondern vor allem durch bewußte und unbewußte Schuldgefühle der Mutter. Zwischen dem Leiden des Kindes und der mangelnden Verantwortungsfähigkeit der Mutter besteht eine direkte Beziehung.

Obwohl seit mehr als 250 Jahren bekannt ist, daß Alkoholmißbrauch während der Schwangerschaft den Fötus schädigen kann (vgl. Rosett 1976, S. 115; und Primrose 1977, S. 695), definierte erst Jones im Jahre 1973 das »Fetal Alcoholic Syndrome«. Es klassifiziert die typischen Mißbildungen von Kindern alkoholabhängiger Frauen. Nach übereinstimmender Meinung der Wissenschaftler ist für die Schädigung (z. B. Rosett/Ouelette/Weiner 1976; Jones/Smith/Hanson 1976, Kyllerman et al. 1977) nicht die Disposition der Schwangeren zum Alkohol entscheidend, sondern allein die Menge des Alkohols, den sie zu sich nimmt.

»Selbst dann, wenn eine werdende Mutter während der ersten vier Monate der Schwangerschaft mäßig Alkohol trinkt, wird die Organausbildung der Leibesfrucht gefährdet: das Mißbildungsrisiko steigt auf ›30–50 % oder mehr‹ (Prof. Leiber), wenn die Mutter täglich ganze 30 Gramm reinen Alkohol konsumiert – soviel wie in drei Gläsern leichten Weines enthalten ist« (DER SPIEGEL, 30/1978/S. 142; vgl. Robinson 1977, S. 539).

Auf welchem Wege die Schädigungen entstehen, ist bis heute allerdings nicht endgültig geklärt. Diskutiert wird die vergiftende Wirkung des Äthanols, erhöhte Hormonausschüttungen, aber auch die kumulative Wirkung von Alkoholgenuß, Rauchen und falscher oder Unterernährung (vgl. Robinson 1977, S. 539; vgl. Ouelette/Rosett 1976, S. 128; zum Nikotineinfluß siehe Bandesman-Dwyer/Emanuel 1979, S. 122). Die typischen Mißbildungen und Symptome der »Alkoholembryopathie« – diese entsprechen dem »Fetal Alcoholic Syndrome« – sind vor- und nachgeburtlicher Minderwuchs, verzögerte geistige Entwicklung und Mißbildungen verschiedener Art:

»1. Gesichts- und Schädeldeformationen wie z. B. zu kurzer Lidspalt, Kieferunterentwicklung und Epikanthusfalte, 2. Herzfehler und 3. abnorme Handflächenlinien... Fast alle mit dem FAS geborenen Kinder wiegen zu wenig, und in der Regel liegen ihre Entwicklungsdaten unter dem Durchschnitt, bezogen auf gleiche Länge der Schwangerschaft. Bei der Geburt neigen diese Kinder zur Hyperaktivität, sind oft reizbar und zittern« (Erb/Andresen 1978, S. 646; vgl. auch Jones/Smith/Ulleland/Streissguth 1973, S. 1267ff.; und Robinson a. a. O.).

Im ersten Drittel der Schwangerschaft kann der Fötus durch Alkoholkonsum schwer geschädigt werden. Frühkindliche Schäden aus dieser Zeit führen vor allem zu Hemmungs- und Mißbildungen des Zentralnervensystems und des Herzens (vgl. Kruse 1974; vgl. Thalhammer 1967). Viele Wissenschaftler fordern deshalb, daß schwangere Frauen auf schädliche

Genußmittel, wie z. B. Nikotin oder Alkohol, zumindest in den ersten Monaten der Schwangerschaft ganz verzichten. Forscher des Sonderforschungsbereiches »Embryonale Entwicklung und Differenzierung« an der Freien Universität Berlin betonen hingegen, daß »nicht das erste... sondern das letzte Drittel der Schwangerschaft die besonders kritische Zeit ist, in der zahlreiche Mißbildungen des Kindes angelegt werden können« (Schöne 1977, S. 23).

Aus ihrer Studie über »Schwangerschaftsverlauf und Kindesentwicklung«, die 1977 vorgelegt wurde, wird deutlich, daß der Zeitpunkt der Datenerhebung in der vergleichenden Analyse bisher vorgelegter Arbeiten große Bedeutung besitzt. Im Unterschied zu ähnlichen Studien im Ausland wurden in die Berliner Untersuchung fast alle Frauen bereits innerhalb der ersten drei Schwangerschaftsmonate einbezogen. Die Befunde dieser großen Untersuchung gewinnen gegenüber den retrospektiv erhobenen Daten an Wert (Schöne 1977, S. 8 f.). Ohne den Zeitpunkt abschließend klären zu können, zu dem Alkoholkonsum während der Schwangerschaft den Fötus schädigt, ist jedoch sicher, daß er spezifische Schädigungen hervorruft und daß unerwünschte Schwangerschaften im besonderen Maße einem erhöhten Mißbildungsrisiko ausgesetzt sind. Die amerikanischen Wissenschaftler Erb und Andresen (1978) stellten ausgewählte Untersuchungsergebnisse zur Entwicklung von Kindern mit Schäden nach dem »Fetal Alcoholic Syndrome« zusammen. Sie kommen zu dem Schluß, daß

»die betroffenen Kinder nach der Geburt ihre physischen und geistigen Rückstände nicht wieder aufholen können, selbst wenn sie in einer optimalen Umgebung groß werden. Das Kind bleibt klein und ist als Erwachsener noch von kleiner Statur« (Erb/Andresen 1978, S. 647; zu ähnlichen Ergebnissen kommen auch Streissguth 1976, S. 145, und Fitzhardinge 1976).

Die pränatale Schädigung durch Alkoholmißbrauch schränkt demnach in jedem Fall die Lebensperspektiven der Kinder ein. Andere soziale und psychische Einflüsse können gleichwohl zusätzlich die ursprünglichen Einschränkungen verstärken. Wir heben die besonderen Probleme der geschädigten und zugleich unerwünschten Kinder hervor, weil sich am Verlauf ihrer familialen Sozialisation wesentliche Konsequenzen der Ausgangshypothek recht anschaulich verdeutlichen lassen. Entwicklungsgestörte, geschädigte oder mißgebildete Kinder sind nämlich in überdurchschnittlichem Maße darauf angewiesen, daß sie von ihren Eltern besonders liebevoll gepflegt und gefördert werden. Gleichgültigkeit, Ablehnung und Vernachlässigung treffen diese Kinder um so härter, da sie in ungewöhnlicher Weise von den Eltern abhängig sind. Versäumen oder verhindern es die Eltern, für eine erfolgreiche und zugleich zuwendungsintensive frühe Förderung der Kinder zu sorgen, so können die Schädigungen der Kinder irreversibel werden. Die Wahrscheinlichkeit, daß diese Kinder jedoch vernachlässigt werden, ist besonders groß, wenn sie unerwünscht sind.

Erschwert wird die individuelle Entwicklung des geschädigten Kindes, wenn die Eltern den Versuch unternehmen, durch überbehütendes Verhalten dessen Nachteile auszugleichen. Zu diesem Zweck wird die soziale Umwelt als feindlich phantasiert und vor der familiären Realität abgeschottet. Diese Phantasien sind immer dann besonders ausgeprägt, wenn eine Mutter ihre eigenen Anteile an der Schuld am kindlichen Unglück nur schwer akzeptieren kann. Das »Klammern am Kind« und die Unterwerfung seiner altersgemäßen Bedürfnisse unter die behütete Welt, welche die Mutter um es hüllt, ist ein unbewußter Vorgang, der der Abwehr der mütterlichen Schuld- und Schamgefühle dient. Schuldgefühle werden in einem überbehütenden Verhältnis ständig reproduziert und keineswegs aufgehoben. Mit der ständigen Umsorgung des Kindes verstellt sich die Mutter den Weg, die Verantwortung für den Alkoholmißbrauch und die damit verbundenen Schädigungen des Kindes bewußt auf sich zu nehmen. So ist nicht selten eine der verheerendsten Folgen überbehütenden Verhaltens, daß die Mutter die untrüglichen Zeichen nicht erkennt, die professionelle Hilfe von Therapeuten erforderlich machen. Fremdhilfe nimmt der Mutter die Möglichkeit, in einer ihr annehmbar dünkenden Weise vermeintliche Wiedergutmachung zu leisten (vgl. Caplan 1954, S. 69; Beck 1970, S. 270). Dieses Verhalten ist weitgehend unbewußt, kein Zeichen von Boshaftigkeit, sondern von Ohnmachtsgefühlen angesichts der eigenen Verantwortung in einer gesellschaftlichen Atmosphäre, in der mütterliche Gefühle neben den guten nicht auch schlechte, nämlich abweisende Seiten haben dürfen.

Psychische Leiden der Mutter und vorgeburtliche Schädigungen

In diesem Abschitt werden wir Untersuchungen vorstellen, die auffällige Reaktionsweisen der Neugeborenen auf starke Angstgefühle, psychischen Streß und seelisches Leid der Mutter während der Schwangerschaft zurückführen. Wir weisen auf Untersuchungen hin, die zeigen, daß der psychische Zustand, in dem eine Frau lebt, sich grundsätzlich auf den Verlauf der Schwangerschaft und die Geburt auswirkt. Darüber hinaus zeichnen wir die Wege nach, auf denen die Unerwünschtheit sich auswirkt; also jener psychische Zustand einer Frau, die aus sehr individuellen, aber auch sozialen Gründen keine bejahende Beziehung zu den physiologischen Veränderungen in ihrem Körper entstehen lassen will.

Wird eine Frau trotzdem zum Austragen einer Schwangerschaft gezwungen, so werden in vielen Fällen gefühlsmäßige Reaktionsformen deutlich, die für das unerwünscht geborene Kind höchst gefährlich sind. Sie reichen von der überbehütenden ängstlichen Erziehung bis zur haßerfüllten Ablehnung des Kindes: von der verschlingenden Liebe bis zur lieblosen Verstoßung – der Gewalt und des Mißbrauchs in allen Schattierungen. Damit lassen sich die Probleme erahnen, denen ein unerwünschtes Kind, das durch Angst und Streß während der Schwangerschaft bereits geschädigt wurde, in seiner nachgeburtlichen Entwicklung weiterhin entgegensieht (vgl. Lukesch 1975, S. 203).

Die Probleme, die entstehen, wenn das Phänomen »Angst« für die empirische Erfassung operationalisiert werden soll, wollen wir nicht erörtern. Wir möchten lediglich auf sie hinweisen. Grundsätzlich möchten wir jedoch anmerken, daß die begrifflich-theoretische Fassung von »Angst« für die empirische Sozialforschung äußerst kompliziert ist, weil Angstinhalte individuell sehr verschieden sein können und weil sie vor allem als unbewußte Angst existieren können. Die unbewußte Angst ist gleichermaßen folgenreich wie bewußte Erlebnisse, die Angst machen. Diese Differenzierungen können mit Persönlichkeitstests, die im allgemeinen für die Messung von Angst verwendet werden, nicht ausreichend nachvollzogen werden.

Welche Bedeutung kommt nun der Angst üblicherweise zu, die eine Frau mit dem Zustand des Schwangerseins in Verbindung bringt?

Als erstes deutet die ängstliche Haltung einer Frau auf Besorgnis und besondere Fürsorge für das werdende Kind und die Prozesse der Veränderung in ihr selbst hin. Denn während jeder Schwangerschaft treten Situationen auf, in denen die schwangere Frau besorgt »nach innen« horcht oder besorgt nach außen auf schwangerschafts- und kinderfeindliche Verhältnisse sieht. Für die meisten Schwangerschaften wird damit die Ängstlichkeit schon hinreichend beschrieben. Es ist eine sehr realitätsorientierte Aufmerksamkeit, die sich auf die Schwangerschaft, eben die Frau selbst und die sie umgebenden Lebensbedingungen richtet. Diese Form der Angst bezieht sich auf reale Gefahren, die in hochindustrialisierten Gesellschaften die Schwangerschaft zu einem riskanten Geschehen machen. Die Angst ist Ausdruck des Gespürs für diese Gefahren und schließt den Wunsch ein, sie zu umgehen oder sie auszuschalten.

Aber es sind durchaus auch andere Anlässe für Angstzustände vorstellbar, die nicht selbstverständlich erscheinen und deren »Ursachen« sich dem leichten Zugriff entziehen. So haben in den 60er Jahren amerikanische Wissenschaftler bei schwangeren Frauen in psychologischen Tests besonders auffällige Angstzustände festgestellt. Gleichzeitig erreichten diese Frauen hohe Werte für Feindseligkeit und Ablehnung gegen die Schwangerschaft auf der Meßskala. »So wurde herausgefunden, daß in der Gruppe der hoch ängstlichen Frauen signifikant mehr negative Einstellungen zur Kindererziehung bestanden...« (Davids 1968, S. 346; vgl. auch Davids/Holden/Gray 1963; Ferreira 1960). Zwischen den Angstzuständen und der Feindseligkeit gegen die Schwangerschaft wurde ein Zusammenhang vermutet, der nicht so ohne weiteres erklärbar schien.

Schon 1944 wiesen Sontag und seine Mitarbeiter darauf hin, daß der Fötus unter Einwirkung von Streß, schmerzhaften Erlebnissen oder langandauernden Angstzuständen hyperaktiv reagiert (vgl. Sontag 1944, S. 153; Sontag 1969, S. 1–9). Zemlick und Watson (1953) waren unter den ersten Wissenschaftlern, die Einflüsse von Angst und Ablehnung auf Verlauf und Ausgang von Schwangerschaften statistisch belegten. Zunächst stellten sie anhand von Testergebnissen fest, daß die Einstellungen »Angst und Ablehnung der Schwangerschaft« miteinander korrelieren. Sie konnten nachweisen:

»...daß Angst, sowohl psychische wie somatische Symptome, und zurückweisende Einstellungen zu Schwangerschaft und Mutterschaft – gemessen am TAT (Thematic Apperception Test), dem Psycho-Somatic Inventory und der ZAR, Pregnancy Attitude Skala, sich positiv zu unabhängigen klinischen Kriterien vorgeburtlicher und geburtlicher Anpassung in Bezug setzen ließen. Es konnte gezeigt werden, daß Krankheitssymptome und zurückweisendes Verhalten in negativer Beziehung zu nachgeburtlichen Kriterien der Anpassung standen. Gemessen wurde die Anpassung an Mutter-Kind-Beziehungen, die nahelegten, daß die Zurückweisung oft als nachgeburtliche Überbehütung zum Ausdruck kommt« (Zemlick/Watson 1953, S. 583).

Der Zusammenhang von großer Angst und ablehnenden Gefühlen wurde in späteren Untersuchungen bestätigt. Damit war eine wichtige Erkenntnis gewonnen. Sie besagt, daß große Angst während der Schwangerschaft, die sich nicht als Realangst auf identifizierbare Verhältnisse zurückführen läßt, als Symptom der ablehnenden Gefühle und der Kindeszurückweisung gelten muß. Diese wichtige Einsicht bestätigten in der nachfolgenden Zeit noch zahlreiche andere Studien.

Davids und DeVault untersuchten 1962 mit einem umfangreichen Testprogramm 50 Frauen während des letzten Drittels der Schwangerschaft. Nach der Geburt wurden die medizinischen Befunde über den Geburtsverlauf nach möglichen Komplikationen überprüft und in die Gruppen »normal« und »anormal« unterteilt. Frauen, deren Geburt von Komplikationen begleitet war oder die mißgebildete Kinder zur Welt gebracht hatten, äußerten in den vorausgegangenen Tests durchweg größere Angst über den Ausgang der Schwangerschaft (vgl. Davids/Devault 1962, S. 467; vgl. auch Davids/Devault/Talmadge 1961; und Winokur/Werboff 1956, S. 65). Eine Angst, für die sie weder eigene Gründe noch ärztliche Diagnosen nennen konnten. Auch Ottinger/Simmons (1963, 1964) fanden in ihrer Studie über »das Verhalten Neugeborener und vorgeburtliche Angst von Müttern« ihre Hypothese bestätigt:

»Wir sagten voraus, daß es eine positive Relation zwischen den Angstzuständen (levels) der Mutter während der Schwangerschaft und der Körperaktivität und dem Ausmaß kindlichen Schreiens in den ersten vier Lebenstagen ihres Kindes gibt« (Ottinger/Simmons 1964, S. 391).

Die beiden Amerikaner wußten damals jedoch noch nicht, wie diese Beobachtung psychogenetisch zu erklären ist. Eine direkte Verbindung zwischen der Angst, die während der Schwangerschaft auftrat, und dem Verhalten des Neugeborenen stellte die Australierin Turner 1956 her. Sie fand heraus, daß Neugeborene häufig ein auffälliges Verhalten zeigten, wenn ihre Mütter während der Schwangerschaft großer Angst und Aufregung ausgesetzt waren. Diese Kinder verhielten sich anders als diejenigen, deren Mütter über keinen »gefühlsmäßigen Streß« während der Schwangerschaft berichtet hatten und die sich selbst als glücklich und zufrieden bezeichneten (das waren 71 von 100 untersuchten Frauen) (vgl. McDonald 1968, S. 233 f.).

Besonders schwere Formen krankhaften Verhaltens fanden sich hingegen bei Neugeborenen, die von ihren Müttern abgelehnt wurden, entweder weil sie unerwünscht waren oder weil die Mütter äußeren und inneren Schwierigkeiten wegen der Schwangerschaft ausgesetzt waren. Turner hatte in kinderärztlichen Berichten schon häufig Beschreibungen gefunden, die mit den Symptomen übereinstimmten, die von ihr festgestellt wurden:

»Der Säugling zeigt von Geburt an erhöhte Ruhelosigkeit und Nervosität, extremes Schreien und Reizbarkeit, er erbricht beachtlich und hat oft Durchfall; er schläft allgemein weniger als andere Säuglinge und zeigt unnatürliche Geräuschempfindlichkeit, er schreckt leicht auf und schreit laut« (Turner 1956, S. 221).

Die auffälligen Symptome, die von Turner beschrieben wurden, bestätigten verschiedene Studien über vorgeburtliche Einflüsse, die nach 1956 durchgeführt wurden. Im »Handbook of Pre-Natal Pediatrics for Obstetricians and Paediatricians« faßte Barrett (1971) die vorliegenden Forschungsergebnisse zusammen. Er wies gleichzeitig auf die verhängnisvollen Konsequenzen der beobachteten Störungen für die weitere Entwicklung der Neugeborenen hin.

»Die fötale Überaktivität besteht oft über die Geburt hinaus. Signifikante Korrelationen wurden oft zwischen emotionaler Bedrängnis während der Schwangerschaft und einer Reihe von Säuglingssymptomen gefunden, die oft als »schwierig«, »kolikanfällig« oder »neurotische« Kindersymptome beschrieben werden. Es ist typisch für diese Kinder, daß sie von Geburt an erhöhte Reizbarkeit, Ruhelosigkeit, Nervosität und exzessives Schreien aufweisen. Sehr oft treten Stillschwierigkeiten, Erbrechen, häufige Darmentleerungen und andere Zeichen gastrointestinaler Funktionsstörungen auf. Weiterhin neigen sie zu verkürzten Schlafphasen, während andererseits Geräuschempfindlichkeit erhöht ist – charakterisiert durch heftige Aufschreckreaktionen und lautes Weinen. Die Langzeitprognose hängt ganz entscheidend von der nachgeburtlichen Erfahrung und vor allem von der elterlichen Fähigkeit ab, mit dem »schwierigen« Kind umzugehen. Im Alter von 2–3 Jahren machen sich häufig Zeichen einer ausgeprägten Schüchternheit und mangelndes Selbstvertrauen bemerkbar, die sich in mangelnder Initiative, Ängstlichkeit beim Eingehen sozialer Kontakte und im Zögern, sich an Spielen zu beteiligen, äußern können (Barrett 1971, S. 184; vgl. dazu auch James 1969; vgl. auch Fries 1977, S. 166; Ottinger/Simmons 1964, S. 391).

In den Vereinigten Staaten wurden Turners Ergebnisse mit großem Interesse aufgenommen. Ferreira, ein Wissenschaftler am San Jose State College in Kalifornien, beabsichtigte die von Turner gestützte Vermutung, nach der es einen Zusammenhang zwischen pränataler Umwelt, »prenatal environment«, und dem nachfolgenden Schicksal des Kindes gibt, empirisch zu prüfen. Zu diesem Zweck befragte er Frauen, die in der 36. Woche schwanger waren, nach einer ergänzten Version des PARI (*Parental Attitude Research Index*), die von Shaeffer und Bell entwickelt worden war. Die Wissenschaftler untersuchten die Neugeborenen unmittelbar nach der Geburt und bewerteten ihr Verhalten. Danach fielen 28 in die Kategorie »abweichende Säuglinge« (*deviant babies*) und 135 in die Kategorie »nicht-abweichende Säuglinge« (*non-deviant babies*). Anschließend wurden die Ergebnisse der Befragung der Mütter mit den Beurteilungen ihrer Säuglinge verglichen.
Zwischen der Verhaltensauffälligkeit der Neugeborenen und folgenden Kriterien ließen sich keine Zusammenhänge nachweisen: Rasse, Alter der Mutter, Schulbildung, Erst- oder Mehrgeburt, Dauer der Wehen, Geburtstechnik, Brustnahrung, Geburtsgewicht des Kindes und ungeplante Schwangerschaft. Äußere Kriterien spielten keine Rolle. Vor dem Hintergrund dieser Aussage wurde der psychisch bedeutsame Unterschied zwischen ungeplanter und unerwünschter Schwangerschaft erneut bestätigt.
Die diffuse Angst (im Gegensatz zur realen) äußerte sich in der Furcht,

das Baby zu verletzen. Eine Angst, für die es keine äußeren Gründe im Sinne angebbarer Gefährdungspotentiale gab. Ferreira fand zwei hochsignifikante Zusammenhänge dazu heraus. Die Skala *Fear of Harming the Baby* (Angst, das Baby zu verletzen) (FHB) erbrachte eine Aussage über das Ausmaß der Angst, das den Verlauf von Schwangerschaft, Geburt, Betreuung und Pflege des Kindes beeinträchtigt. Ferreira und seine Mitarbeiter formulierten anhand ihrer empirischen Untersuchung eine wichtige Erkenntnis zum Zusammenhang von Angstgefühl und dahinterliegendem Gefühlsinhalt, also von bewußtseinsfähiger Angst und unbewußtem abgewehrten Gefühlsinhalt:

Die Ängste, während der Schwangerschaft das Kind zu verletzen, sind die bewußtseinsfähige Entsprechung für den unbewußten Wunsch der Frau, das Baby zu verletzen (vgl. Ferreira 1969, S. 133; vgl. besonders auch Turner 1956; und Zemlick/Watson 1953). Hinter der Angst zu verletzen verbirgt sich der unbewußte Wunsch, das Kind zu verletzen. Anders formuliert: Hinter einer sichtbar besorgten Haltung verbirgt sich kaum sichtbar eine aggressive Haltung gegen die Schwangerschaft.

Die Skala »Zurückweisung der Schwangerschaft« (*Rejection of Pregnancy*) erfaßte die Aussagen der Frauen zur Erwünschtheit und Unerwünschtheit, wie die feindseligen und/oder ablehnenden Einstellungen, die auf die Schwangerschaft gerichtet sind.

»Wir haben nachgewiesen, daß die Auffälligkeiten der Neugeborenen allein mit negativen Einstellungen der Mutter verbunden waren. Diese Einstellungen haben sich als höherer Punktewert auf der Skala ›Angst, das Baby zu verletzen‹ und bei einem sowohl extrem hohen wie niedrigen Wert auf der Skala ›Schwangerschaftsablehnung‹ dargestellt.«

Ferreira betont ausdrücklich, daß diese psychische Beziehungskonstellation bereits vor der Geburt vorhanden gewesen sei und Auswirkungen zeitigte. Er begründet das damit, daß die beobachteten auffälligen Verhaltensweisen nicht nachgeburtlich, d. h. in den ersten fünf Tagen nach der Geburt, entstanden sein können. Damit sei, so Ferreira, der Nachweis erbracht, daß emotionale Faktoren – also die gefühlsmäßige Einstellung einer Frau zur Schwangerschaft – Einfluß auf den Fötus haben (vgl. Ferreira 1969, S. 133). Diese Folgerungen haben neben der wissenschaftlichen Bedeutung natürlich zur Folge, daß traditionelle Bilder von der »naturgegebenen guten Mütterlichkeit in jeder Frau« heftig erschüttert wurden. Es verwundert deshalb nicht, daß die Forschungsergebnisse angegriffen wurden. Der Haupteinwand der Kritiker an diesen Ergebnissen wurde im Jahre 1969 von Joffe noch einmal formuliert:

»Ferreira hat nicht die Möglichkeit in Betracht gezogen, daß die Beziehung zwischen der Einstellung einer Frau während der Schwangerschaft und dem Verhalten ihres Säuglings weder vor- noch nachgeburtlich durch äußere Einflüsse, sondern konstitutionell bedingt sein können« (Joffe 1969, S. 305).

Diesem Einwand begegnet Ferreira mit seinem 1969 erschienenen grundlegenden Buch »Prenatal Environment«, in dem er alle bislang bekannt gewordenen physiologischen, physikalischen, chemischen, immunologischen und anderen Faktoren vortrug und ihre möglichen Einwirkungen auf den Fötus analysierte. Direkte chemische oder immunologische Kausalitäten scheint es demnach zwischen den Emotionen der Mutter und dem Fötus nicht zu geben. Denkbar sind hingegen folgende Möglichkeiten einer indirekten psychosomatischen Einwirkung:

• Stoffwechselstörungen über den Hypothalamus;
• Hormone und andere Substanzen, die bei Angst und starken Gefühlsschwankungen ausgeschüttet werden und zur Hyperaktivität des Fötus führen (vgl. Sontag 1941, 1944, 1950; Turner 1956, S. 221; Kelly 1962, zit. nach Joffe 1969, S. 293; Whitehead 1867; Alvarez/Caldeyro-Barcia 1953; Bickers 1956; Grimm 1961); und
• Reaktionen der Mutter wie z. B. Alkoholmißbrauch, Drogen- und Medikamentenkonsum, Mißachtung der Vorsorgemaßnahmen etc. (vgl. Ferreira 1969, S. 134 ff.).

»Die Bedeutung emotionaler Faktoren für den Verlauf und das Ende einer Schwangerschaft bedarf deshalb keines weiteren Nachweises. Es ist heute offensichtlich, daß die negativen Gefühle einer Mutter, auch wenn sie nicht ausreichen, um den Fötus zu zerstören (›Infertilität‹, Fehlgeburt, Totgeburt, Abtreibung, Neugeborenentod), so doch hinreichen können, daß sie mit der normalen Entwicklung kollidieren und entweder zu angeborenen Mißbildungen oder vielleicht anderen Mißbildungen von noch subtilerer und weniger augenfälliger Art führen oder anfällig machen« (Ferreira 1969, S. 133 f.).

Der Bedeutung emotionaler Faktoren für Schwangerschaftsverlauf und frühkindliche Entwicklung ging auch Scott nach. Die Ergebnisse seiner Langzeitstudie über die Auswirkungen pränataler Streßsituationen stellte er 1973 vor. In Großbritannien waren 153 Mütter im ersten Monat nach der Geburt ihrer Kinder über den Verlauf ihrer Schwangerschaft befragt worden. Durch wiederholte spätere Besuche von Gesundheitsfürsorgerinnen wurden Informationen über den Gesundheitszustand, das Verhalten und die Entwicklung der Kinder bis zum Alter von vier Jahren eingeholt. In diese Studie wurden allerdings nur verheiratete Mütter aufgenommen. Scott wollte herausfinden, welche Beziehungen zwischen der Krankheitsbelastung des Kindes und einem weitgefaßten Spektrum möglicher schädigender vorgeburtlicher Faktoren bestehen könnten. Seine Ergebnisse faßt er folgendermaßen zusammen:

»Weder organische Krankheiten der Mütter noch Unfälle, Arbeitsbelastungen, noch Zahnbehandlungen erwiesen sich als solche Faktoren. Psychische Streßsituationen wie Tod oder Krankheit eines Familienmitgliedes, Schock und Angst, mit denen die Schwangeren fertig wurden, hatten ebenfalls keinen Einfluß auf die kindliche Gesundheit. Jedoch waren Belastungen durch ernsthafte anhaltende persönliche Spannungen, insbesondere eheliche Konflikte, eng mit dem Krankheits-Gesundheits-Zustand, mit neurologischer Dysfunktion und Verhaltensstörungen der Kinder verbunden. (...) Niedriger sozioökonomischer Status und schlechte Umwelteinflüsse zeigten ohne gleichzeitige mütterliche Spannungen in der Schwangerschaft keine signifikante Beziehung zur kindlichen Morbidität, waren aber sehr charakteristisch für die Fälle mit persönlichen Spannungen« (Scott 1973, S. 786).

Scott setzte lediglich die Kategorien »Streit in der Ehe«, »Streit mit anderen Familienmitgliedern« und »Streit mit Nachbarn« ein, um Streßsituationen mit kontinuierlichen persönlichen Folgen zu charakterisieren (vgl. ebd. S. 773). Er ging davon aus, daß die Unerwünschtheit einer Schwangerschaft die Ursache von ernsthaften persönlichen Konflikten und Belastungen sein kann. Eine Schwangerschaft kann jedoch auch unerwünscht sein, weil die Partner sich nicht mehr verstehen. Streit in Familien kann deshalb ebenfalls mit der Unerwünschtheit der Schwangerschaft in diesem doppelten Sinne zusammenhängen. Persönliche Spannungen können zur Trennung der Partner während der Schwangerschaft oder nach der Geburt des Kindes führen.

Die Bedeutung der gefühlsmäßigen Qualität der Partnerbeziehung für die psychische Situation der schwangeren Frau, den Verlauf der Schwangerschaft und die Entwicklung des Kindes wurde von Monika Lukesch (1975) in ihrer Salzburger Dissertation vorgetragen.

An der Universität Salzburg promovierte der Psychologe Rottmann (1974) mit einer Arbeit über die »vorgeburtliche Mutter-Kind-Beziehung« und ihre möglichen Auswirkungen auf Schwangerschaftsverlauf und fötale Entwicklung. Er interessierte sich besonders dafür, wie es sich auf das ungeborene Kind auswirkt, daß seine Mutter es »glücklich« willkommen heißt oder es »feindselig« ablehnt. Rottmann fragt: »Wie wirken sich... solche verschiedenen Einstellungen von Müttern auf die Entwicklung ihrer Kinder vor der Geburt aus, und welche Folgen haben sie für das spätere Leben?« (Rottmann 1974a, S. 68).

Damit nahm Rottmann die von Ferreira formulierten Thesen wieder auf. Er entwickelte die beiden von Ferreira (1960, 1965) aus dem PARI entnommenen Skalen »Angst, das Baby zu verletzen« (*Fear of Harming the*

Baby) und »Ablehnung der Schwangerschaft« (*Rejection of Pregnancy*) fort und übersetzte sie ins Deutsche. Erste Ergebnisse trug Rottmann auf der 2. Tagung der Internationalen Studiengemeinschaft für Pränatale Psychologie (ISSP) 1973 in Paris vor.

Die Einstellungsskala »Offene Ablehnung der Schwangerschaft« besteht bei Rottmann aus 18 Aussagen, denen die Frauen gewichtend zustimmen oder widersprechen können. Mit dieser Skala sollte die bewußte Einstellung zur Schwangerschaft gemessen werden. Die unbewußte Einstellung maß der Salzburger Psychologe mit der Einstellungsskala »Angst, das Kind zu verletzen«. Auch diese Skala umfaßte 18 Behauptungen, denen die Frauen zustimmen oder die sie ablehnen konnten. Rottmann konstruierte aus diesen beiden Skalen ein zweidimensionales Einstellungsfeld, aus dem vier Idealtypen von Müttern hervorgingen. Sie wurden wie folgt charakterisiert (siehe auch Schaubild 2.1.):

1. *Die ideale Mutter*
gekennzeichnet durch eine bewußte und unbewußte Annahme der Schwangerschaft, bejahende konfliktfreie Einstellung zum Kind.

2. *Die kühle Mutter*
gekennzeichnet durch eine bewußte Ablehnung und unbewußte Annahme der Schwangerschaft; die Ablehnung ist eher Folge situationsbedingter als tiefergehender Konflikte; dem Kind wird eher mit Gleichgültigkeit begegnet.

3. *Die ambivalente Mutter*
gekennzeichnet durch eine bewußte Annahme bei gleichzeitiger unbewußter Ablehnung der Schwangerschaft. Hier liegt im Zusammenhang mit der Schwangerschaft ein Tiefenkonflikt vor, der jedoch von einer im übrigen intakten Persönlichkeit kompensiert wird (Identifikation mit männlicher Rolle, Sekundärmotivation für Schwangerschaft durch starkes Leistungsgewissen).

4. *Die katastrophale Mutter*
unbewußte und bewußte Ablehnung des Kindes; die feindlichen Impulse sind so stark, daß sie auch das Tagesbewußtsein überfluten. Die Schwangerschaft ist für diese Mutter die Katastrophe ihres Lebens (Rottmann 1974a, S. 80 f.).

Mit Hilfe empirischer Daten aus fremden Tests konnten die vier Idealtypen als »wirklich« bestätigt werden. Von den 141 befragten schwangeren Frauen zeigten etwa zwei Drittel eine »mehr oder minder intensive, mehr oder minder offene oder verdrängte Ablehnung und Feindseligkeit gegenüber dem werdenden Kinde« (Rottmann 1974a, S. 72f.) auf (vgl. Tabelle 2.2).

In einem zweiten Schritt wurden an einer unausgelesenen Zufallsstichprobe an der II. Universitätsfrauenklinik Wien die Neugeborenen am dritten, vierten und fünften Lebenstag von besonders geschulten Säug-

Schaubild 2.1 Einstellungen zur Schwangerschaft auf einem
zweidimensionalen Einstellungsfeld

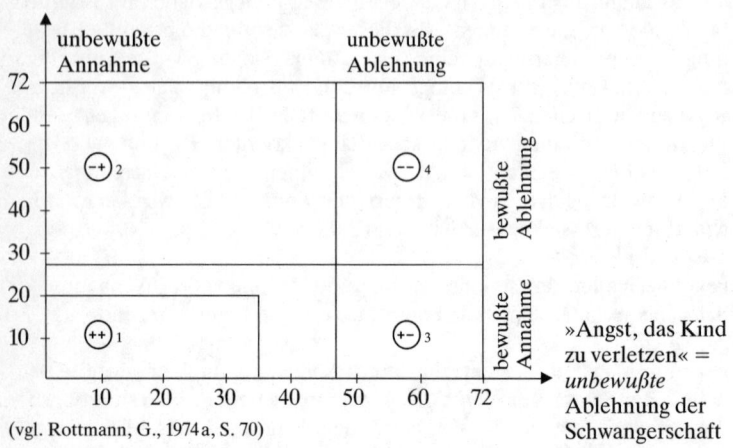

offene Ablehnung
der Schwangerschaft
(bewußt)

(vgl. Rottmann, G., 1974a, S. 70)

»Angst, das Kind
zu verletzen« =
unbewußte
Ablehnung der
Schwangerschaft

Tabelle 2.2: Einstellungen zur Schwangerschaft nach Idealtypen
von Rottmann

Idealtypus	Anzahl der Frauen
Gruppe 1 ideale Mutter	46 (33%)
Gruppe 2 kühle Mutter	23 (16%)
Gruppe 3 ambivalente Mutter	34 (24%)
Gruppe 4 katastrophale Mutter	38 (27%)
Zusammen	141 (100%)

lingsschwestern nach dem Apathiesyndrom (verlangsamte Motorik, er-
höhtes Schlafbedürfnis, vermindertes Schreien), Hyperaktivitätssyn-
drom (vermehrte Motorik, verminderter Schlaf, vermehrtes Schreien),
Saugverhalten (Auffälligkeiten wie Trinkfaulheit, Ungeschicklichkeit,
Gier, Festbeißen) und Erbrechen beurteilt. Durch Paarbildung Mutter-
Kind konnte Rottmann seine Hypothesen bestätigen. Danach treten bei

emotionaler Ablehnung der Schwangerschaft eher Komplikationen während der Schwangerschaft und der Geburt auf. Die Neugeborenen aus abgelehnten Schwangerschaften sind auffälliger oder gestörter als die aus gewünschten Schwangerschaften.

»Erwartungsgemäß waren die Neugeborenen der Idealmütter in ihrem Verhalten wesentlich weniger auffällig oder gestört als die Neugeborenen der Katastrophenmütter... Es zeigte sich auch, daß die Katastrophenmütter in signifikant höherem Ausmaß leichtere und schwerere Kinder zur Welt bringen, also bedeutend mehr untergewichtige und übergewichtige als die Mütter der übrigen Gruppen. Bei einer Differenzierung der Störungssymptomatik zeigte sich folgendes: bei den Kindern der Gruppe kühle Mutter (2): Schwerpunkt der Störungen im Apathiesyndrom bei relativem Fehlen von Erbrechen und Hyperaktivität; bei den Kindern der Gruppe ambivalente Mutter (3): Schwerpunkt im Erbrechen und Hyperaktivität; bei den Kindern der Gruppe katastrophale Mutter (4): Schwerpunkt der Störungen liegt hier im Auftreten der sogenannten Kipp-Phänomene: Apathisches Verhalten schlägt um in hyperaktives Schreien« (ebd., S. 75).

Die Berührungspunkte zum »difficult-child-syndrome«, das Turner (1956) für offen ablehnende Mütter formulierte, sind unverkennbar. Die Methode, die Rottmann einsetzte, hat ebenfalls Kritik hervorgerufen. Das größte methodische Problem der Studie liegt in der Beobachtung der Neugeborenen und der anschließenden Bewertung des beobachteten Verhaltens. Denn durch Beobachtung ist nur eine recht grobe Einteilung des Verhaltens von Neugeborenen in »unauffällig, auffällig und sehr auffällig« möglich. Andererseits vermag die auf den Beurteilungszeitraum des dritten, vierten und fünften Lebenstages eingeschränkte Beobachtung des Verhaltens der Neugeborenen nicht auszuschließen, daß in den beiden ersten Lebenstagen in der Interaktion zwischen Mutter und Kind bereits Symptome verstärkt oder erst hervorgerufen wurden. Zumindest darf das nicht ausgeschlossen werden. Dieser Einwand ist für die Beurteilung möglicher schädigender Einflüsse aus ablehnender oder feindseliger Einstellung während der pränatalen Phase sehr wichtig.

Da Rottmann ohnehin die beobachteten Phänomene gestörten Verhaltens nicht auf eine Kausalkette angebbarer Ursachen zurückführt, haben seine Ergebnisse ein überzeugendes Maß an Plausibilität auch für jene, die aus politischen oder persönlichen Gründen eine Wechselwirkung von Angst und Kindeszurückweisung eigentlich nicht wahrhaben wollen. Seine Ergebnisse umreißen zukünftige Aufgaben einer tiefenpsychologisch hermeneutischen Forschung über die psychische Verarbeitung einer

unerwünschten Schwangerschaft und deren Folgen für unerwünscht geborene Kinder.
Auch der amerikanische Psychotherapeut Janov, bekannt geworden durch seine Urschrei- oder Primärtherapie, zeigte, daß das Verhalten der Frau vor der Geburt vom Fötus registriert wird. Besonderen Wert legte er daher auf die Begleitumstände der Schwangerschaft und der Geburt. Janovs These lautet, daß »der Keim einer Neurose durchaus vor der Geburt gelegt werden kann, daß die Erfahrungen des Fötus im Mutterleib genauso wichtig, wenn nicht wichtiger sein können als die anschließenden sozialen Erlebnisfaktoren« (Janov 1974a, S. 11). Als Neurose definiert er das Agieren verleugneter schmerzlicher Gefühle (vgl. Rank [1924] 1988). In seinem eigenwillig interpretierten Konzept von Psychoanalyse ordnet Janov diese Ergebnisse den individuellen Erfahrungen neurotischer Erwachsener zu.

»Während des Lebens im Uterus und in der Folgezeit erlebt das Kind Streß-Situationen, die ihre Spuren im Organismus zurücklassen und ein primäres Reservoir von Gefühlen bilden, das eines Tages überfließt und zu Symptomen führen kann ... Sinneseindrücke sind Vorläufer von Gefühlen. Katastrophale Eindrücke können eine Entwicklungsstörung einleiten, die sich nach der Geburt zu einer Neurose mit allen ihren Begleitumständen auswächst« (Janov 1974, S. 23).

Bereits im Mutterleib sind wir aufnehmende, wahrnehmende Lebewesen, und wenn der Mutterleib ein angenehmer Aufenthaltsort war, dann haben wir unter Umständen nach der Geburt von Anfang an eine positive Lebenseinstellung (vgl. aus psychoanalytischer Sicht Lorenzer 1981). Wenn der Aufenthalt im Mutterleib unangenehm war, wenn die Mutter unter chronischen inneren Spannungen litt, einen schnellen oder unregelmäßigen Herzschlag hatte, zu abrupten Bewegungen neigte, rauchte, Alkohol trank und Rauschmittel nahm, dann bildet sich bereits im Fötus die unbewußte Einstellung heraus, Welt und Leben seien unsichere Angelegenheiten, denen man nicht »trauen« könne. Diese vorgeburtlichen Erfahrungen sowie ein schwieriger Geburtsprozeß und falsche Behandlung in den ersten Lebensmonaten verfestigen eine rudimentäre Einstellung gegenüber dem Leben, die ihren Anfang im Mutterleib nahm. Die anfänglichen Gefühlssensationen werden später in verbalisierbare Vorstellungen »übersetzt«, sobald das Kind dazu in der Lage ist; sie kleiden sich in Zustände wie »›man kann niemandem trauen. Die Welt wird von Gemeinheit beherrscht.‹ All diese sogenannten paranoiden Gedanken haben eine realen Grund in der realen Erfahrung des Kindes während seines uterinen Lebens« (ebd. S. 164f.).
Zweifellos illustrieren die von Janov herangezogenen »Urerlebnisse« seiner Patienten in der Primärtherapie, was wir vermuteten. Eine intensive

Beschäftigung mit möglichen Sinneseindrücken aus pränataler Zeit muß also die Thesen Janovs einbeziehen.

In Vorträgen, die auf der Tagung der ISPP 1973 in Paris gehalten wurden, wurde die Auffassung vertreten, daß im »intrauterinen Hospitalismus« – einem affektiven Mangelzustand der Beziehungslosigkeit – die Wurzeln vieler bisher noch nicht verstandener psychosomatischer und psychotischer Erkrankungen von Kindern, Jugendlichen und Erwachsenen zu suchen seien (vgl. z. B. Hau 1973; Graber [Hg.] 1974; Rascovski [Hg.] 1978). Was bislang als vererbt oder anlagebedingt im Rahmen des organmedizinischen Paradigmas erklärt wurde, erhält durch diesen Erklärungsansatz eine lebensgeschichtlich vorgeburtliche Grundlage der Entstehung.

»Es hat den Anschein, daß moderne Gesellschaften in all ihrer Weisheit allmählich begreifen, daß die Unterbrechung einer solchen Schwangerschaft humaner für alle Beteiligten sein mag als die fromme Praxis, den unerwünschten Fötus zu ›retten‹« (ebd. S. 138; vgl. dazu auch: Levi [Hg.] 1975).

Unerwünschte Säuglinge sterben häufiger

Die Säuglingssterblichkeit ist in den letzten Jahrhunderten in den Industrienationen durch gesundheits- und sozialpolitische Maßnahmen, wenn auch mit unterschiedlichen Erfolgen, wesentlich vermindert worden. Sie bleibt aber weiterhin ein bedeutsames gesellschaftliches Problem. Neben den klassischen organmedizinischen Aspekten werden neue sichtbar. Soziale, ökologische und psychische Einflußfaktoren der Säuglingssterblichkeit, wie sie von Umwelt- und Lebensprozessen ausgehen, verlangen die Intervention von Berufsgruppen, die sich jenseits medizinischer Aspekte mit Fragen des Kindeswohls, der Eltern-Kind-Beziehung und der Gesundheitspsychologie der Frauen befassen. Dazu zählen die Frauengesundheitszentren, die sich in den letzten Jahren in einer Reihe von Städten aus den Aktivitäten der modernen Frauenbewegung entwickelten.

Wir werden in diesem Kapitel nach einer kurzen Klärung von Begriffen einen Blick auf die Senkung der Säuglingssterblichkeit werfen und deren gegenwärtige Entwicklung charakterisieren. Anschließend werden die Aussagen der Todesursachenstatistik der Bundesrepublik Deutschland auf die sozialen Lebensbedingungen von Familien bezogen, in denen Säuglinge gestorben sind. Wir zeigen, daß unerwünschte Kinder in besonderem Maße der Gefahr ausgesetzt sind, im ersten Lebensjahr zu sterben.

Die Säuglingssterblichkeit bei unerwünschten Kindern

Die Säuglingssterblichkeitsziffer bezieht die Zahl der Lebendgeborenen, die im ersten Lebensjahr gestorben sind, auf die Zahl der Lebendgeborenen im gleichen Berichtzeitraum, die nicht gestorben sind. Für den internationalen Vergleich ist es von großer Bedeutung, daß die Definitionen von »Lebendgeborenen« nicht in allen Ländern übereinstimmen, die für internationale Vergleiche herangezogen werden (vgl. Müller 1977, S. 11 ff.; vgl. WHO [Hg.], The Prevention of Perinatal Mortality, 1970, S. 53 ff.). In der Bundesrepublik wird eine Lebendgeburt im Sinne des Personenstandsgesetzes (BGBl. I, S. 1139, 12.8.1957) folgendermaßen definiert:

»Eine Lebendgeburt, für die die allgemeinen Bestimmungen über die Anzeige und die Eintragung gelten, liegt vor, wenn bei einem Kind nach der Scheidung vom Mutterleib entweder das Herz geschlagen oder die Nabelschnur pulsiert oder die natürliche Lungenatmung eingesetzt hat« (ebd.).

Um die statistischen Angaben zur heutigen Säuglingssterblichkeit, wie deren mögliche Ursachen, einschätzen zu können, ist ein historischer Hinweis sinnvoll. Anhand der Entwicklung der Säuglingssterblichkeit in Hamburg von 1821 bis 1964 beschrieb Seelemann (1966) den Zusammenhang von Säuglingssterblichkeit und sozialhygienischen Maßnahmen. Im Durchschnitt betrug die Säuglingssterblichkeit im letzten Jahrhundert 200 (gestorbene Lebendgeborene im 1. Lebensjahr von 1000 Lebendgeborenen). Seit 1920, dem Beginn der Säuglingsfürsorge, sank diese Zahl auf weniger als 100. Unter dem Primat der faschistischen Rassenlehre von der »Auserwähltheit der Arier« wurde im Dritten Reich die Bekämpfung der Säuglingssterblichkeit besonders intensiv betrieben. So sank nach 1935 die Säuglingssterblichkeit durch die systematische Rachitisbekämpfung auf unter 50. Diese Tendenz wurde allerdings durch die Kriege unterbrochen, die das nationalsozialistische Deutschland gegen die europäischen Nachbarländer in den Jahren 1939 bis 1945 führte. 1964 sank dann die Säuglingssterblichkeit in Hamburg erstmalig unter 20 (vgl. Akkermann 1970, S. 13). Die Säuglingssterblichkeit konnte zunächst durch hygienische Maßnahmen und Schutzimpfungen von Frauen und Kindern wirkungsvoll gesenkt werden. Das relative Stagnieren der rückläufigen Mütter- und Säuglingssterblichkeit führte in den 60er Jahren zu neuen Akzenten in der internationalen Forschung.

Diese Situation wurde nicht unwesentlich durch politische Systemvergleiche beeinflußt, in denen die jeweils erreichten Standards mit Hilfe von statistischen Indikatoren wie z. B. der Mütter- und Säuglingssterblichkeitsziffern verglichen wurden. Durch die intensive Forschung über vorgeburtliche Einflüsse wurden umfangreiche Kataloge von Risikofaktoren erarbeitet, die Vorsorgemaßnahmen für schwangere Frauen und Kleinkinder festlegten. Die Politik der vorbeugenden Untersuchung schwangerer Frauen – die Schwangerschaftsvorsorge –, die zu einer beachtlichen Ausweitung der gynäkologischen Profession bis in die 70er und 80er Jahre führte, senkte die Säuglingssterblichkeit weiter.

Aber seit Mitte der 60er Jahre wurden immer häufiger Ergebnisse veröffentlicht, die auf bedeutsame Zusammenhänge zwischen der Säuglingssterblichkeit und den sozialen Lebensumständen der Mutter hinweisen (vgl. Butler/Bonham 1958; Gleiss 1961; Spielmann et al. 1961; Fülöp/Manyi 1964; Hesselbarth et al. 1964; Enke/Werner 1965; Schröder 1968; Schwarz 1969; World Health Organization 1970; Schorr 1964).

Im europäischen Vergleich lag die Bundesrepublik 1974 in der Rangfolge der Säuglingssterblichkeit an vierzehnter Stelle (vgl. Höhn 1978, S. 31; vgl. auch Maier 1973, S. 166 f.). Diese Rangfolge ist besorgniserregend und Ausdruck einer widersprüchlichen Bevölkerungs- und Gesundheitspolitik. Das Bundesministerium für Jugend, Familie und Gesundheit (heute: Bundesministerium für Jugend, Familie, Frauen und Gesundheit) äußerte sich wiederholt kritisch zu dieser Situation.

Es ist auffällig, daß die Säuglings- und Müttersterblichkeit in der Bundesrepublik nicht den Stand erreicht hat, der nach wissenschaftlichen Erkenntnissen, allgemeinem gesellschaftlichem Reichtum, Ausgaben für das Gesundheitswesen sowie den Möglichkeiten der Gesundheitsvorsorge zu erwarten wäre. Hier zeigen sich Schwächen des Gesundheitssystems, aber ebenso die Grenzen staatlicher Gesundheits- und Familienpolitik. Vorsorgeuntersuchungen sind freiwillig und setzen Vorsorgebereitschaft bei Frauen wie ihren Partnern voraus. Die Erfahrung zeigt, daß diese Bereitschaft an wichtige Bedingungen geknüpft ist. Entscheidend ist dabei, daß Frauen ihre Schwangerschaft gefühlsmäßig akzeptieren. Informationen über Vorsorgeleistungen werden sonst nicht oder nur halbherzig eingeholt und Empfehlungen für die Lebensführung nicht bedacht.

Über die erfolgreiche Inanspruchnahme von Vorsorgeuntersuchungen entscheidet somit ebenfalls die strafgesetzliche Regelung der Abtreibung. Denn wenn das Strafgesetz oder die Art seiner Anwendung die Austragung von Schwangerschaften gegen den Willen von Frauen und ihren Partnern erzwingt, führt das unweigerlich dazu, daß Vorsorgeuntersuchungen nur mangelhaft in Anspruch genommen werden. Wird eine Schwangerschaft psychisch abgelehnt, so hat das nachteilige Auswirkungen auf die Bereitschaft, sich an Maßnahmen der Schwangerenvorsorge zu beteiligen und die Lebensführung der Schwangerschaft anzupassen. Eine Schwangerschaft, die erwünscht ist, stellt somit eine wichtige Voraussetzung dar, die zur Teilnahme an der Vorsorgemedizin motiviert und die sich mindernd auf die Säuglingssterblichkeit auswirkt.

Woran die Kinder sterben

Die Entwicklung der Säuglingssterblichkeit wird in der amtlichen Statistik dargestellt. Die Standesämter geben den Statistischen Landesämtern die Merkmale Alter, Wohnort, Geschlecht, Staatsangehörigkeit, Lebensdauer, Legitimität (ehelich/unehelich), Geburtsgewicht und Geburtslänge für die Säuglinge an, die während des ersten Lebensjahres gestorben sind. Die Todesursachenstatistik registriert die Todesursachen und das Lebensalter des Kindes. Die gebräuchliche Unterscheidung in

Früh-, Spät- und Nachsterblichkeit entsprechend dem Lebensalter macht es möglich, die medizinisch definierten Todesursachen zumindest grob auf soziale Lebensbedingungen und die Einstellung der Mutter zum Kind zu beziehen und Zusammenhänge zu erforschen.

Aus einer Sonderauszählung für das Jahr 1973 ermittelte Höhn (1978) statistische Daten je nach Lebensdauer und zivilrechtlichem Status (verheiratet/unverheiratet), die für die Säuglingssterblichkeit charakteristische Unterschiede nannten. Die Tabelle »Säuglingssterblichkeit 1973« zeigt, daß

»41 % der gesamten Säuglingssterblichkeit sich auf die ersten 24 Lebensstunden zusammendrängen, 62 % entfallen auf die gesamten ersten 7 Lebenstage (Frühsterblichkeit), knapp 10 % auf die Spätsterblichkeit und 28 % auf die Nachsterblichkeit, die immerhin 11 Monate des 1. Lebensjahres ausmacht« (Höhn 1978, S. 37; siehe dazu Tabelle 7.1. Säuglingssterblichkeit 1973).

Die »nicht näher bezeichnete Unreife« meint eine allgemeine Lebensunfähigkeit des Säuglings. Untergewicht gilt dabei als Leitsymptom. Die Frühgeburt steht dazu in enger Beziehung. Frühgeborene sind Kinder mit einem Geburtsgewicht von weniger als 2500 Gramm. 1973 hatte die Hälfte aller im 1. Lebensjahr gestorbenen Säuglinge ein Geburtsgewicht von weniger als 2500 Gramm, von allen Lebendgeborenen waren es gerade 6 % (vgl. Höhn 1978, S. 35). »1974 hatte mehr als die Hälfte aller gestorbenen Säuglinge bei der Geburt dieses Untergewicht« (Gesellschaftliche Daten 1977, S. 42). Vom zweiten Lebensmonat an gewinnen die »unnatürlichen« Todesursachen wie vor allem mechanisches Erstikken, Krankheiten der Atmungsorgane und Infektionskrankheiten an Bedeutung.

Im nächsten Abschnitt wollen wir versuchen, somatisch definierte Todesursachen auf soziale und psychische Begleitumstände zu beziehen. Wenn es gelingt, die Begleitumstände zu beseitigen, erscheint der Tod der Säuglinge vermeidbar. Völlig unberücksichtigt sind bislang die Todesursachen aus Umweltbelastungen wie der kontinuierlichen radioaktiven Niedrigdosenstrahlung, die sich aus dem Betrieb von Atomkraftwerken, Atombombenfabriken und Atomwaffentests der 60er Jahre ergeben. Besondere Bedeutung messen wir auch der Frage bei, ob die ablehnenden Gefühle, die eine Frau zu ihrer Schwangerschaft und zu ihrem Säugling hat, das Risiko erhöhen, daß das Kind im 1. Lebensjahr besonderen Belastungen und Entsagungen ausgesetzt wird, die seinen Tod herbeiführen können.

Aus der Statistik wissen wir, daß in der Periode der Spätsterblichkeit – also in der Zeitspanne vom 7. bis einschließlich 27. Lebenstag – angeborene Mißbildungen vorherrschen. Besonders auffällig ist, daß das Sterbe-

Tabelle 3.1: Säuglingssterblichkeit 1973 nach Todesursache, Lebensdauer und Legitimität des Kindes

| Todesursache | Legi-timität | Insge-samt | Gestorbene Säuglinge je 10000 Lebendgeborene Lebensdauer von .... bis unter .... | | | |
			unter 24 Std.	24 Std. 7 Tage	7 Tage 28 Tage	28 Tage 1 Jahr
Infektiöse und para-sitäre (ausschl. Toxoplasmose) und entzündliche Krank-heiten des Verdau-ungssystems	ehelich	9,13	–	0,92	1,81	6,24
	nicht-ehelich	17,32	–	–	–	12,05
	zusam-men	9,64	–	0,96	1,87	6,61
Lungenentzündung	ehelich	5,30	–	0,54	0,86	3,64
	nicht-ehelich	7,53	–	–	–	–
	zusam-men	5,44	–	0,57	0,87	3,73
Angeborene Miß-bildungen	ehelich	41,39	10,61	8,01	7,35	15,43
	nicht-ehelich	48,44	12,30	9,79	10,29	16,06
	zusam-men	41,83	10,71	8,12	7,54	15,47
Diabetes mellitus der Mutter mit und ohne Manifestation der Krankheit im Kind	ehelich	0,69	–	–	–	–
	nicht-ehelich	–	–	–	–	–
	zusam-men	0,69	–	–	–	–
Regelwidrige Geburt bei Anomalien des Beckens und der Beckenorgane, Miß-verhältnis zwischen Becken und Frucht, abnorme Wehentä-tigkeit, sonstige und nicht näher bezeich-nete Komplikationen	ehelich	1,14	0,87	–	–	–
	nicht-ehelich	–	–	–	–	–
	zusam-men	1,16	0,87	–	–	–
Sonstige Komplika-tionen in der Schwangerschaft und bei der Entbindung, Veränderungen der Plazenta, der Nabel-schnur und Geburts-verletzungen ohne Angabe der Ursache	ehelich	20,86	11,13	7,89	1,51	–
	nicht-ehelich	33,83	17,57	12,55	–	–
	zusam-men	21,68	11,53	8,18	1,62	–

Tabelle Fortsetzung

| Todesursache | Legi-timität | Insge-samt | Gestorbene Säuglinge je 10000 Lebendgeborene Lebensdauer von .... bis unter .... | | | |
			unter 24 Std.	24 Std. 7 Tage	7 Tage 28 Tage	28 Tage 1 Jahr
Mehrlingsschwan-gerschaft	ehelich	8,09	5,92	1,61	–	–
	nicht-ehelich	12,05	9,54	–	–	–
	zusam-men	8,34	6,15	1,64	–	–
Anoxie und Aypoxie, die nicht anderweitig einzuordnen sind (Anoxie, Hypoxie o. n. A.)	ehelich	42,57	23,60	15,09	2,87	1,01
	zusam-men	44,90	24,90	15,86	3,15	0,99
Nicht näher bezeich-nete Unreife	ehelich	36,89	27,98	6,66	1,86	–
	nicht-ehelich	95,62	69,77	18,32	–	–
	zusam-men	40,57	30,60	7,39	2,09	0,49
Übrige Ursachen der perinatalen Mortali-tät (einschl. Toxo-plasmose der Mutter mit und ohne Mani-festation der Krank-heit im Kind)	ehelich	47,65	6,50	4,20	4,01	32,95
	nicht ehelich	77,55	12,30	–	–	52,20
	zusam-men	49,53	6,86	4,33	4,18	34,16
Alle übrigen natür-lichen Todes-ursachen Unnatürliche Todes-ursachen						
Insgesamt	ehelich	213,72	87,33	45,40	20,81	60,71
	nicht-ehelich	374,45	168,40	79,56	37,65	88,64
	zusam-men	223,77	92,41	47,54	21,87	61,97

(vgl. Höhn.: Entwicklung der Säuglingssterblichkeit, 1978, a.a.O., S. 36)

risiko nichtehelich geborener Säuglinge immer noch 17 % höher als bei ehelich geborenen Säuglingen ist. Daß die Lebensweise der Frau für die Entstehung einer Reihe von Mißbildungen während der Schwangerschaft entscheidend ist, haben wir im Kapitel über vorgeburtliche Schädigungen dargestellt. Der Risikofaktor »Unehelichkeit« weist allerdings darauf hin, daß die gesellschaftliche Diskriminierung und Ausgrenzung von nicht verheirateten Frauen die Lebenschancen ihrer Säuglinge mindert.

Die Statistik der Todesursachen läßt erkennen, daß sich mit dem 2. Lebensmonat die Ursachen für die Sterblichkeit von Säuglingen schwerpunktartig verschieben. Die sogenannten »unnatürlichen« Todesursachen, zu denen auch der »Plötzliche Kindstod« zählt, die Krankheiten der Atmungs- und Verdauungsorgane wie die Infektionskrankheiten gewinnen an Bedeutung. Gerade bei diesen Todesursachen, die auf mittelbare gesellschaftliche Einwirkungen hinweisen, gibt es eine deutliche »Übersterblichkeit« der nichtehelichen Säuglinge.

Über die Ursachen und sozialpsychologischen Dynamiken, die diese Besonderheiten auslösen, lassen sich nur Vermutungen anstellen. So besteht kein Zweifel daran, daß ledige Mütter mehrfach durch Haushalt, Kinderpflege und Berufstätigkeit wie graduelle psychische und soziale Ausgrenzung (Isolation) außergewöhnlich belastet sind. Eine Folge davon kann sein, daß sie nicht ausreichend aufmerksam und fürsorglich auf Erkrankungen oder Veränderungen im Befinden ihrer Säuglinge reagieren, weil ein Teil ihrer psychischen Energien für die Kontrolle äußerer »Feindseligkeit« verwendet wird. Äußerst komplexe Wechselwirkungen zwischen verdrängter Kindesablehnung, kulturellem Milieu sowie kumulativer Überforderung, die sich in Indifferenz und Aktivitätsmangel äußern, können »Wegbereiter« der Sterblichkeit sein. Es wird abzuwarten sein, ob die planvoll eingegangene Ein-Eltern-Erziehung zu Veränderungen führt, die die negativen Seiten der »Unehelichkeit« ausschließen.

Soziale Lebensverhältnisse

Es ist seit langem bekannt, daß somatische Ursachen der Säuglingssterblichkeit in engem Zusammenhang mit psychischen und sozioökonomischen Vorgängen stehen, die auf die Familie einwirken (vgl. Wallner et al. 1971, S. 1422 f.). Über umweltbedingte Belastungen und deren Verarbeitung liegen hingegen nur wenige Untersuchungen vor, obwohl deren Auswirkungen beträchtlich sein dürften. Unter den sozioökonomischen Faktoren der Säuglingssterblichkeit werden bisher Indikatoren wie Familienstand, Berufstätigkeit, Art des Berufs, Höhe des Einkommens, Schulbildung und – gemeinsamer Ausdruck dieser Faktoren – die soziale Schicht genannt. Die amtliche Statistik hingegen registriert als einzigen sozioökonomischen Faktor, wieviel ehelich und nichtehelich geborene Kinder bereits bei der Mutter leben. Höhn (1978) ermittelte für dieses soziale Kriterium folgende Zahlen für 1973: Die Säuglingssterblichkeit

nichtehelicher Kinder lag mit 37,6 (je 1000 Lebendgeborene) um 70 %
über dem Durchschnitt von 22,4 und um 76 % über der Säuglingssterblichkeit ehelicher Kinder von 21,4 (vgl. Höhn 1978, S. 36).
Der Indikator »Familienstand« schließt in sich so viele unterschiedliche
Einflüsse ein, daß eine statistische Aussage über die zweifach höhere
Sterblichkeit von nichtehelichen Säuglingen noch keine Erklärung für deren Entstehung geben kann. Hier wären zusätzliche Studien zur prozes-
sualen Aufgliederung erforderlich, denn die Situation von ledigen Frauen
mit Kindern läßt sich allein durch das »Fehlen des Trauscheins« heute
noch weniger als früher angemessen erklären.
Es fällt heutzutage auf, daß ein immer größer werdender Kreis von
Frauen, aber auch von Männern, sich entschließt, Kinder trotz der gesellschaftlichen Nachteile für »uneheliche« Partnerschaften aufzuziehen.
Die Verwendung der Kategorien »unverheiratete Mutter« und »unehe-
liches Kind« muß deshalb differenzierter als bisher verwendet werden,
damit Stigmatisierung und Diskriminierung nicht fortgeführt werden.
Aspekte wie niedriger Verdienst, fehlende Berufsausbildung und
schlechte Wohnverhältnisse (vgl. Spielmann et al. 1961, S. 366) ermöglichen schon eher einen Einblick in die Lage »Alleinerziehender«. Hinzu
kommen Faktoren wie die gesellschaftliche Stellung der unverheirateten
Mutter, die wesentlich für psychische und soziale Belastungssituationen
während der Schwangerschaft und nach der Geburt sind (vgl. Hobel 1978,
S. 58f.). Als Beispiel dafür kann die Diskriminierung lediger Mütter
durch Ärzte und Pflegepersonal in den Entbindungsanstalten und in
Arztpraxen gelten.
Nicht nur die sozialen Lebensbedingungen haben großen Einfluß auf die
nachgeburtliche Betreuung untergewichtig geborener Kinder, sondern
auch auf die Gefühlseinstellungen. Eine positive gefühlsmäßige Einstellung wirkt durchaus als mildernder Puffer gegen nachteilige soziale Lebensbedingungen. Es bewahrheitet sich hier, daß soziale Lebensverhältnisse immer erst durch die individuelle Verarbeitung wirksam werden,
ohne sie deshalb gänzlich zu neutralisieren (vgl. Amendt 1988, S. 89f.).
Wir wollen einige Arbeiten vorstellen, die diesen Aspekt beschreiben.
Die Statistik zeigte, daß die Frühgeburtlichkeit mit besonders hoher
Sterblichkeit verbunden ist (vgl. Höhn 1978, S. 36). In der Münchener
Perinatal-Studie wurden für 1975 und 1976 alle verfügbaren Daten über
die Säuglingssterblichkeit im Großraum München erfaßt:

»Faktoren wie Alter, Parität (Anzahl der Geburten) und Nationalität be-
einflußten die perinatale Mortalität (1,57 %) nur unwesentlich. Auch soziale Faktoren wie die Berufstätigkeit der Schwangeren schienen keine
Rolle zu spielen. Direkt negativ beeinflußte sie dagegen der Faktor Frühgeburtlichkeit mit einer zehnfach höheren Sterblichkeit sowie das Nicht-

teilnehmen von Schwangeren an der Mutterschaftsvorsorge (4,46 %)«
(Münchener Perinatalstudie, 1977, S. 16).

Noch deutlicher wird dieser Zusammenhang bei Frauen, die Frühgeburten zur Welt gebracht hatten.

»Auffällig hohe Frühgeburtenraten fanden sich bei über 40jährigen
Schwangeren (15,0 %), bei Ledigen (12,0 %), sowie Geschiedenen
(19,2 %), in den beiden untersten Sozialschichten (ca. 10 %) und bei
Viert- und Vielgebärenden (9,7 %). Berufstätigkeit und Nationalität hatten keinen erkennbaren Einfluß auf die Frühgeborenenhäufigkeit« (ebd.
S. 18).

Hier lassen sich interessante Beziehungen herstellen. Gerade jene Teilgruppen unter den Frauen, die in der Münchener Perinatal-Studie besonders häufig von Säuglingssterblichkeit betroffen waren, hatten in anderen
Untersuchungen häufiger von ablehnenden Gefühlen zu ihren Schwangerschaften berichtet. Daraus kann geschlossen werden, daß die erhöhte
Säuglingssterblichkeit Säuglinge aus unerwünschten Schwangerschaften
besonders trifft.
Bei über 40jährigen Schwangeren (vgl. Bundeszentrale für gesundheitliche Aufklärung, 1970, S. 84; Gebhardt et al. 1969, S. 81), bei ledigen
Frauen (vgl. Bundeszentrale für gesundheitliche Aufklärung, 1970, S. 59,
62, 66, 84), bei geschiedenen Frauen (vgl. Gränacher 1956, S. 417), bei
Frauen aus unteren sozialen Schichten (vgl. Bundeszentrale für gesundheitliche Aufklärung, 1970, S. 100; vgl. Lukesch/Rottmann 1976, S. 13)
und bei Frauen mit drei Geburten (vgl. Maspfuhl 1977, S. 868) wurden
durchweg negativere Einstellungen zu ihrer Schwangerschaft verzeichnet
als bei entsprechenden Bezugsgruppen. Wir können daher mit einem großen Maß an Plausibilität vermuten, daß unerwünschte Kinder in ihrem
1. Lebensjahr stärker als erwünschte Kinder gefährdet sind. Wir gehen
davon aus, daß die Gefühle der Mutter und die Art ihrer emotionalen
Zuwendung zum Kind eine wichtige Rolle bei der Sterblichkeit spielen.
(Diesem Zusammenhang werden wir detailliert in der Diskussion des
»Plötzlichen Kindstodes« nachgehen.)

»Die Ablehnung des werdenden Kindes, verbunden mit ungenügenden
Informationen über die Schwangerschaft und Sinn und Nutzen der Vorsorgeuntersuchungen, und die unzureichende Umstellung der Lebensgewohnheiten an die Bedürfnisse der Schwangerschaft hängen... eng mit
dem sozialen Umfeld zusammen« (Müller 1977, S. 114; vgl. auch dazu
Erkillä 1959, S. 45–51, insbes. S. 48; vgl. Enke/Werner 1967, S. 292).

Die Linzer Mediziner Tulzer und Wancura (1971) befragten im Rahmen
ihrer Studie über die »Beeinflussung der Frühgeburtlichkeit durch soziale

Faktoren« insgesamt 134 Mütter nach ihren Einstellungen zum Kind. 24 % der Mütter gaben an, die Schwangerschaft sei unerwünscht gewesen und daß sie den starken Wunsch gehabt hatten, die Schwangerschaft abtreiben zu lassen (vgl. Schultze/Felsch 1961, S. 788 f.). Die beiden Autoren folgern aus der Analyse ihres Datenmaterials, daß weniger die Unterscheidung nach »ehelich« und »nicht-ehelich«, sondern vielmehr die gefühlsmäßige Einstellung zu Schwangerschaft und Geburt einen Einfluß auf die Sterblichkeit von Säuglingen hat.

»Vielleicht fördert das »unerwünschte Kind« einerseits über die negative Einstellung zur Gravidität die Frühgeburtlichkeit, andererseits über die negative Einstellung zum Kind beim Geburtsvorgang die Mortalität« (ebd. S. 343).

Die Einstellung einer »Frühgeburtenmutter« zu ihrem erwarteten Kind charakterisieren Tulzer und Wancura mit folgenden Idealtypen.

»Im einen Extrem ist das Kind unerwünscht, weil es belastend und somit gefährdend für die Erhaltung des Lebensstandards und die Art der Lebensführung sein könnte, im anderen Extrem ist es das mit einem Übermaß an Unsicherheit und Angst erwünschte Kind, dessen Mutter schon vor seiner Geburt Züge einer ›over protective mother‹ aufweist« (ebd. S. 346).

Diverse Studien bestätigen, daß die Gefühlswelt von Frauen für ihre Einstellung zur Schwangerschaft maßgeblich ist. Schmidt et al. führten 1973 in Düsseldorf eine prospektive Studie zur Säuglingssterblichkeit durch. 27 % aller verstorbenen Säuglinge waren danach nicht erwünscht. Das waren 19 % der ehelichen und 63 % der nichtehelichen Kinder. Von den Frauen der nichterwünschten Kinder haben 32 % nie an einer Vorsorgeuntersuchung teilgenommen. Hingegen waren nur 6 % der Mütter von erwünschten Kindern der Vorsorge ferngeblieben (vgl. Schmidt et al., 1974, S. 59; vgl. Paavola 1968, S. 67).
Ein weiterer Beziehungsaspekt, der die Säuglingssterblichkeit und die angeborenen Mißbildungen beeinflußt, läßt sich zumindest teilweise durch Verhaltensweisen der Frauen erklären. Kruse (1974) hat sehr anschaulich beschrieben, wie sich das Verhalten von Frauen, die nicht schwanger sein wollen, auf den Verlauf der Schwangerschaft und die Säuglingssterblichkeit auswirken kann.

»Sie versucht, den Gedanken an eine Schwangerschaft zu verdrängen, und denkt gar nicht daran, ihre Lebensgewohnheiten zu ändern. Im Gegenteil: bei aufkommender Nervosität, etwa durch das Ausbleiben der Periode, wird sie womöglich noch mehr Zigaretten rauchen, Alkohol und Psychopharmaka konsumieren oder gar zu Suchtmitteln greifen, um sich zu beruhigen und abzulenken... In extremis kann es zu einer geradezu fanatischen Feindseligkeit gegen die Frucht kommen und zu höchst bedenklichen Abtreibungsversuchen führen: Medikamentenabusus, heiße Bäder, provozierte mechanische Erschütterungen und transvaginale Quetschversuche am Uterus bis zur Einführung spitzer Gegenstände in den Muttermund« (Kruse 1974, S. 5 f.).

Kruse, dessen Enttäuschung über soviel »unnatürliche Weiblichkeit« zwischen den Zeilen unüberhörbar hervorbricht, beschrieb auch die Langzeitwirkungen affektiver Beziehungszustände. So etwa die Folgen von mißlungenen Abtreibungsversuchen und Schädigungen des Fötus durch Giftstoffe, die durch die Plazenta in den Körper eingedrungen sind, Spontanabortneigung, intrauteriner Fruchttod und andere Mißbildungen (vgl. Kruse 1974, S. 6 u. 9).

Erkrankt der Säugling und ist keine ärztliche Betreuung verfügbar, so ist das Verhalten der Pflegeperson (Mutter, Vater, andere) lebensentscheidend. Kenntnisse über die Versorgung von Kleinkindern sind dabei besonders wichtig. Ob hilfreiche und lebenserhaltende Kenntnisse auch angewendet werden, hängt von der affektiven Beziehung der Mutter zu ihrem Kind ab. Es kommt nicht nur darauf an, daß die Pflegeperson über die richtigen Kenntnisse für die angemessene Betreuung verfügt, sondern vor allem darauf, daß sie den inneren Wunsch hegt, das Kind seinen altersbedingten Bedürfnissen entsprechend betreuen zu wollen.

Die österreichischen Ärzte Spielmann/Hinterberger/Maier (1961) haben fast 12000 Geburten evaluiert. Sie fanden heraus, daß jede fünfte Mutter, deren Säugling gestorben war, nach der Geburt sich den Aufgaben der mütterlichen Fürsorge entzogen hatte. Auch Fülop und Manyi (1964) befragten 337 Frauen, die ihr Kind im ersten Lebensjahr verloren hatten. Sie fanden folgendes heraus: Die Frauen waren »nicht nur in Beziehung auf die Schulbildung, sondern auch hinsichtlich der hygienischen Bildung gegenüber der Gruppe von Müttern, die keinen Säugling verloren hatten, im Nachteil« (Fülöp/Manyi 1964, S. 167 f.).

Ähnlich wie in der ungarischen Untersuchung wurde die »Qualität der mütterlichen Pflege« bei unverheirateten Frauen von Enke und Werner (1967) niedriger eingeschätzt als bei verheirateten.

Von McKeeny und Emery (1975) wurden mögliche Ursachen für den sogenannten plötzlichen Kindestod (»cot death«) gesucht, den die Organmedizin bis heute nicht erklären kann. Mit der Folge, daß sie ihn auch nicht durch »Behandlung« verhindern kann. Sie fanden heraus, daß mindestens ein Viertel der Todesfälle auf erkennbare Krankheiten zurückgeführt werden konnten, die bei angemessener mütterlicher Sorge hätten vermieden werden können. Mangelnde mütterliche Sorge kann eine un-

Tabelle 3.2: Säuglingssterblichkeit und Schulbildung bzw. Wissen über Säuglingshygiene

	Mütter mit gestor-benen Säuglingen N = 351	Mütter ohne gestor-bene Säuglinge N = 337
Schulbildung: Analphabeten 7./8. Volksschulklasse absolviert	17,3% 24,9%	10,6% 39,5%
Kenntnisse über Säuglingshygiene: gut/befriedigend unbefriedigend/keine Antwort gegeben	60,8% 36,3%	64,7% 33,1%

(vgl. Fülöp/Manyi 1964, S. 167)

bewußte Reaktion auf die verdrängte Kindesablehnung sein. Wichtige Faktoren wie Wohnverhältnisse, Legitimität und Familiengröße (vgl. z. B. Schwarz 1969, S. 540; aber auch Nissler 1966 und Parnitzke/Prüssung 1966) hatten für die Säuglingssterblichkeit in der Untersuchung von McKeeny und Emery keine größere Bedeutung. Vier andere Faktoren besaßen dagegen erhebliche Relevanz:

»a) Ein allgemeiner elterlicher Mangel, die Bedeutung von Krankheitssymptomen zu erkennen.
 b) Ihre negative Einstellung gegenüber Gesundheitsdiensten und ihre mangelnde Energie, sich ihrer zu bedienen.
 c) Die Form, in der die medizinischen Dienste in manchen Gebieten organisiert sind, fordert von Eltern zu große Anstrengungen und zuviel Durchhaltevermögen, damit die Eltern auf sie aufmerksam werden.
 d) Versagen des Allgemeinarztes, ernstlich kranke Kinder zu erkennen« (McKeeny/Emery 1975, S. 196; vgl. Schwarz 1969, S. 540).

Die ersten drei Faktoren werden besonders unerwünschte Kinder betreffen, da die destruktiven Züge im elterlichen Verhalten nicht geeignet sind, deren Wahrnehmungsfähigkeit für Krankheitssymptome zu schärfen. Drückt sich die Unerwünschtheit eines Kindes im elterlichen Verhalten als distanzierte Gleichgültigkeit, offene Ablehnung oder zwanghafte Überbehütung aus, dann ist es möglich,
1. daß die Eltern nicht rechtzeitig bemerken, daß das Kind krank ist, weil sie zu selten und/oder zu kurzen Kontakt mit ihm haben;
2. daß die Eltern bestimmte Krankheitssymptome, die sich im Verhalten

des Kindes niederschlagen, falsch wahrnehmen und/oder falsch interpretieren, z. B. als Ungehorsam, Quengelei, Trotz etc.;

3. daß die Eltern bewußt oder unbewußt ärztliche Hilfe verzögern oder verweigern; oder

4. daß die Eltern nicht wissen, was richtiges Verhalten ist, weil ihre bewußte oder unbewußte Ablehnung des Kindes sie daran gehindert hat, sich rechtzeitig Informationen für Krisen- und Krankheitsfälle zu beschaffen.

Da die Säuglingssterblichkeit in vielfach bestimmte Strukturen eingebettet ist, die durch eine nur ungenügend erforschte Beziehungs-, Sozial- und Psychodynamik verknüpft sind, kann von »Kausalitätsketten« bei der Säuglingssterblichkeit nicht ausgegangen werden. Allerdings unterstreichen alle einschlägigen Arbeiten aus den letzten dreißig Jahren die große Bedeutung, die der emotionalen Belastung der Kindesmutter zukommt.

Wie Eltern unerwünschte Kinder sehen

Die Gefühle der Eltern und die Zukunft des Kindes

Mit dem Begriff der »Sozialisation« wird versucht, den komplexen Prozeß der Vermittlung kindlicher Bedürfnisse mit der Gesellschaft zu erfassen. Die Eltern gelten dabei als primäre Vermittlungsinstanz. Je nach paradigmatischer Präferenz von Wissenschaftlern werden gesellschaftliche Einflüsse auf die Entwicklung des Kindes unterschiedlich gedeutet. Aus der Fülle von Definitionen dessen, was »Sozialisation« und »Sozialisationsforschung« sei, wird deutlich, wie sehr die Sozialisationstheorien einzelne Vorhaben der empirischen Sozialforschung beeinflußt haben und wie wenig die Erkenntnisse einzelner Ansätze in einem interdisziplinären Rahmen zugänglich gemacht wurden.

Von allen Ansätzen der Sozialisationsforschung – wie sehr sie sich sonst unterscheiden mögen – wird die »prägende, die weichenstellende oder strukturgebende« Bedeutung der frühen Kindheit unterschiedslos anerkannt. »Familiale Sozialisation« bezeichnet dann den elterlichen Anteil an der Entwicklung der Kinder und zugleich den Bezugspunkt des Sozialisationsprozesses. Daß die Familie gleichzeitig als vermittelnde Instanz zwischen Gesellschaft und Kind wirkt und nicht aus sich heraus in imaginierter oder realer Autonomie Erziehungsziele setzt, wird in aller Regel nicht mehr bestritten (vgl. z. B. Caruso 1972, S. 30f.). Unterschiedliche Einschätzungen der gesellschaftlichen Widersprüchlichkeiten, die sich im Mikrokosmos der Familien wiederholen, führen auch bei den Sozialisationsforschern – die ebenfalls alle Kinder mit guten wie schlechten Kindheitserinnerungen sind – zu verschiedenen Interessen.

»Außerfamiliale Gegebenheiten steuern direkt oder vermittelt über die Eltern und insbesondere die Mutter vom Zeitpunkt der Geburt an die Wandlung eines psychophysisch auf engen Pflegekontakt angewiesenen ›Bedürfnisbündels‹ in ein mit bestimmten Wahrnehmens-, Bedürfnis- und Verhaltensbereitschaften ausgestattetes Individuum. Die Eltern haben insofern Mittlerfunktion, als das, was sie (bewußt oder unbewußt) an das Kind weitergeben und von ihm erwarten, selbst Resultat eigener Sozialisationserfahrungen, politischer Funktionsbestimmung der Elternrollen und aktueller Lebensumstände ist« (Milhoffer 1978).

Auch die von Petra Milhoffer beschriebene Mittlerfunktion der Eltern bezieht sich bereits auf ein »mit bestimmten Verhaltensbereitschaften ausgestattetes« Neugeborenes. Es gibt ein Spannungsverhältnis zwischen »nature« und »nurture«, das über die Eltern gesteuert wird.

Die Entwicklung des Fötus wird weitgehend bis zur Geburt noch immer als biologisch determinierter Prozeß gesehen und nicht als einer, auf den durch die Mutter bereits sozial und psychisch Einfluß genommen wird (vgl. Lorenzer 1981; Amendt 1988b, S. 50f.). Die Entwicklung im Uterus ist demnach kein rein biologisch-physiologischer Prozeß, sondern einer, der neben den psychischen Einstellungen der schwangeren Frau ebenso von umlagernden sozialen und ökologischen Verhältnissen Impulse enthält (vgl. dazu die Ausführungen über pränatale Schädigungen von unerwünschten Schwangerschaften).

Da wir die Bedeutung der »Unerwünschtheit« für die Entwicklung der Kinder ermessen wollen, stellen wir den weiteren Ausführungen eine Äußerung von Clausen voran, in der er die möglichen Determinanten für den Verlauf individueller Biographien strukturiert:

»1. Die persönlichen Ressourcen, über die ein Individuum verfügt – Intelligenz, Aussehen, Stärke, Gesundheit, Temperament;

2. die Ressourcen an Unterstützung und Anleitung, die ihm helfen, sich in der Welt zu orientieren, und ihm beistehen, um mit ihr zurechtzukommen;

3. der Zugang zu Lebenschancen oder die Hindernisse im Zugang zu Lebenschancen, wie sie von seiner sozialen Klassenlage, ethnischen Zugehörigkeit, von Alter, Geschlecht oder persönlichen Kontakten oder von den Auswirkungen von Krieg, Depressionen und wichtigen sozialen Veränderungen, die auf die einzelnen Jahrgänge unterschiedlich wirken, beeinflußt werden;

4. persönliche Bemühungen, die das Individuum seinerseits investiert, sein Engagement und die Mobilisierung von Kräften, um die eigenen Ziele zu erreichen« (Clausen 1976, S. 207).

Mit Gewißheit beeinflußt die Unerwünschtheit eines Kindes entweder direkt oder indirekt alle vier Komponenten. Das Zusammenspiel möglicher Psycho- und Sozialdynamiken zu erforschen gehört zu den Aufgaben der Sozialisationsforschung. Wir gehen davon aus, daß die Unerwünschtheit für den Lebensverlauf eines Kindes um so strukturbildender ist, je früher die gefühlsmäßige Ablehnung in der Mutter-Kind-Dyade wirksam wird. Da das Neugeborene in ohnmächtiger Abhängigkeit von der Mutter lebt, liegt es nahe, daß die emotionale Zurückweisung am destruktivsten ist, wenn das Kind ohne die Mutter nicht überlebensfähig ist (vgl. z. B. Schwidder 1975 [3], S. 21; Thalhammer 1967; die Autoren konnten den Zusammenhang für somatische Krankheitsbilder sehr deutlich charakterisieren).

»Im pränatalen Leben vollziehen sich nun ganz ungeheure Wandlungen am reagierenden Organismus; aus einem Einzeller wird das höchst organisierte Lebewesen, das wir kennen. Die tiefgreifenden Unterschiede, die zwischen den verschiedenen Entwicklungsstufen ein und desselben Organismus bestehen, müssen zu einschneidenden Unterschieden zwischen den Krankheitsbildern führen, die aus ein und derselben, aber zu verschiedenen Zeiten wirksam werdenden Schädigung resultieren. Das ist durch zahlreiche Beobachtungen belegt. Eine zwei Monate alte Frucht unterscheidet sich von einer fünf Monate alten unvergleichlich mehr als ein Säugling von einem Greis« (Thalhammer 1967, S. 11).

Die Bedürfnisse des Kindes, die an sein Alter und die darin eingelagerten psychosexuellen Entwicklungsbedürfnisse gebunden sind, spielen eine ebenso große Rolle.

»Das weitaus schnellste Wachstum und die extensivsten Lernerfahrungen des ganzen Lebenslaufes ereignen sich in den ersten Lebensjahren. Abgesehen von der Frage, ob bestimmte Lernformen tatsächlich derart an bestimmte Reifestufen gebunden sind, daß ein Lernversagen auf der dafür vorgesehenen Stufe ein andauerndes Defizit zur Folge hat, ist unbestritten, daß die spätere kognitive, emotionale und soziale Entwicklung zumindest spürbar durch die Ereignisse der frühen Lebensjahre beeinflußt werden« (Clausen 1976, S. 298 f.).

Mit der Entwicklung des Kindes zu größerer Selbständigkeit wächst der Anteil der kindlichen Fähigkeiten, die nicht mehr unter dem direkten Einfluß der Eltern entstehen, sondern von seinen autonomen Anteilen geleitet werden. Je mehr ein Kind seine Umwelt selbständig erkunden kann, desto geringer wird die unmittelbare Abhängigkeit von den Eltern (siehe etwa Schaubild 4.1.).
Der unmittelbare Einfluß, der von der Unerwünschtheit des Kindes auf seine psychische Entwicklung ausgeht, wird mit steigendem Lebensalter geringer. Allerdings werden die frühen Erlebnisse als Teil der intensivsten Erfahrungen der Lebensgeschichte immer, einem roten Faden vergleichbar, alle nachfolgenden Erfahrungen in das bedrückende Licht der emotionalen Zurückweisung eintauchen.
Die Bedeutung anderer sozialer Erfahrungen und Beziehungen nimmt trotzdem mit fortschreitendem Lebensalter zu. Psychische Auswirkungen sind jedoch immer feststellbar, auch wenn die aktuellen Einwirkungen geringer geworden sind oder ganz aufgehört haben. Was weiter wirkt, sind die psychischen Strukturdefizite, die durch die frühen Störungen gelegt wurden: wie z. B. das mangelnde Urvertrauen.

Schaubild 4.1: Die Bedeutung der Mutter-Kind-Dyade
für die Entwicklungsmöglichkeiten des Kindes

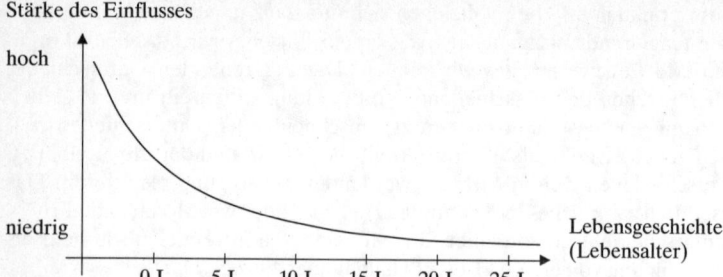

Stärke des Einflusses

hoch

niedrig

Lebensgeschichte
(Lebensalter)

0 J.   5 J.   10 J.   15 J.   20 J.   25 J.

Die Sozialisationsforschung setzt traditionellerweise mit der Untersuchung von Verhaltensweisen ein, die sozial nicht erwünscht sind oder störend wirken. Soziale Verhaltensweisen oder Krankheitszustände können als auffällig gelten. Überzeugende Beispiele dafür sind die Phänomene des Hospitalismus und der Jugendkriminalität. Die Erforschung »abweichender« Verhaltensweisen geschieht in der Regel retrospektiv, wenn »das Kind bereits ins Wasser gefallen ist«. Eine vorausschauende Forschung, etwa im Sinne der Technikfolgenabschätzung, z. B. für die Auswirkungen eines Abtreibungsverbots auf das Schicksal unerwünscht geborener Kinder, ist höchst selten (vgl. Amendt 1988a).

Der Vermittlungszusammenhang von Individuum und Gesellschaft müßte dabei im konkreten Einzelfall nachgezeichnet werden, ohne daß bekannt ist, welche der vielen möglichen Faktoren in welchen Kombinationen und vor allem in welcher familialen und kulturellen Dynamik strukturbildend wirksam werden. Die Mehrzahl der dokumentierten Schriften über das Schicksal von unerwünschten Kindern beruht auf Forschungen, die bereits eingetretene Probleme in der Hoffnung untersuchen, Erkenntnisse zu gewinnen, wie die kindliche Unerwünschtheit sich zumindest zukünftig vermeiden läßt. Ob die Ergebnisse der Forschung berücksichtigt werden, hängt von politischen Bedingungen ab, auf die Wissenschaftler nur eingeschränkten Einfluß haben.

Bei der Erforschung der Folgen der kindlichen Unerwünschtheit geht es andererseits ebenso darum, welches Bild vom »Wesen der Frau und der Mutter« in einer Gesellschaft vorherrschen soll. Sollen Mütter als idealisierte Wesen ihre Existenz fristen, oder soll ein wirklichkeitsgetreues Bild von ihnen möglich sein? Eine sinnvolle Kinderschutzpolitik setzt die Entidealisierung der Mütter voraus. Werden die Folgen der Unerwünschtheit öffentlich diskutiert, so schließt das die Entidealisierung von

»Mütterlichkeit« automatisch ein: Mütter werden als ablehnend und zurückweisend dargestellt, und sie können im Nacherleben der Lebensgeschichte eines jeden einzelnen sowohl als gut wie auch als schlecht zugelassen werden.

Die frühen Mutter-Kind-Beziehungen

Die lebensbefähigende Wirkung der mütterlichen Zuneigung wurde in ihrer ganzen Tragweite erst entdeckt, als die Schädigungen sichtbar wurden, die mit der Störung der frühen Mutter-Kind-Beziehung verbunden sind. Denn der Entzug mütterlicher Liebe führt letztlich zu fortschreitendem körperlichen und psychischen Zerfall des Säuglings. Von der Art und der Dauer des Liebesentzugs und von der Rolle des Vaters hängen die Schädigungen des einzelnen Kindes ab.

Bereits Spitz unterschied unzureichende und ungeeignete Mutter-Kind-Beziehungen. Seine grundlegende These war, daß die psychischen Schädigungen, die im Kleinkindalter beobachtet werden, die Folgen unbefriedigender Mutter-Kind-Beziehungen sind. Es gelang ihm, die von der Psychoanalyse vertretene Auffassung von der frühkindlichen Genese psychischer Störungen in größerem Umfang zu bestätigen: Ungeeignete oder unzureichende Mutter-Kind-Beziehungen wirken krankmachend und lebensgefährdend (vgl. Spitz 1974 [4], S. 218ff.; vgl. auch Bowlby 1952; Ribble 1938 u. 1943; Fries 1946). So fand Spitz gestörte Objektbeziehungen im Säuglingsalter bei fast allen psychogenen Erkrankungen. Spitz schränkte die Gültigkeit seiner Aussagen über die psychopathologischen Wirkungen gestörter Objektbeziehungen im Säuglingsalter jedoch ein:

»Ich behaupte nicht, daß die psychogene Ätiologie dieser Krankheiten durch die Tatsache ausreichend belegt ist, daß es mir gelungen ist, eine Verbindung zwischen spezifischen Störungen der Objektbeziehungen und bestimmten klinischen Krankheitsbildern festzustellen« (Spitz 1974 [4], S. 220).

Die Beziehung von Mutter und Kind nach der Geburt ist ein Forschungsgebiet, das von der Psychologie und anderen Wissenschaftsdisziplinen untersucht wird. Im Vergleich zu anderen Schwerpunkten ist das Schicksal des unerwünschten Kindes jedoch ein Randgebiet der Sozialisationsforschung geblieben. Die Erfassung der subtilen Beziehungen zwischen Mutter und Kind ist für die empirische Forschung noch immer ein Problem, zumal wenn sie den Wahrheitsbeweis ihrer Aussagen weitgehend an methodisch kontrollierte quantitative Aussagen binden will. Die Verhaltensbeobachtung wie die hermeneutischen Verfahren werden diesen

Tabelle 4.2: Ursachen von psychogenen Erkrankungen im Säuglingsalter in ihrem Verhältnis zu den mütterlichen Einstellungen

	Einstellung der Mütter	Psychogene Erkrankung des Säuglings
ungeeignete Mutter-Kind-Beziehung	primäre, unverhüllte Ablehnung	Koma des Neugeborenen
	primäre, ängstliche übertriebene Besorgnis	Dreimonatskolik
	schwankendes Verhalten zwischen Verwöhnung und Feindseligkeit	Hypermotilität (Schaukeln)
	Feindseligkeit in Form von Ängstlichkeit	Neurodermitis des Säuglings
	zyklische Stimmungsverschiebungen	Koprophagie
	bewußte kompensierte Feindseligkeit	aggressiver Hypertoniker
unzureichende Mutter-Kind-Beziehung	partieller Entzug affektiver Zufuhr	anaklitische Depression
	völliger Entzug affektiver Zufuhr	Marasmus

(vgl. Spitz 1974 [4], S. 222)

Anforderungen jedoch nicht ohne weiteres gerecht. Verhaltensbeobachtungen erschließen nämlich immer nur den sichtbaren Teil der Mutter-Kind-Beziehung. Aber selbst der wird noch verkannt, wenn der methodisch geschulte Beobachter Vorgänge nicht wahrnimmt, deren Wahrnehmung in ihm selbst unliebsame affektive Reaktionen auslöst (vgl. Devereux 1973 und Amendt 1988 a).

Mit der Methode der teilnehmenden Beobachtung lassen sich die Reaktionen des Kindes auf das Verhalten der Mutter nur schwer zurückführen. Der Beziehungsaspekt und seine Dynamik sind der teilnehmenden Beobachtung nur schwer zugänglich. Die soziale und psychische Entwicklung des Neugeborenen vollzieht sich zudem in den ersten Tagen und Monaten so rasant und zugleich individuell so unterschiedlich, daß auch herkömmliche Querschnittsstudien diese »Faktoren« nicht berücksichtigen können.

Klaus und Kennell (1976) kommen aufgrund ihrer Untersuchung über die Mutter-Kind-Beziehung zu dem Schluß, daß es in den ersten Minuten nach der Geburt eine sensible Phase gibt, die für die Mutter-Kind-Beziehung und die Entwicklung des Kindes von großer Bedeutung ist. Diese Forschungsergebnisse führten dazu, daß Frauen das »rooming-in« in Geburtskliniken forderten, das ihnen nach Widerständen der Ärzte letztlich zugestanden wurde. Mutter und Kind bleiben nach der Geburt zusammen und behalten zunächst Körperkontakt (vgl. Ruffing 1979, S. 69 ff.). Da diese »Phase« für ein Kind besonders wichtig ist, woran es heute keine Zweifel mehr gibt, muß eine zurückweisende Mutter sich auf die Entwicklung des Kindes außerordentlich negativ auswirken. Wenn Mütter nach der Geburt den körperlichen Kontakt zu ihren Neugeborenen ablehnen, möglichst vermeiden oder verkürzen, so führt das nach Meinung von Klaus und Kennell zu zusätzlichen Schwierigkeiten in der Mutter-Kind-Beziehung (vgl. auch Kennell/Trause/Klaus 1975; das Konzept der »kritischen Perioden« vertritt auch Taft 1978). Die Autoren legten ihren Aussagen eigene empirische Untersuchungen zugrunde. Sie konnten die Bedeutung des frühen und stetigen Mutter-Kind-Kontaktes durch die Ergebnisse anderer Untersuchungen stützen. Als Beispiel führen sie das Schicksal von zu früh geborenen Kindern an.

»Frühgeburten stellen einen unverhältnismäßig hohen Anteil sowohl unter den geschlagenen Kindern (23–31 %) wie denen mit dem Syndrom ›beim Gedeihen zu versagen‹... (25–41 %). Höchst bedeutsam ist, daß Unreife und niedriges Geburtsgewicht oft zu lange andauernder Trennung von Mutter und Kind führen. Eine Trennung des Kindes von der Mutter nach der Geburt kann durch die ablehnende Haltung der Mutter, aber auch durch die Art der medizinischen Versorgung von Frühgeburten in Brutkästen veranlaßt werden. Beides unterbindet lebensnotwendige Kontakte« (Kennell/Klaus 1979, S. 70 f.; vgl. Elmer/Gregg 1967; Shaheen et al. 1968; Skinner/Castle 1969).

An dieser Stelle sei noch einmal darauf hingewiesen, daß die Frühgeburtenraten bei unerwünschten Schwangerschaften überdurchschnittlich hoch sind (vgl. Münchener Perinatal-Studie, 1977, S. 17; siehe auch das Kapitel über Säuglingssterblichkeit bei unerwünschten Kindern). Wenn die von Klaus/Kennell beschriebene affektarme mütterliche Betreuung von Frühgeborenen zu psychischen Schäden führt, so sind die unerwünschten Kinder davon erneut überdurchschnittlich häufig betroffen. Die Tragfähigkeit der Beziehung einer affektiv gewährenden Mutter zu ihrem Kind hängt nämlich entscheidend von einer möglichst widerspruchsfreien, nur geringfügig gefühlsambivalenten Bereitschaft ab, auf die kindlichen Bedürfnisse einzugehen (vgl. Renggli 1974, S. 28 f.; Schwidder 1975 [3], S. 14 ff.) und zu eigenen Kindheitserfahrungen emotional zurückgehen zu können.
Auch bei Moss (1967) steht der Beziehungsaspekt von Mutter und Kind im Vordergrund. Moss analysierte einige der Faktoren, die seiner Ansicht nach die Mutter-Kind-Beziehung bestimmen. Seine zentrale These ist es, daß die Verfassung, in der sich das Kind befindet, das Ausmaß und

die Qualität der mütterlichen Verhaltensweisen beeinflußt. Die Beziehung zwischen Kind und Mutter prägt den Verlauf späteren sozialen Lernens; sie ist bereits selbst gesellschaftlich vermitteltes und Gesellschaftliches vermittelndes Lernen. Moss konnte nachweisen, daß Gefühle der Mutter, die schon vor der Geburt des Kindes bestanden, sich darauf auswirkten, wie aufgeschlossen sie gegenüber kindlichen Bedürfnisäußerungen war. In den Interaktionen zwischen Mutter und Kind – das trifft natürlich auch auf Vater und Kind zu – gilt das Prinzip der gegenseitigen Beeinflussungen. Der körperliche und psychische Zustand des Kindes bestimmt die Art der kindlichen Reaktion auf mütterliche Verhaltensweisen.

»Reagiert das Neugeborene durch Aktivität in Motorik, durch Öffnen der Augen, durch Kopfbewegungen, dann verstärkt die Mutter die Stimulation. Reagiert das Kind hingegen wenig, ist schläfrig, verhält es sich passiv, dann läßt die Mutter in ihrer Zuwendung, mit der Stimulation auch nach, obwohl doch gerade diese Kinder eine Stimulation, ein ›enrichment‹ besonders nötig hätten!« (Lehr 1978, S. 321).

So verwundert es auch nicht, daß überaktive und/oder apathische Verhaltensweisen besonders häufig bei Neugeborenen auftreten, die aus einer stark abgelehnten Schwangerschaft geboren wurden (vgl. dazu Kapitel über pränatale Schädigungen; insbes. vgl. Rottmann 1974). Sobald das Kind nach der Geburt bei der Befriedigung seiner Bedürfnisse so stark eingeschränkt wird, weil es den mütterlichen Erwartungen nicht entspricht, liegt ein äußerst ungünstiger Ausgang für eine lebensfördernde Beziehung zwischen beiden vor. Er wiegt noch schwerer, wenn die Mutter eine feindselige oder gleichgültige Haltung einnimmt. Unerwünschte Kinder werden von dieser nachgeburtlichen Situation doppelt betroffen.

Es sollen nun einige Untersuchungsergebnisse vorgestellt werden, die einen Zusammenhang zwischen der ablehnenden Mutter sowie psychischen und psychosomatischen Schäden der Kinder herstellen. Zuvor gehen wir noch auf die von Caplan (1954) und Beck (1970) beschriebenen Interaktionsmuster ein, die mittelbar mit der Unerwünschtheit der Schwangerschaft zu tun haben, ohne daß die Kinder selbst unerwünscht sind. Die Einstellung zur Schwangerschaft kann sich zum Negativen wie zum Positiven ändern. Selbst wenn Frauen eine Abtreibung suchten, kann die Schwangerschaft bei wesentlichen Veränderungen ihrer psychischen und sozialen Lebensumstände noch akzeptiert werden (vgl. z. B. zum Zusammenhang zwischen Einstellung zur Schwangerschaft und der sozialen Umwelt: Lukesch 1975).

Caplan untersuchte 1954, wie sich versuchte Abtreibungen auf die spätere Beziehung zwischen Mutter und Kind auswirken. Er entdeckte dabei typische mütterliche Verhaltensmuster. Von den 180 Müttern seiner Studie, die Beziehungsprobleme mit ihren Kindern hatten und deshalb am *Lasker Mental Hygiene* und *Child Guidance Center* in Jerusalem behandelt wurden, hatten 16 Mütter ursprünglich beabsichtigt, die Schwangerschaft abzutreiben.

»In den sechzehn Fällen, in denen der Versuch einer Abtreibung fehlgeschlagen oder vereitelt wurde, war das Hauptkriterium für die Behandlung Probleme des Kindes. Sie stellten eine typische Auswahl milder Störungen der frühen Kindheit dar, wie sie gewöhnlich in Kinderkliniken vorkommen – Ernährungsstörungen, aggressives Verhalten, Überabhängigkeit, phobische Ängste, Bettnässen und so weiter« (Caplan 1954, S. 69).

Caplan führte die kindlichen Störungen auf die Interaktion mit der Mutter nach der Geburt zurück. Das Verhalten der Frauen war interessanterweise wesentlich von Schuldgefühlen gegenüber dem Kind geprägt. Ihr Verhalten galt zwar als großzügig, warm und gut. Die Krankheitssymptome der Kinder ließen sich also nicht auf Vernachlässigung, Ablehnung oder Gleichgültigkeit zurückführen. Im Verlauf der therapeutischen Gespräche konnte aufgedeckt werden, daß die Mütter der »Problemkinder« beabsichtigt hatten, die Schwangerschaft abzutreiben. Sie glaubten insgeheim, daß sie ihr Kind durch die medikamentösen Abtreibungsversuche geschädigt hatten.

Kinder, die durch Alkoholmißbrauch oder durch Abtreibungsversuche geschädigt oder mißgebildet geboren werden, lösen mit Gewißheit in noch größerem Ausmaß schwere Schuldgefühle bei Müttern und Vätern aus. Diese Schuldgefühle werden mitunter durch überbehütende Pflege und grenzenloses Verwöhnen kompensiert. Durch diese unbewußt ablaufende Wiedergutmachung sollen die schweren Schuldgefühle gemildert werden. Da das überbehütende Verhalten die elterlichen Schuldgefühle beschwichtigen soll, ist das Behüten zwanghaft und für das Kind nicht weniger schädlich als die verweigerte Sorge und emotionale Zuwendung, wie sie in der Verwahrlosung zum Ausdruck kommt. Überbehütendes elterliches Verhalten ist nicht weniger entwicklungshemmend und zerstörerisch wie z. B. der Liebesentzug. Beck (1970) konnte die verhängnisvollen Auswirkungen mütterlicher Schuldgefühle veranschaulichen:

»Seit der Geburt wußte mein Kind, was ich ihm angetan habe. Wirklich, ich glaube, es ist irgendwie geschädigt worden. Jedenfalls lehnte mein Kind mich von Anfang an ab, das heißt, es verweigerte, die Brust anzunehmen, zu essen oder auf meine Bemühungen einzugehen« (Beck 1970, S. 270, Übersetzung; vgl. auch Beck 1971, S. 62).

So wurde von den Müttern mit schweren Schuldgefühlen kindliches Verhalten wie z. B. Schreien als Rache und Vergeltung wahrgenommen. Jede Äußerung, die von der Mutter als Auffälligkeit empfunden wird, ohne es in einem klinischen Sinne jedoch zu sein, verstärkt wiederum die Schuldgefühle über die versuchte Abtreibung (vgl. dazu Kruse 1974). Es entsteht dadurch der Teufelskreis einer unkontrollierbaren Psychodynamik, die das Mutter-Kind-Vater-Kind-Verhältnis destruktiv gestaltet und alle Voraussetzungen für schwerwiegende Pathologien und Gewalttätigkeiten bietet.

Auf das Schicksal von Kindern, die aus einer gescheiterten Abtreibungsabsicht hervorgehen, hat Jenkins bereits 1954 hingewiesen. Er sah vor allem große Risiken für jene Kinder, die von ihren Müttern gefühlsmäßig abgelehnt werden. Die psychischen Auswirkungen der Ablehnung beginnen demnach mit der Geburt und beeinflussen von Anfang an die Beziehung zur Mutter. Da jedes Kind für seine Entwicklung auf die emotionale Annahme der Eltern, zuallererst jedoch auf die der Mutter angewiesen ist, wirken sich offene und verdeckte Formen der Ablehnung als psychische Zerstörung aus.

Jenkins stellte bei seinen Psychotherapiepatienten einige typische Familienkonstellationen fest, die bestimmte kindliche Krankheitssymptome hervorbrachten (vgl. Jenkins 1954, S. 272). So zeigte die eine Gruppe von Kindern stets feindseliges Verhalten gegenüber anderen Kindern. Dieses Verhalten äußerte sich meist sehr heftig und teilweise brutal. Jenkins beschreibt, daß diese Kinder selten Reue oder Schuldgefühle verspürten. Das hervorstechendste an ihrer Existenz war, daß sie von ihren Eltern offen abgelehnt wurden. Bei den Müttern war diese Ablehnung zum Teil bereits vor oder seit der Geburt des Kindes gegeben. Die feindseligen Eltern blockierten die emotionalen Bedürfnisse der Kinder und setzten gleichzeitig das »Verhaltensmodell«, an dem die abgelehnten Kinder sich selbst gegenüber anderen Kindern orientierten (vgl. Jenkins 1954, S. 272f.). In der zweiten Generation wurde das Verhalten der Elterngeneration wiederholt.

Die andere Gruppe von Kindern, die auffällig angepaßt und gehorsam war, zeigte sich oft besonders empfindsam, eingeschüchtert und entmutigt. Diese Kinder waren ständig in Angst und Aufregung. Das typische mütterliche Verhalten, das von Jenkins für diese Gruppe herausgefunden wurde, zeichnete sich durch ein geringeres Maß an direkter Ablehnung aus und stand damit im Gegensatz zu den Müttern der aggressiven Kinder. Aber trotzdem war die Ablehnung noch deutlich festzustellen. Das ängstliche Kind hoffte ständig auf emotionale Zuwendung und fürchtete ständig den elterlichen Liebesentzug. Die Eltern waren jedoch nicht in der Lage, diesen Kindern emotionale Sicherheit zu vermitteln. Jenkins fand ungesellige, kühle und distanzierte Eltern, aber auch die ablehnende und zugleich überbehütende Mutter und den perfekten, überkritischen Vater (vgl. ebd. S. 273 f.).

Jenkins führte auch das schizoide Verhalten von Kindern auf feindseliges elterliches Verhalten zurück. Die Eltern gewährten ihren Kindern keine eigene Entwicklung und vor allem keine affektive Befriedigung. Die Kinder waren deshalb unfähig, eine emotionale Beziehung zu den Eltern entstehen zu lassen (vgl. ebd. S. 274 f.).

Es gibt etliche Arbeiten, in denen ein Zusammenhang von schizoiden Verhaltensformen und der Schizophrenie als entfaltetem Krankheitsbild mit der erlittenen Ablehnung durch die Mutter oder beide Eltern nachgewiesen wird (vgl. dazu z. B. Atkin 1975; Goldfarb 1967; Masterson/Rinsley 1975; Rieder/Nichols 1979; Ockel 1967, S. 42 f. u. 51).

Lewis überprüfte 1968 Jenkins' Ergebnisse und bestätigte sie im wesentlichen. Auch ihre Ergebnisse führten typische Formen der psychischen Symptombildung der Kinder auf besondere familiäre Konstellationen zurück.

Tabelle 4.3: Der familiäre Hintergrund von Kindern mit Verhaltensstörungen

Hintergrundmuster	Form der kindlichen Verhaltensstörung		
	unangepaßte Aggression	angepaßte Delinquenz	gehemmt, neurotisch
Zurückweisung Vernachlässigung und »schlechte Gesellschaft« Zwang	39 (75%) 5 (10%) 28 (54%)	23 (40%) 43 (75%) 21 (37%)	27 (34%) 5 (6%) 50 (63%)
Insgesamt	52 (100%)	57 (100%)	80 (100%)

(vgl. Lewis 1968, S. 135)

Lewis faßte die Ergebnisse ihrer Forschung in einer sehr plausiblen Schlußfolgerung zusammen:

»Ein Kind, das unerwünscht oder verwaist ist, braucht jemanden, der an die Stelle der natürlichen Eltern tritt. Die Nachteile eines Elternhauses, das keine elterlichen Gefühle kennt und keine beständige Disziplin, Interesse und gesunde Anregung für das Kind bietet, können viele Erscheinungsformen annehmen – Kriminalität, Apathie, neurotisches Verhalten und beständiges schulisches Nachhinken« (ebd. S. 138).

Im Kapitel über mißhandelte Kinder haben wir den fließenden Übergang von Formen der strengen Disziplinierung zur Kindesmißhandlung dargestellt. Mit Sicherheit drücken Eltern ihre ablehnenden oder feindseligen Gefühle sehr verschieden aus. Wenn wir die Ergebnisse der Sozialisationsforschung über Erziehungsstile heranziehen, können wir deren Einfluß auf die Entwicklung der kindlichen Persönlichkeit beschreiben.

Daten über elterliche Einstellungen, die ihr Erziehungsverhalten charakterisieren, werden meist von Einstellungsskalen »abgelesen«, die für die Einstellungserfassung verwendet werden. Eine bekannte Einstellungsskala ist der von Schaefer/Bell (1958) entwickelte PARI-Test: *Parental Attitude Research Instrument*. Die Gültigkeit dieses Tests als Indikator für die tatsächlichen Einstellungen der Eltern ist jedoch umstritten. Diese Kritik bezieht sich aber auf eine grundsätzliche Problematik von Befragungen, die die Tendenz der Antwort nach moralischen und sozialen Normen (*social desirability*) (vgl. Schaefer/Bell 1958; zur Kritik vgl. Gerhart/Geismer 1979) gewichtet.

In verschiedenen Untersuchungen wurden die Dimensionen »Liebe–Feindseligkeit« und »Kontrolle–Autonomie« jedoch als wesentliche Aspekte elterlicher Erziehungseinstellungen beschrieben. Andere Dimensionen sind denkbar. Sie sollen hier jedoch nicht weiter erörtert werden (vgl. z. B. Becker 1964). Schneewind hat 1976 die Zusammenhänge von Erziehungsstil und kindlichem Verhalten, die aus der Sozialisationsforschung bekannt sind, zusammengefaßt. Es liegt im Charakter solcher Zusammenfassungen, daß sie die notwendige Differenzierung für die Erklärung des Einzelfalles nicht mehr zulassen, weil sie erstens von isolierten Einstellungskonstrukten ausgehen und zweitens das kindliche Verhalten nur als mehr oder weniger einseitig reaktives Ergebnis auf elterliche Erziehungsstile betrachten. Dabei geht jedoch die Subjektivität der Kinder verloren, die sicherstellt, daß sie individuelle Bewältigungsstrategien gegen das elterliche Verhalten entwickeln, die bei vergleichbarer Vernachlässigung einmal bei einem Kind zu schweren Störungen, im anderen Fall aber zu einer ausgeklügelten Überlebenstaktik führen. Hinter der Frühreife, also der altersunangemessenen Fähigkeit, Probleme lösen zu können, verbirgt sich recht häufig eine weitreichende Überlebensstrategie. Schneewind trägt die Ergebnisse von Erziehungsstilen über zwei Dimensionen auf (siehe Tabelle 4.4.).

Die affektive Grundhaltung der Eltern legt das Verhältnis zum Kind fest. Die Bedürfnisse eines unerwünschten Kindes werden unter der Konstellation »Feindseligkeit–Kontrolle« sehr rigide eingeschränkt. Unter der Konstellation »Feindseligkeit–Autonomie« bleibt ein unerwünschtes Kind sich selbst überlassen. Die Extremfälle beider Erziehungsmuster finden sich in der »Kindesmißhandlung« und der »Kindesvernachlässigung« wieder.

Sowohl aus der psychiatrischen Praxis wie auch den Erziehungsbera-

Tabelle 4.4: Erziehungsstil und kindliches Verhalten

Dimension affektive Grundhaltung	Dimension Kontrollhaltung der Eltern	
	Kontrolle	Autonomie
Liebe	unterwürfig, abhängig, berechnend, nett, geringe Aggressivität, *wenig* kreativ, sehr nachgiebig	aktiv, unabhängig, sozial aufgeschlossen, kreativ, »erfolgreiche Aggressivität«, fähig zur Rollenübernahme
Feindseligkeit	»neurotische Verhaltensstörungen«, Schwierigkeiten bei der Rollenübernahme, hohe Autoaggressivität, sozial abgelehnt, schüchtern bis streitsüchtig gegenüber Fremden	häufig kriminelles Verhalten, starke Aggressivität, widersetzlich

(vgl. Schneewind 1976, S. 138; vgl. die Übereinstimmung mit den Ergebnissen von Jenkins 1954, S. 272ff.)

tungsstellen liegen Beschreibungen vor, wie psychische oder psychosomatische Störungen von Kindern mit den elterlichen Grundeinstellungen zusammenhängen. Das Datenmaterial stellt vor allem Symptome zusammen. Daumenlutschen, Eßstörungen, nächtliches Aufschreien, Bettnässen und Einkoten sind nur einige Symptome, die auf die Ablehnung des Kindes durch die Mutter (oder andere Bezugspersonen) hindeuten (vgl. Ockel 1967, S. 42ff.; Hoag et al. 1971, S. 255; Nilsson/Almgren 1970; Nilsson et al. 1973; Pierce/Mangelsdorf/Whitman 1969; Bartl 1975, S. 80f.; Thalmann 1974 [2], S. 145, 150f. 250ff.; Jonsson 1967; Jonsson/Kälvesten 1964 [2]).

Schädigungen durch emotionale Verarmung

Wenn Verhaltensstörungen, Jugendkriminalität, mangelnde Schulleistungen oder Alkoholmißbrauch auf frühkindliche Schädigungen zurückgeführt werden, dann charakterisieren viele Autoren die familiäre Situation dieser Kinder mit dem Begriff der »Deprivation«. Der Begriff bezeichnet den Verlust oder den Mangel an grundlegenden Bedürfnisbefriedigungen. Je nachdem, wie die Wissenschaftler die »Grundbedürfnisse« eines Kindes definieren, finden wir Beschreibungen von »sensorischer Deprivation, materneller Deprivation, von pädagogischen Defiziten, partieller Deprivation oder maskierter Deprivation«. Manche Autoren unterscheiden nicht zwischen einzelnen Aspekten der Mangelerfahrung, sondern verwenden die allgemeinere Formel der »frühkindlichen Deprivation«.

In ihrer Monographie über die »psychische Deprivation im Kindesalter« stellen Langmeier/Matejcek (1975 [3]) die historischen Orientierungen der Wissenschaften dar, die sich mit den Problemen der frühkindlichen Erfahrungen beschäftigt haben. Neben etlichen Hinweisen auf antike und mittelalterliche Berichte über ausgesetzte und vernachlässigte Kinder finden wir die neuere Forschungsgeschichte in vier forschungshistorische Phasen eingeteilt:

1. empirische Phase;
2. alarmierende Phase;
3. kritische Phase;
4. experimentell-theoretische Phase.

Zur ersten Phase zählen die tschechischen Autoren Sammlungen von Erfahrungen und Erkenntnissen ohne systematische Analyse. Diese Phase der empirischen Studien – *empirical period* – dauerte von etwa 1850 bis 1940. Hierzu gehören Arbeiten, die unter sozialmedizinischen und philanthropischen Aspekten das Schicksal von Heimkindern mit dem Schicksal von Kindern verglichen, die in ihren Ursprungsfamilien lebten. Die hohen Sterblichkeitsziffern und schweren Verhaltensstörungen von Heim- und Krippenkindern, denen es weder an ausreichender Ernährung noch moderner Hygiene mangelte, führte zur Einsicht, daß Säuglinge und Kleinkinder auch psychische Bedürfnisse haben.

Die Phase der alarmierenden Befunde – *alarm period* – umfaßte vor allem psychoanalytische Arbeiten über die psychische Entwicklung von Kindern unter ungünstigen Lebensbedingungen (Bühler; Hetzler; Spitz; Goldfarb; Bowlby). Sie dauerte von etwa 1930 bis etwa 1950. Der geschichtliche Bezugspunkt dieser Arbeiten war zunächst das Elend der Kinder während des Krieges und der Nachkriegszeit. Das Schicksal der Waisenkinder wurde erstmals auch unter theoretischen Gesichtspunkten in der psychoanalytischen Forschung betrachtet. Offen gebliebene Grundbedürfnisse des Kindes wurden als Ursache psychischer Störungen vermutet.

In der dritten Phase, etwa von 1950 bis 1960, wurde damit begonnen, die Ergebnisse der Deprivationsforschung kritisch zu prüfen – *critical period*. Psychische Deprivation wurde jetzt auch auf die Bedingungen der Familienerziehung bezogen (Howells; Wootton; Robertson). Viele Arbeiten aus dieser Phase beschäftigten sich mit der Frage, warum nicht alle Kinder, die unter schlechten Bedingungen aufgewachsen sind, psychische Schäden davontrugen (Beres/Obers; Lewis; Klackenberg; Pan/Roth). Die Möglichkeiten von präventiven und therapeutischen Eingriffen wurden erörtert (David/Appel; Flint).

Seit 1960 befindet sich die Deprivationsforschung in einer experimentelltheoretischen Phase – *experimental-theoretical period*. Hier werden epidemiologische Arbeiten, die mit exakt ausgearbeiteten Versuchsplänen und Beobachtungstechniken vorgehen, angesiedelt (Spitz; Foss). In dieser Phase wird bereits auf die Formulierung einer Theorie der Deprivation gezielt. Je nach Schwerpunkten der Wissenschaften werden Studien mit neurophysiologischer Orientierung (Walter; Penfield; Magoun; Papez; French), mit ethnologischer Orientierung (Lorenz; Beach; Moltz; King) oder mit lerntheoretischer Orientierung (Liddell; Butler; Gewirtz) vorgelegt. Die tschechischen Untersuchungen zur mütterlichen Deprivation und zum Schicksal der unerwünschten Kinder rechnen Langmeier und Matejcek ebenfalls dieser Phase zu.

»Nach diesen Entwicklungen ist es naheliegend, daß die vierte Phase bereits das wenig zufriedenstellende einfache Modell von Krankheit verworfen hat. Statt dessen wurde es fortentwickelt zu einem psychologischen Konzept, das auf den Erkenntnissen der modernen Psychologie, der Physiologie des zentralen Nervensystems und neuen psychoanalytischen Ideen beruht« (Langmeier/Matejcek 1975 [3], S. 8).

Einige Grundzüge der tschechischen Deprivationsforschung wollen wir kurz darstellen, weil anschließend auf eine Studie zum Schicksal unerwünscht geborener Kinder eingegangen wird, der diese Überlegungen zugrunde liegen. Psychische Mangelerscheinungen definieren Langmeier und Matejcek (1977) als »psychische Deprivation«.

»Die psychische Deprivation ist ein Zustand des Organismus, der als Folge solcher Lebenssituationen entsteht, in denen dem Subjekt nicht in ausreichendem Maße und für genügend lange Zeit die Möglichkeit zur Befriedigung seiner grundlegenden psychischen Bedürfnisse gegeben ist« (Langmeier/Matejcek 1977; S. 12).

Diese Definition umfaßt die individuelle Verarbeitung des Reizmangels, dem das Kind in der Deprivationssituation ausgesetzt ist (vgl. ebd. S. 14). Die tschechischen Wissenschaftler nennen die folgenden Grundbedürfnisse: »1. Bedürfnisse nach einer gewissen Menge und Modalität von Reizen« (ebd. S. 12).
Deprivation bezeichnet die individuelle Reaktion auf den Mangel an solchen Reizen. Andererseits kann die Überflutung mit Reizen für das Kind ebenfalls sehr schädlich sein. »2. Bedürfnis, zu lernen und Erfahrungen zu erwerben, d. h. Bedürfnis nach einer ›sinnvollen Umwelt‹« (ebd.).
In einer wenig stimulierenden Situation lernt ein Kind natürlich auch etwas. Deprivation bedeutet hier, daß zuwenig Anreize erfahren werden, um das Bedürfnis zu lernen zu befriedigen. »3. Bedürfnisse nach primären gesellschaftlichen Beziehungen, welche die Integration der Persönlichkeit des Kindes ermöglichen« (ebd.).

Die beständige positive Beziehung zur Mutter oder einer anderen Bezugsperson ermöglicht dem Kind Erfahrungen, die für die Entwicklung notwendig sind. Ein Mangel an Zuwendung läßt das Bedürfnis des Kindes nach Kommunikation unbefriedigt.»4. Bedürfnis, sich gesellschaftlich geltend zu machen, wodurch dem Kinde die Aneignung differenzierter gesellschaftlicher Rollen und wertvoller Lebensziele ermöglicht wird« (ebd.).

Auswirkungen der Deprivation lassen sich nur im intrakulturellen Vergleich messen. Werden diese Bedürfnisse nicht erfüllt, so die These, muß mit schwerwiegenden Langzeitfolgen für die Entwicklung des Kindes gerechnet werden. Unerwünschte Kinder haben weniger Aussicht, daß diese Grundbedürfnisse erfüllt werden, da sie keine positive und beständige Beziehung zu ihrer Bezugsperson aufbauen können. Entsprechende Schädigungen müßten sich mithin durch Vergleiche mit erwünschten Kindern nachweisen lassen.

Die Langzeitstudie von Matejcek et al. (1975f. u. 1989) stellt einen solchen Versuch dar. Sie vergleicht das Schicksal von unerwünschten Kindern mit dem von Kindern, die erwünscht sind. Verglichen werden körperliche und psychische Gesundheit, soziales Verhalten und Schulleistungen. Diese Arbeit knüpfte an die Langzeitstudien von Höök (1963) und Forssman/Thuwe (1966) an, in denen die Lebensläufe von unerwünscht geborenen Kindern untersucht wurden. Auf die Ergebnisse der zuletzt genannten Untersuchungen gehen wir in dieser Arbeit an verschiedenen Stellen ein. Über die Ergebnisse des tschechischen Forschungsprojektes berichten wir ausführlicher, weil es die umfangreichste Datengrundlage bietet.

Matejcek et al. definierten ein Kind dann als unerwünscht, wenn eine Frau vergeblich einen Antrag auf Abtreibung gestellt hatte, das Berufungsverfahren vor der zuständigen Kommission ohne Erfolg geblieben war und die Schwangerschaft ausgetragen werden mußte. (Die Situation ist der Abtreibungsregelung in der ČSSR angepaßt.) Die Autoren nahmen mit dieser Definition ausdrücklich in Kauf, daß sich die Einstellung der Frau zu ihrem Kind im Verlauf der Untersuchung noch verändern kann. Sie wollten die Ausgangssituation von Kindern erforschen, die aus unerwünschten Schwangerschaften hervorgehen.

In den Jahren 1971 bis 1974 wurde in Prag eine Gruppe von 220 Kindern untersucht, die in den Jahren 1961 bis 1963 aus unerwünschten Schwangerschaften geboren wurden. Paarweise wurden dazu 220 Kontrollkinder ausgewählt. Sie wurden aus Schwangerschaften geboren, die von den Frauen positiv aufgenommen oder wenigstens neutral akzeptiert worden waren. Die Auswahlkriterien für den Paarvergleich waren Alter des Kindes, Geschlecht, die gleiche Schulklasse, der Platz in der Reihenfolge der Geschwister, die Zahl der Geschwister, der Familienstand der Mutter

und der Beruf des Vaters (vgl. Matejcek/Dytrych/Schüller 1975, S. 245). Die Gruppe der unerwünschten Kinder und die Gruppe der Kontrollkinder bestanden jeweils zur Hälfte aus Jungen und Mädchen.
Dabei fiel folgendes auf: Die unerwünschten Kinder wurden entweder häufiger gar nicht gestillt oder häufiger kürzer gestillt als die Kontrollkinder (siehe Tabelle 4.5). Wegen der intensiven »Betreuung« der unerwünschten Schwangerschaften im Rahmen der Vorsorge trat das paradoxe Ergebnis ein, daß bei den Kontrollkindern kurz nach der Geburt häufiger psychische Verhaltensauffälligkeiten auftraten. Es handelt sich um ein beeindruckendes Beispiel dafür, wie Forschung Verhalten von Menschen unmittelbar beeinflussen kann (vgl. Matejcek/Dytrych/Schüller 1978, S. 76 f.).

Tabelle 4.5: Brustnahrung bei unerwünschten und Kontrollkindern ($P < 0,025$)

	Unerwünschte Kinder (N = 220)	Kontrollkinder (N = 220)
Dauer des Stillens:		
kürzer als 2 Wochen	20,0%	11,7%
3 bis 8 Wochen	34,6%	48,7%
9 bis 12 Wochen	34,7%	22,5%
länger als 12 Wochen	10,7%	17,1%

(vgl. Matejcek/Dytrych/Schüller 1978, S. 77)

Die unerwünschten Kinder waren häufiger als die Kontrollkinder stark erkrankt, so daß ihre Mütter auf ärztliche Hilfe angewiesen waren. Keine signifikanten Unterschiede zwischen den Gruppen gab es hinsichtlich längerer Krankheiten, der Unfallbelastung oder der Krankenhausaufenthalte, obwohl die absoluten Zahlen eine höhere Belastung für die unerwünschten Kinder aufzeigten (siehe Tabelle 4.6).

Tabelle 4.6: Gesundheitszustand der unerwünschten und der Kontrollkinder

	Unerwünschte Kinder	Kontrollkinder	p <
Akute Krankheit:			
nicht oder selten	24,1%	30,3%	
durchschnittlich	55,9%	58,0%	0,05
häufig	20,0%	11,7%	

(vgl. Matejcek/Dytrych/Schüller 1978, S. 77 f.)

In der Beurteilung der unerwünschten Kinder durch ihre Mütter machten diese häufiger geltend, daß ihre Kinder ungezogen, störrisch und schlecht gelaunt seien, als die Mütter der Kinder aus der Kontrollgruppe. Die tschechischen Wissenschaftler befragten unter anderem auch die Lehrer der Kinder. Ihre Angaben und die der Mütter wurden zusammengefaßt. Es fiel auf, daß unerwünschte Kinder neue Lehrer eher ablehnten, während die Kontrollkinder sie eher akzeptierten. Die Lehrer schätzten das soziale und kognitive Verhalten der unerwünschten Kinder durchgängig schlechter ein als das der Kontrollkinder. Die unerwünschten Kinder zeigten vor allem in der Muttersprache geringere Leistungen, sie wurden deutlich häufiger von ihren Schulkameraden als »Freund« abgelehnt, sie wurden häufiger als die Kontrollkinder als »Feigling«, als »frech« und als »clownhaft und angeberisch« bezeichnet (vgl. Matejcek/Dytrych/Schüller 1978, S. 78; vgl. dieselben 1975, S. 239; 1988, S. 87f.).

Die auffälligen Mängel in der Sprachentwicklung können mit dem geringeren Maß mütterlicher Zuwendung und Beschäftigung mit dem unerwünschten Kind erklärt werden (vgl. Pollack 1979, S. 56; vgl. zur Sprachentwicklung unter spezifischen Lebensbedingungen: Luria/Yudkovitch 1959 oder Bernstein 1965).

Langmeier/Matejcek (1977) betonen, daß die Unterschiede zwischen den beiden Gruppen in keinem der untersuchten Faktoren so groß sind, daß ein unabhängiger Beobachter durch Verhaltensbeobachtung ein unerwünschtes Kind zuverlässig identifizieren könnte. Wenn die Unterschiede nach dem Geschlecht differenziert werden, so sind sie bei den Jungen weitaus deutlicher als bei den Mädchen. Die unerwünschten Mädchen zeigten sich gegenüber den Jungen ihrer Gruppe dominanter, waren selbständiger und konnten ihre Ansprüche besser durchsetzen. Bei den unerwünschten Jungen traten häufiger eine schlechtere Arbeitshaltung und ein niedrigeres Anspruchsniveau auf. Sie neigten eher dazu, sich auf indirekten Wegen soziale Anerkennung zu verschaffen. Die unerwünschten Jungen wurden auch häufiger als die unerwünschten Mädchen als leicht erregbar und ungehorsam beschrieben (vgl. Matejcek/Dytrych/Schüller 1975, S. 306; vgl. dies. 1978, S. 79ff.). Nach 18 Jahren Langzeitstudie über das Schicksal unerwünschter Prager Kinder kommen die Autoren 1988 zu folgendem Resümee:

»Die Ergebnisse, die bis zur Adoleszenz zusammengetragen wurden, legen es nahe, daß Unterschiede in der Entwicklung der Kinder bis in die Adoleszenz hineinreichen; und zwar bei jenen Müttern, deren Kinder trotz zweimaliger Abtreibungsverweigerung für ein und dieselbe Schwangerschaft geboren wurden (S. 90)... Unterschiede zwischen diesen Kindern und jenen, die nach einer erwünschten Schwangerschaft geboren wurden, haben mit der Zeit beständig zugenommen. Sie haben die Lebensqualität in der Adoleszenz und dem frühen Erwachsenenalter beeinträchtigt und vielleicht werfen sie sogar einen Schatten auf die nächste Generation (S. 102)« (vgl. Dytrych/Matejcek/Schüller 1988).

Auch David zieht 1988 im Rückblick auf die schwedische Langzeitstudie von Forssman und Thuwe sowie die Studien von Arfwidsson, Blomberg, Hultin und Ottoson aus den 60er Jahren folgenden Schluß: »Blomberg beobachtete, daß alle Unterschiede in dieser Studie, ob sie statistisch signifikant waren oder nicht, durchgängig zum Nachteil der ungeplanten Kinder sich auswirkten« (David 1988, S. 52).

Geschlechtsspezifische Unterschiede in der Entwicklung von unerwünschten Kindern wurden von den schwedischen Forschern Höök (1963) und Forssman/Thuwe (1966 u. 1988, S. 37f.) ebenfalls festgestellt. Die Jungen waren im Vergleich zu den Mädchen in fast allen affektiven und kognitiven Verhaltensbereichen im Nachteil. Ob dieser Nachteil als biologisch determinierter Entwicklungsrückstand von männlichen Säuglingen (vgl. Stechler 1964; Serr/Ismajovich 1963; McDonald et al. 1963), als Ausdruck geschlechtsspezifischer Sozialisationsstile oder als spezifischer Ausdruck negativer Einstellungen und Gefühle von unerwünscht schwangeren Frauen gegenüber dem männlichen Geschlecht interpretiert werden kann, soll hier nicht abschließend erörtert werden (vgl. Moss 1967). Mit Sicherheit dürfte es sich aber um Ergebnisse von »nurture« und nicht »nature« handeln.

Wenn wir die Kumulation von Negativfaktoren in der Prager Langzeitstudie betrachten, werden die Unterschiede zwischen den unerwünschten Kindern und den Kindern aus der Kontrollgruppe sehr deutlich. Auf der Skala zum sozialen Fehlverhalten – *maladaptation score* – erhielten die unerwünschten Kinder höhere Werte als die erwünschten Kinder (vgl. Matejcek/Dytrych/Schüller 1976, S. 99–112, u. 1988, S. 93f.). Die Kinder waren für diese Untersuchung nach strengen sozioökonomischen und demographischen Kriterien ausgewählt worden. Auch ihre Mütter mußten im Paarvergleich zum Zeitpunkt der Geburt in Lebensalter, der Zahl der Kinder, der materiellen Lebenslage und Wohnsituation vergleichbar sein. Die Forscher wollten damit sicherstellen, daß auftretende Verhaltensveränderungen auf psychologische Besonderheiten in der Beziehung des Kindes zu seinen Eltern zurückgeführt werden können. Diese Vorgehensweise ist nicht unproblematisch. Es ist zwar eine originelle Art, die Existenz psychischer Prozesse zu »beweisen«, aber in einer Langzeitstudie muß mit Veränderungen der äußeren Lebensbedingungen gerechnet werden. So veränderte sich in der Prager Studie die Situation von Familien, in denen ein unerwünschtes Kind lebte, häufiger als von Familien mit erwünschten Kindern. Die Mütter veränderten häufiger ihren Familienstand: Sie ließen sich öfter scheiden, und die unerwünschten Kinder lebten häufiger mit einem Stiefvater zusammen als in Familien mit erwünschten Kindern. Die Beziehung zwischen den Ehepartnern wurde von den Müttern häufiger negativ beschrieben als in den Kontrollfamilien. Wir können daraus folgern, daß allein durch die Existenz eines unerwünschten Kindes sich die soziale und ökonomische Situation der Familien verändert hat, so daß sich Unterschiede zwischen der Gruppe der unerwünschten und der Kontrollkinder nicht ausschließlich auf die unmittelbar psychischen Dimensionen der Ablehnung beziehen lassen (vgl. Nigro 1976, S. 51).

Die Atmosphäre der Kindesablehnung deutet auf unbewußte Verarbeitungsmechanismen und Psychodynamiken hin, die sich auch auf die äußeren Familienverhältnisse auswirken. Wie diese Auswirkungen sich psychodynamisch gestalten, zeigt die Prager Studie nicht. Erkenntnisse zu diesem gewiß sehr interessanten Aspekt wären durch eine psychoanalytisch orientierte familientherapeutische Forschung zu gewinnen. Die Ergebnisse der Prager Studie faßten Dytrych/Matejcek/Schüller/David/Friedman (1975) in ihrem Artikel »Children born to Women Denied Abortion« noch einmal zusammen:

»Erzwungenes Gebären hat unterschiedliche und manchmal nachteilige Konsequenzen für das anschließende Leben der Kinder... Die größere Häufigkeit von Krankheiten und Krankenhausaufenthalten... die geringfügig schlechtere schulische Leistung wie deren Beurteilung, die etwas schlechtere Integration in die ›Peer group‹ – all das deutet auf eine erhöhte Risikolage von unerwünschten Kindern hin, aber auch für ihre Familien und die Gesellschaft« (ebd. S. 155).

Diese Beurteilung bestätigt die Forschergruppe in ihren 1988 veröffentlichten Ergebnissen zur *Adoleszenz* der unerwünschten Kinder.
Ob nun aber die mangelnde Stabilität der familiären Konstellation, nämlich die negativere Einstellung der Mütter zu ihren unerwünschten Kindern, eine stärkere subjektive Belastung dieser Mütter oder gar ein isolierter Faktor »Unerwünschtheit« für die schlechteren Testergebnisse und Einschätzungen der unerwünschten Kinder ausschlaggebend war, ist nicht mit Sicherheit zu sagen (vgl. zur Aussagekraft der bisherigen Ergebnisse der Deprivationsforschung z. B. Moog/Moog 1979 [4], S. 70; und Nitsch 1978, S. 62).

Unerwünscht und mißhandelt

Historische Anmerkungen

Obwohl Kinder seit Menschengedenken mißhandelt und getötet wurden, ist die Kindesmißhandlung erst zum Ende des 19. Jahrhunderts zum Problem moderner Industriegesellschaften geworden. Dem neuen Problembewußtsein entsprach dann auch eine allmählich einsetzende moralische Verurteilung der Mißhandlung von Kindern. In diesem Zusammenhang wurde auch die Kinderarbeit diskutiert.

Das Interesse des Staates am Schutz der Kinder ist ebenfalls ein junges Phänomen. Wir werden deshalb den gesellschaftlichen Hintergründen nachgehen, warum staatliche Institutionen dafür eintraten, die Kindesmißhandlung zu unterbinden. Wir werden beschreiben, wie sich die Erforschung der alltäglichen Phänomene der Gewalt und des Mißbrauchs an Kindern entwickelt hat. Anschließend skizzieren wir die Situation in der Bundesrepublik Deutschland. Nach einer Übersicht über die Modelle, mit denen die Kindesmißhandlung erklärt wird, wollen wir der Behauptung nachgehen, daß gerade unerwünschte Kinder der Gefahr ausgesetzt sind, besonders häufig Opfer elterlicher Mißhandlung zu werden.

Gewaltförmigkeit der Erziehung ist nicht neu. Seit Tausenden von Jahren ist es eine Selbstverständlichkeit, daß Erwachsene auf die körperliche und seelische Entwicklung des Kindes Einfluß nehmen. Üblicherweise geschah das mit roher Gewalt. Es ist ein Phänomen der Moderne, daß dieser Einfluß auch mit subtiler psychischer Gewalt ausgeübt wird. Diese neuen Formen passen allerdings nicht mehr so ohne weiteres in unsere tradierte Vorstellung von elterlicher Gewalttätigkeit (vgl. De Mause, 1979).

Zur Erziehung der Kinder gehörte, so paradox und erschreckend das für uns heutzutage klingt, daß sie als Konsequenz der erzieherischen Einwirkung nicht nur getötet wurden, sondern daß sie sogar gerechtfertigterweise getötet werden durften.

Aber was ist es, was Eltern heutzutage gewalttätig werden läßt? Die Gründe sind mannigfaltig und immer nur aus der familiären oder der Einelterndynamik rekonstruierbar. Kausale Faktoren ohne Einbettung in die Beziehungsdynamik gibt es nicht. Es sind auch nicht angebbare Erziehungsstandards, welche die Gewalt als logisches Instrument einschließen. Es ist vielmehr die innerpsychische Beteiligung der Eltern an

der Entwicklung ihres Kindes und die Wiederkehr der eigenen Kindheitserfahrungen, die sie mit dem eigenen Kind »nicht fertig« werden läßt.

Allzuoft wird übersehen, daß viele Eltern die Grenzenlosigkeit der kindlichen Wunschwelt, die ihnen Tag für Tag entgegentritt, nur schwer mit
den eigenen Formen der Wunscherfüllung und Triebregulierung in Einklang bringen können. Die Grenzenlosigkeit der kindlichen Wünsche
und Phantasien überschwemmt sie mit Angst und der Furcht, die Grenzen zum gesellschaftlich Zulässigen selbst nicht mehr einhalten zu können. In der Gewalt errichten sie einen Damm gegen die Flut kindlicher
Grenzenlosigkeit.

Aber nicht weniger gewaltträchtig ist die umgekehrte Neigung, eigene
Wunschvorstellungen, nicht selten solche, die während der elterlichen
Kindheit unerfüllt geblieben sind, auf die Kinder zu projizieren. Sie müssen auf »Biegen und Brechen« die Erfüllung dieser Wünsche übernehmen
und entsprechend »geraten«.

Bei Beziehungsproblemen zwischen Eltern und Kindern geht es aber
nicht nur um die grenzenlose Wunschwelt der Kinder, sondern um die
Kränkbarkeit der Erziehenden und die Versagungen, die sie selber als
Kinder erlitten haben. Die Grenzen, die den Erwachsenen in ihrer Kindheit gezogen wurden, dürfen im Regelfall auch die eigenen Kinder nicht
übertreten. Zu groß ist bei den Erwachsenen noch die Angst vor der
Strafe, die ihnen in ihrer Kindheit angedroht wurde oder die sie ereilt hat
und von der sie sich als Erwachsene paradoxerweise, da die strafenden
Eltern nicht mehr existieren, immer noch nicht befreien können.

Das Recht auf Gewalt ist verbürgt, und die Tötung von Kindern war sogar
rechtens. So wurde noch im frühen 16. Jahrhundert im nordamerikani-
schen Massachusetts unter dem »Stubborn Child Act« Eltern das Recht
eingeräumt, ihr Kind zu töten, wenn es rebellisch und ungehorsam war
(Bremner, 1970).

In der Geschichte der Menschheit war die Kindestötung offensichtlich
eine »regulative Notwendigkeit«, die das Überleben bei knappen Ressourcen einer feindlichen Natur möglich zu machen schien. So war es eine
geschichtlich übliche Praxis, Geburtenüberschüsse durch Aussetzung
oder Tötung »überzähliger Kinder« zu regulieren – in diesem Sinne unerwünschte Kinder zu vernichten.

Die Kindestötung hatte andererseits auch kulturelle wie dynastische Bedeutung. Berühmte Beispiele der Kindesaussetzung sind die Geschichten
von Romulus und Remus oder von Ödipus und Moses (vgl. auch Pollak
1978, S. 151, 281 f.; Walker et al. 1988).

Diese Formen, die Zahl der Geburten zu begrenzen, wurden erst in Frage
gestellt und schließlich verboten, als es gesellschaftlich geboten erschien,
»sich nicht voreilig neuer und unverbrauchter Arbeitskräfte zu entledigen, wenn es gilt, den Fortgang der Arbeit und die Sicherung des Besitzes

zu garantieren« (Wolff 1975, S. 17). So ist die Kindestötung noch heute als eigenständiger Straftatbestand im Strafgesetzbuch (§ 221 StGB) der Bundesrepublik enthalten (vgl. auch Heinsohn/Knieper 1976[2.], insbes. S. 61–64; Zenz 1978, S. 18ff.).

Das Verbot der Kindestötung und vor allem seine weitgehende Einhaltung ist eine recht moderne Kulturerrungenschaft, die allerdings brüchig ist. Sie muß beständig in jedem einzelnen erst wieder erschaffen werden. Die modernen Kulturen haben dazu besondere Mechanismen institutionalisiert, um den Rückfall in die Barbarei der Kindestötung zu verhindern. Es sind kulturelle Reaktionsbildungen, mit denen der ständigen Kindesgefährdung entgegengearbeitet wird. Das Prekäre wird »naturalisiert«.

So wird die Zerbrechlichkeit der Elternliebe in dem eigenartig anmutenden Gebot verleugnet, daß die Mutterliebe die »natürliche Zuneigung« zum Kind zu sein habe. Jede mütterliche Regung, die modifizierend wirken könnte, wird durch die beständige Idealisierung von Mütterlichkeit unterbunden. Zugleich wird die Geschichte der ambivalenten Mütterlichkeit verleugnet und bleibt ungeschrieben. Ariès (1975) vermerkt im Hinblick auf die verschwiegene Geschichte der Kindestötung im Vorwort zur »Geschichte der Kindheit«, falls er diese nochmals zu schreiben hätte, »... würde ich die Aufmerksamkeit auf ein Phänomen lenken, über das man jetzt mehr in Erfahrung zu bringen beginnt: auf den geduldeten Kindesmord, der sich bis gegen Ende des 17. Jahrhunderts hartnäckig gehalten hat« (Ariès ebd., S. 54).

Die uneingeschränkte Verfügungsgewalt der Eltern über ihre Kinder bezog sich, mit Ausnahme des Tötungsrechts, auf die »Zurichtung der Kinder« für ihren Einsatz als Arbeitskräfte oder als Erben in der Gemeinschaft des »Ganzen Hauses«. Das Recht, bei der Erziehung der Kinder Gewalt auszuüben, galt zunächst uneingeschränkt und bezog sich stets zugleich auf die gemeinsamen Arbeitsprozesse des »Ganzen Hauses«. Mit der Verallgemeinerung der kapitalistischen Produktionsweise wurde schrittweise die Trennung zwischen kapitalistischer Lohnarbeit und der privaten Familie durchgesetzt. Kinder galten in den Familien der Lohnarbeiter fast ausschließlich als Kostenfaktoren – als »hungrige Mäuler, die zu stopfen waren«; durch Arbeit in Fabriken mußten sie zum Lebenserhalt der Familie beitragen.

Die rücksichtslose Ausbeutung der Kinder in Fabriken und elterliche Gewalttätigkeit führten zu deren zweifacher Unterdrückung. Einerseits wurden sie von ihren Eltern zur Hausarbeit herangezogen und andererseits durch Mißhandlung, Vernachlässigung und grausame Arbeitsbedingungen in ihrer Entwicklung so sehr geschädigt, daß sie als Erwachsene physisch nicht mehr in der Lage waren, den Anforderungen der Industriearbeit zu genügen. Die Anfänge der Kinderschutzgesetzgebung, die diese

Gefahr vermeiden sollte, stammen aus dem letzten Drittel des 19. Jahrhunderts. Sie richteten sich gegen den übermäßigen Verschleiß von Kindern durch Fabrikarbeit und gleichermaßen gegen uneinsichtige Unternehmer wie Eltern, die »ihre Kinder zu reinen Maschinen ... machen, um soundso viel wöchentlichen Lohn herauszuschlagen« (Children's Employment Commission, V. Report, 1866, S. IIV; zitiert nach: Marx, Das Kapital, Bd. 1, Marx-Engels-Werke, Bd. 23, Berlin [DDR] 1974, S. 513; Bremner 1970).

Das Recht des Kindes auf körperliche und seelische Unversehrtheit ist erst allmählich gegen den Widerstand kapitalistischer Unternehmer und gegen die Interessen elend lebender Familien von politischen Bewegungen zum Schutz der Kinder postuliert worden. Das geschah, als die Kindererziehung durch Mißhandlung, durch gesundheitlichen und sittlichen Verschleiß so sehr in Frage gestellt war, daß sogar die Reproduktion der Gattung langfristig nicht mehr gesichert schien. Ohne Zweifel war dabei von Bedeutung, daß Frauen, die schrittweise von der Lohnarbeit zur Sicherung der Subsistenz der Familie befreit wurden und sich allein der Haushaltsführung und Kindererziehung widmen konnten, mehr verfügbare Zeit, günstigere Lebensbedingungen und eine höhere Motivation für die Kindererziehung hatten. Sie maßen in einem allmählich sich ausbreitenden Prozeß der selbst gesetzten Leistungsüberprüfung die Güte ihrer Erziehungsarbeit daran, ob die Kinder jenseits des körperlichen Gedeihens, was damals bereits eine beachtliche Leistung darstellte, Ansätze schulischen Erfolgs und der Arbeitsmotivation erkennen ließen. Heute erschöpft sich mütterliche Erziehung mitunter im Extrem in der außenorientierten Leistungsmessung.

Wenn wir in diesem Kapitel Untersuchungsergebnisse zur Kindesmißhandlung darstellen, so beziehen sie sich ausschließlich auf elterliche Mißhandlungen, die sich im Rahmen der »privaten« Familie ereignen. Wir werden weder die staatlichen Gewaltförmigkeiten im schulischen Erziehungsprozeß untersuchen noch deren Metamorphosen in psychische Unterwerfungsvorgänge. Es geht um den Mißbrauch der elterlichen Gewalt, der immer dann unter gesetzliche Strafandrohung gestellt wird, wenn die Kindererziehung – mit dem Ziel der »leiblichen, seelischen und gesellschaftlichen Tüchtigkeit« – gefährdet erscheint. Im Laufe der Zeit hat die Einsicht in die unliebsamen Auswirkungen der Mißhandlungen zu zahlreichen Kinderschutzmaßnahmen geführt. Diese Entwicklung ging einher mit der Professionalisierung der Kindererziehung in öffentlichen Einrichtungen wie Kindergärten, Horten, Schulen etc. und erhielt von dort wesentliche Impulse für die Gesetzgebung.

Erst als Ärzte in Fachzeitschriften und Kongressen ihre Beobachtungen veröffentlichten, daß körperliche Schädigungen von Kindern auf elterliche Mißhandlungen hindeuten und nicht nur durch Fremde verursacht werden, wurde allmählich das verbreitete Phänomen der innerfamiliären Kindesmißhandlung intensiver erforscht.

Wie eigentümlich gebrochen noch heute das Verhältnis vieler Eltern zur gewaltsamen Erziehung ist, zeigt sich an der Naivität, mit der sie ihren Kindern den Struwwelpeter des deutschen Arztes Dr. Heinrich Hoffmann vorlesen. In diesem Bilderbuch eines sadistischen Vaters muß das Kind verhungern, das seine Suppe nicht essen will, das Mädchen, das mit dem Feuer spielt, verbrennen, und dem Daumen lutschenden Knaben wird der Daumen – den Penis symbolisierend – mit der Schere abgeschnitten.

Auch wenn die Episoden der Gewalttätigkeit durch die bildhafte Darstellung komisch erscheinen, so sind sie doch unübersehbare elterliche Gewaltandrohungen für unartige Kinder. Die elterliche Naivität ist ein Indiz ihrer noch wirksamen Fixierungen auf die Drohung der eigenen Eltern. Zumindest auf der Ebene ihrer unbewußten Phantasien und Kindheitserlebnisse sind sie noch ihren strafenden Eltern verbunden – sie sind trotz liberaler Erziehungsrhetorik in ihrer Gefühlswelt zur Gewalt und zur Drohung bereit.

Die Gewalt in der Erziehung ist alltäglicher und selbstverständlicher, als wir annehmen. Ihre Überwindung ist wahrlich mehr und gewiß anstrengender als die Lektüre von Schriften, die für die Gewaltfreiheit in der Erziehung plädieren. Die humane Gesinnung gegenüber Kindern ist fragil und ambivalent in dem Sinne, daß die Liebe nahe bei der Gewalt liegt und die elterliche Gewalterfahrung der Kindheit, solange sie unbearbeitet bleibt, jene schreckliche Wiederholungsneigung hat, der wir uns hilflos trotz guter Absichten ausgesetzt wähnen.

Die Gewalt ist selbst in den liebevollen Routinen des Märchenerzählens enthalten, also jenen Situationen, in denen Eltern sich ihren Kindern besonders nahe fühlen (vgl. Der Antistruwwelpeter, F. K. Waechter 1982).

Der Beginn der modernen Sensibilität für die Belange der Kinder wird für die USA auf das Jahr 1874 datiert (Bremner 1970). Das bedeutete allerdings nicht, daß das Problem auch erforscht wurde. Die Wissenschaft nahm sich des Problems erst an, als private Organisationen zum Schutz der Kinder Mißhandlung zum politischen Thema erhoben hatten. Vor allem die Ergebnisse der frühen Untersuchungen von Caffey (1946), Silverman (1953), Kempe (1962) und Fontana (1964) begründeten weltweit interdisziplinäre Forschungsprojekte, die Phänomene der Kindesmißhandlung systematisch untersuchten.

Anfangs wurden die Erscheinungsweisen und die möglichen Ursachen der Kindesmißhandlung unter medizinisch-psychiatrischen und rechtlichen Fragestellungen, später auch unter sozialwissenschaftlichen und pädagogischen Aspekten erforscht. Es waren einzelne Ärzte, die sich dieser Frage widmeten. Die Mehrheit des Standes der Mediziner verleugnete die Manifestationen elterlicher Gewalt im professionellen Alltag und praktizierte sie im privaten Bereich wie der Rest der Gesellschaft. Heute wissen wir, daß elterliche Gewalttätigkeit nicht auf die unteren sozialen Schichten beschränkt ist, wie gelegentlich entlastend angeführt wird, sondern in allen sozialen Schichten der Gesellschaft praktiziert wird. Allerdings sind die Gewaltformen schichtspezifisch wie andere Besonderheiten der Kindererziehung ebenfalls.

Im Vergleich zu den USA und Schweden ist die Erforschung der Kindesmißhandlung in der Bundesrepublik ausgesprochen unzureichend. Grundlegende Arbeiten aus den USA und England wurden erst allmählich und mit beträchtlicher Verzögerung für die öffentliche Diskussion trotz einer zwischenzeitlich vollentbrannten Presseberichterstattung über die Kindesmißhandlung zugänglich gemacht. Bezeichnenderweise wurde das bereits 1968 von Helfer/Kempe verfaßte Buch »The Battered Child« erst zehn Jahre später in einer deutschen Übersetzung vorgelegt. Das Buch gründet auf den reichen Erfahrungen des international angesehenen »National Center for the Prevention and Treatment of Child Abuse and Neglect« in Denver, Colorado (USA). In der Bundesrepublik erschienen lange Zeit lediglich vereinzelte kriminologisch-statistische Arbeiten und klinische Fallbeschreibungen von Gerichtsmedizinern und Kinderärzten zur Kindesmißhandlung. Sie vermochten jedoch nie öffentlichkeitswirksam zu werden.

Erst Mitte der 70er Jahre beschäftigen sich Sozialwissenschaftler, Psychologen und Psychoanalytiker in praktischer Forschung mit der Kindesmißhandlung, um Erkenntnisse zu gewinnen, mit denen Eltern daran gehindert werden können, in ohnmächtig erlebten Situationen Gewalttätigkeit als Erziehungsmittel einzusetzen (vgl. dazu Bast et al. 1975 und Menzel, 1975, vor allem aber auch Wolff/Beiderwieden 1975).

Kindesmißhandlung in der Bundesrepublik

Gewalt gegen Kinder wird heute folgendermaßen definiert: »Kindesmißhandlung stellt eine nicht zufällig gewaltsame physische und/oder psychische Beeinträchtigung oder Vernachlässigung des Kindes durch die Eltern oder Erziehungsberechtigten dar, die das Kind schädigt, verletzt, in seiner Entwicklung hemmt und gegebenenfalls zu Tode bringt« (Wolff 1975, S. 24; vgl. auch Koers 1975, S. 298).

Wie bei allen gesellschaftlich tabuierten Problemen taucht die Frage auf, ob das Phänomen in den letzten Jahren häufiger geworden ist oder ob das allmählich sich verbreitende Unrechtsbewußtsein dazu führte, daß gängige Praxis ans Licht des Tages geriet und die Dunkelziffer sich lediglich lichtet.

Eine Zunahme der Kindesmißhandlungen läßt sich damit nicht ohne weiteres begründen. Die amerikanische Autorin Clarence Eugene Walker geht sogar davon aus, daß es heute weniger Kindesmißhandlungen als in der Vergangenheit gibt, ohne allerdings deshalb die augenblicklichen Probleme gering zu schätzen (Walker et al. 1988).

Diese Annahme ist nicht so ohne weiteres nachvollziehbar. Zum einen spricht die ungeklärt hohe Dunkelziffer gegen eine solche Annahme; zum anderen wird die Höhe der Dunkelziffer je nach vorgeschlagener Definition der »Mißhandlung« unterschiedlich dargestellt. Jährlich sterben 200 bis 800 Kinder an den Folgen körperlicher Mißhandlungen. Die Opfer sind vor allem Säuglinge und Kleinkinder. Besonders für die älteren Kinder steigt die Dunkelziffer (vgl. Biermann 1969; Mingers 1977; Wolff 1975; DER SPIEGEL 39/1977; Becker 1968). Wenn man allerdings die Berechnungsgrundlagen und Parameter von Gil (1970) für die Bundesrepublik Deutschland anwenden würde, so beliefe sich die Dunkelziffer jährlich auf über eine Million Kindesmißhandlungen.

Auch die Zahl von 115000 unfallverletzten Kindern unter 15 Jahren, die im Mikrozensus vom Mai 1976 angegeben wird, enthält vermutlich etliche als »Unfall« kaschierte Fälle von Kindesmißhandlungen und Selbstmordversuchen (vgl. Trube-Becker, 1964 u. 1982; Jeziorowski 1977, S. 20; Statistisches Bundesamt 1979, S. 94f.).

Die Dunkelziffer der Kindesmißhandlung liegt nach internationalen Erfahrungen bei etwa 90 % (vgl. Fontana 1975, S. 3; sowie Kempe/Helfer [Hg.] 1972, S. XIIIf.; und Becker 1968, S. 138). Ob die Ergebnisse von Studien über die Kindesmißhandlung repräsentativ sind, muß offenbleiben, da sie sich nur auf bekannt gewordene Fälle beziehen, die aktenmäßig durch die Gerichte oder die Sozialbehörden dokumentiert werden und der Forschung zur Verfügung stehen. Erfaßt werden zum Beispiel nicht die Fälle, die in Einzel- oder Familientherapien bekannt werden (vgl. Lukianowicz 1971, S. 26f.; ähnliche Aussagen treffen Skinner/ Castle 1969; Lukianowicz 1969; und Gil 1969). Allerdings lassen auch die Erkenntnisse nicht-repräsentativer Studien Schlüsse zu, die zu einer gewaltärmeren Erziehung beitragen können.

Auf einem Symposium zur Kindesmißhandlung entwarf Solomon im Jahre 1973 ein für die USA demographisch zusammengesetztes, idealtypisches Bild des mißhandelten Kindes sowie der mißhandelnden Eltern und deren gemeinsame Familiendynamik.

Seine Überlegungen lassen sich, wie wir aus den Ergebnissen einer Untersuchung der Aktion Jugendschutz folgern können, mit Vorbehalten auch auf die Bundesrepublik Deutschland übertragen (vgl. z. B. Aktion Jugendschutz 1979, S. 27).

Das mißhandelte Kind ist nach Solomons idealtypischem Bild unter vier Jahre alt, meistens jedoch unter zwei Jahre. Es kommt in 5 bis 25 % aller bekannt gewordenen Mißhandlungsfälle zum Tode des Kindes, durchschnittlich im Alter von drei Jahren. In den meisten Fällen ist es schon ein bis drei Jahre mißhandelt worden, bevor es in ärztliche Behandlung kam, in der die Mißhandlung entdeckt wurde. Die Geschlechtszugehörigkeit des Kindes spielt keine Rolle. Die mißhandelnden Eltern leben in der überwältigenden Mehrheit zusammen und sind verheiratet. Die Mütter sind durchschnittlich 26, die Väter durchschnittlich 30 Jahre alt. Die Väter mißhandeln ihre Kinder etwas häufiger als die Mütter. Die schwersten Mißhandlungen werden hingegen von Müttern begangen. 30 bis 60 % der mißhandelnden Eltern geben an, als Kinder mißhandelt worden zu sein. Voreheliche Empfängnis und Schwangerschaft, jugendliche Muß-Ehen, unerwünschte Schwangerschaft und Nichtehelichkeit charakterisieren weiterhin mißhandelnde Eltern. Oft bestehen zudem emotionale Beziehungsprobleme. Die Eltern sind in Bekanntschaft und Verwandtschaft sozial isoliert, und sie leiden unter finanziellen Problemen (vgl. Solomon, 1973, S. 775; ausführlicher wird dieser Zusammenhang von Gil (1969) geschildert).

Zenz (1978) hat mit Recht darauf hingewiesen, daß abseits vom Streit um Zahlen in Erinnerung gerufen werden muß, daß »die körperliche Mißhandlung eben nur ein Glied, das sinnfälligste, in einer langen Kette gewaltsamer Schädigungen von Kindern ist, die noch weniger Beachtung finden und statistisch kaum erfaßbar sind« (Zenz 1979, S. 25). Beispielsweise wird noch heute in der Bundesrepublik in 60 bis 80 % der Familien das Züchtigungsrecht als legalisierte Form der elterlichen Gewalt angewendet (vgl. Petri 1979, S. 135 ff., und Dahlmann 1973, S. 2720).

»Man kann feststellen, daß zahlreiche Eltern außerordentlich empfindlich sind, wenn ihr Kind etwa in einem Kindergarten oder in der Schule körperlich gezüchtigt wird; daß aber gleichzeitig diese Eltern selbst ihr Kind quälen und mißhandeln, ohne auf seine Rechte Rücksicht zu nehmen« (Becker, zitiert nach Dahlmann 1973, S. 2719).

Der Berliner Kinder- und Jugendpsychiater Petri warnte 1979 vor dem Vorurteil, mißhandelnde Eltern als unmenschliche Sadisten oder kriminelle Psychopathen zu sehen. Das übliche »Züchtigungsrecht« der Eltern ließe sich in den meisten Fällen in Häufigkeit und Intensität gar nicht von der Kindesmißhandlung abgrenzen (vgl. Petri 1979, S. 134 u. 137).

»In der Gesetzgebung wie im öffentlichen Bewußtsein besteht eine Aufteilung in zwei Formen physischer Gewalt gegen Kinder. Auf der einen Seite stellt die Züchtigung, die als Gewohnheitsrecht der Eltern weiterbesteht, die legalisierte Form der täglichen Gewalt in der Familie dar. Auf der anderen Seite steht die Mißhandlung, die als besonders krasse Form der Gewalt kriminalisiert und strafrechtlich verfolgt wird. Nach den bisher mitgeteilten Fakten und insbesondere nach breiten psychoanalytischen Erfahrungen erweist sich die Aufteilung, bis auf die eindeutigen Fälle, in der Praxis meist als eine Fiktion. Das zentrale Problem scheint mir darin zu bestehen, daß durch eine solche Aufteilung das Verständnis des Gesamtzusammenhanges, in dem jede Form der Gewalt gegen Kinder gesehen werden muß, verhindert wird. Nur ein solches Verständnis würde jedoch eine wirkungsvolle Primärprävention der Mißhandlungen wie jeder körperlichen Gewalt vorbereiten helfen« (Petri 1979, S. 138).

Eltern, die ihre Kinder töten

Stirbt ein Kind an den Folgen von Mißhandlungen, so haben die Eltern in den meisten Fällen den Tod nicht beabsichtigt. Mit der physischen und psychischen Mißhandlung wollen sie vielmehr nur Verhaltensweisen und Situationen, die sie selber als unerträglich und bedrohlich erleben, beenden. Eltern, die ihr Kind töten, wollen das Kind als Symbol eines »für sie offensichtlich nicht lösbare(n) Problem(s) aus der Welt schaffen«. Mißhandlung mit Todesfolge und Tötung sind daher systematisch zu unterscheiden.

Aber in der Praxis läßt sich diese Unterscheidung aus vielen Gründen nicht aufrechterhalten. Außer in ganz eindeutigen Fällen, die von Illustrierten und Zeitungen sensationell wiedergegeben werden (z. B. STERN Nr. 21/1979: »Die Blutspur führte ins Kinderzimmer«), wird das Thema Kindestötung nicht öffentlich erörtert. Es ist auch weiterhin ein Tabu, das nur gebrochen werden darf, wenn die Eltern gleichzeitig als sadistische Ungeheuer dargestellt werden, damit die Nähe zur alltäglichen Elterngewalt verdeckt bleibt. Vor allem trifft das jedoch zu, wenn es um Gewalthandlungen von Müttern geht, die zu den wenigen unerörterten Tabus unserer Kultur gehören.

Zwischen der Häufigkeit von Kindestötungen, die in der offiziellen Statistik der Todesursachen angegeben werden, und tatsächlich vorkommenden offenen und verdeckten Formen liegt ein Mantel der Verschwiegenheit – die Dunkelziffer ist der Ausdruck der gesellschaftlichen Schamschwelle und des Tabus.

In schätzungsweise 5 bis 10 % aller Fälle führen Mißhandlungen direkt und indirekt zum Tod des Kindes (vgl. Köttgen 1974, S. 684). Köttgen führte aus, daß die Zahl der Todesfälle durch Kindesmißhandlungen in der Bundesrepublik »mit 600 Fällen jährlich weitaus höher als die bei allen kindlichen Infektionskrankheiten zusammen« (ebd. S. 684) geschätzt werden kann. Becker hatte für 1968 noch etwa 800 Todesfälle angenommen, die auf elterliche Mißhandlungen zurückzuführen sind (vgl. Becker 1968, S. 135 ff.). Erst eine Erforschung der alltäglichen Eltern-Kind-Verhältnisse könnte Aufschlüsse über die Dunkelziffer geben, wie viele Kinder insgesamt durch elterliche Mißhandlung oder durch unterlassene Hilfe getötet werden.

Zu den bisher bekannten Todesursachen kommt eine große Anzahl ungeklärter Todesfälle hinzu, die möglicherweise auf falsches oder vorsätzliches Verhalten der Eltern zurückgehen. Auf der in Seattle veranstalteten »Conference on Causes of Sudden Death in Infants« im Jahre 1963 wurde vorgetragen, daß längst nicht alle plötzlichen Todesfälle von Kleinkindern und Säuglingen eindeutig geklärt werden können. Daher wurde auf dieser Konferenz der Begriff »Sudden Infant Death Syndrome (SDS)« eingeführt; darunter wurden alle plötzlichen und unerwarteten Sterbefälle von Kindern erfaßt, die nicht ursächlich geklärt werden können. Amerikanische Autoren schätzen die Zahl dieser Todesfälle allein für die Vereinigten Staaten jährlich auf 20 000 bis 30 000.

Für Frankreich führt Fontaine (1962) 20 % der Säuglingssterblichkeit auf diese Todesart zurück. Carpenter (1965) schätzte für Großbritannien den gleichen Anteil. Emery hat schon 1959 darauf hingewiesen, daß die Häufigkeit des frühzeitigen Kindstodes von Jahr zu Jahr zunimmt. Es sei dahingestellt, ob es sich bei dieser Vermutung lediglich um den »Entdeckereffekt« handelt, der zutage bringt, was in der Vergangenheit verborgen war, oder ob es sich um eine Todesart handelt, die absolut wie relativ zu anderen Arten der Säuglingssterblichkeit im Steigen begriffen ist.

Eine Erörterung dieses Todessyndroms ist sicher auch deshalb sinnvoll, weil für viele Mütter in einer kurzen Phase nach der Geburt oft die zwanghaft auftretende Vorstellung besteht, daß das Kind sterben könne, und sie sein Schlafen kurzfristig mit Atemstillstand in Verbindung bringen. Diese Ahnung hat in allen Fällen des plötzlichen Kindstodes bei den nachträglich interviewten Müttern bestanden.

Ein prinzipielle Frage wäre es dann, ob der »plötzliche Kindstod« eine kulturspezifisch zu nennende Form der Kindestötung darstellt, die weder Vorsätzlichkeit noch Fahrlässigkeit kennt, noch dem Tatbestand der strafbaren Kindestötung entspricht, eine Kindestötungsform also, die ebenfalls auf den Tod oder die Tötung des Kindes »zielt«, die sich dabei eines kulturell entwickelten, psychisch »unbewußten Mechanismus« bedient, der strafrechtlich keineswegs gefaßt werden darf, sondern nur als höchst tragische Verstrickung der Mutter und des Vaters mit dem Säugling auf einer unbewußten Ebene angemessen begriffen werden kann.

Die Forschung der letzten 35 Jahre zum plötzlichen Kindstod war weitgehend organmedizinisch orientiert. Sie versuchte in der Tradition des kausalen Denkens, Ursachen für diese Todesart zu isolieren. Verwertbare Erkenntnisse hat sie nicht erbracht. Die Organmedizin kann weder den

Tod erklären noch Hinweise geben, wie er durch vorbeugende medizinische, geschweige denn psychologische oder sozialpädagogische Hilfen verhindert werden kann.

Eine klinische Definition des »plötzlichen Kindstodes« wurde von Adelson und Kinney bereits 1956, als das Phänomen zum Gegenstand der Forschung wurde, formuliert: »Es ist der plötzliche und unerwartete Tod eines Säuglings, den man für gesund hielt oder dessen letzte Krankheit so leicht zu sein schien, daß die Möglichkeit des tödlichen Ausgangs ausgeschlossen werden konnte (Adelson/Kinney 1956). Asch beschrieb 1968 den plötzlichen Kindstod folgendermaßen: »Das Kind wird gesund ins Bett gelegt, wird aber in den frühen Morgenstunden tot aufgefunden, gewöhnlich mit dem Gesicht nach unten« (vgl. Asch 1968, S. 214).

Asch vermutet, daß unter diesen tragischen Todesfällen eine nicht geringe Anzahl auf verdeckte elterliche Kindestötungen hinweisen. Auch Valdez-Dapena (1967) konnte nur in 35 der von ihm untersuchten 114 Fälle von »plötzlichem Kindstod« die Ursache durch Autopsie feststellen. »Absichtliche Tötung durch Ersticken kann bei der Autopsie nicht mit Gewißheit ausgeschlossen werden. Allerdings waren keine Spuren am Kopf oder Nacken auffindbar, noch lagen andere Hinweise vor, die auf absichtliche Tötung hingewiesen hätten« (Valdez-Dapena 1967, S. 130; vgl. auch Beckwith/Bergman 1967, S. 45 ff.).

Auffällig in diesen Studien war, daß nichteheliche Kinder überproportional unter den plötzlich gestorbenen Kindern zu finden waren. Valdez-Dapena führt allein sieben weitere Untersuchungen an, die diese Aussage stützen. Ob die Nichtehelichkeit hier wie in anderen Kategorien von kindlichen Schäden und Beziehungsstörungen zur Mutter als Indikator gelten kann, daß die Kinder unerwünscht waren, läßt sich nicht ohne weiteres folgern, obwohl der Schluß nicht unzutreffend sein muß.

Althoff (1973) konnte andererseits keine statistisch signifikanten Unterscheidungen nach der sozialen Lage der Familien oder dem Familienstand des Kindes feststellen (vgl. Althoff 1973, S. 15 f.). Bennie/Sclare (1969) fanden unter den von ihnen beschriebenen sieben Fällen von Kindestötung zwei Fälle, in denen das Kind unerwünscht war (vgl. Bennie/Sclare 1969, S. 975 ff.; auch Lukianowicz 1971, S. 148 und 151 ff.).

Weil die vorliegenden Fallbeschreibungen keine verallgemeinerungsfähigen Aussagen über den vermuteten Zusammenhang von Kindestötung und Unerwünschtheit zulassen, sind weitere Untersuchungen erforderlich.

Resnick unterzog 1971 insgesamt 168 Berichte über Säuglingstötungen durch die Eltern einer Sekundäranalyse. Er stützte sich im wesentlichen auf gutachterliche Fallbeschreibungen bekannt gewordener Kindestötungen durch die Mutter. Er unterschied dabei zwei Typen der Kindestötung – »Infanticide«. Die Tötung eines Neugeborenen während der ersten 24

Stunden nach der Geburt nannte er »Neonaticide«, nach den ersten 24 Stunden »Filicide« (vgl. Resnick 1970, S. 1414f.). Beide Typen unterschieden sich in besonderer Weise hinsichtlich der Diagnose, der Motive und der Einstellung der Mutter. »Altruismus« bedeutete, daß die Mütter getötet hatten, weil sie das Kind von einem tatsächlichen oder eingebildeten Leiden befreien wollten oder weil sie ihrem eigenen Leben durch Selbstmord ein Ende bereiten wollten. Der wichtigste Grund für die Unerwünschtheit des getöteten Kindes waren meistens die sozialen Begleiterscheinungen der Nichtehelichkeit. Jüngere unverheiratete Frauen waren signifikant häufiger unter den tötenden Müttern vertreten.

Tabelle 5.1: Klassifizierung der Kindestötung
nach bekannt gewordenen Motiven

Kategorie	»Neonaticide« durch die Mutter	»Filicide« durch die Mutter
Unerwünschtes Kind	29 (83 %)	10 (11 %)
Akute Psychose	4 (11 %)	21 (24 %)
Altruismus	1 (3 %)	49 (56 %)
Unfall	1 (3 %)	6 (7 %)
Rache am Ehegatten	0 (–)	22 (2 %)
Zusammen	35 (100 %)	88 (100 %)

(vgl. Resnick 1970, S. 1415)

Unter anderem finden wir den von Resnick beschriebenen Zusammenhang als »Privilegierung« des Totschlags für den Fall im neuen Strafrecht (§ 217 StGB) bestätigt, daß eine Mutter ihr nichteheliches Kind während oder gleich nach der Geburt tötet. Als Grund für die Strafmilderung – eben die sogenannte »Privilegierung« – wird eine seelische, oft auch wirtschaftliche Not der Frau unterstellt, die zusammen mit dem Geburtserlebnis zu einem Erregungszustand führen kann, der zu tödlichen Aggressionen führt (vgl. Preisendanz 1978). Die Strafmilderung gilt nur für die Mutter eines nichtehelichen Kindes. Bei ehelichen Kindern oder bei einer Kindestötung nach Ablauf der 14-Tage-Frist, in der »die durch die Geburt hervorgerufene Gemütsbewegung« vorherrscht, entfallen strafmildernde Bewertungen von seelischer und wirtschaftlicher Not. Der Strafgesetzparagraph 217 zur Kindestötung hebt auf eine zum Zeitpunkt der Geburt auftretende, übersteigerte psychische »Verhaltensstörung« der unverheirateten Mutter ab.
Das Frauenbild, das dieser Strafrechtsposition zugrunde liegt, ist höchst problematisch. Gummersbach (1938) hat eine Typisierung von Frauen formuliert, die ihre nichtehelichen Kinder töteten (vgl. ebd., S. 1154ff.). Eine Einschätzung dieser Privilegierung in der gegenwärtigen Rechts-

sprechung zur Kindestötung hätte insbesondere zu klären, warum dieser Begründungszusammenhang ausschließlich für nichteheliche Kinder gilt. Ein Zusammenhang zwischen der Unerwünschtheit des Kindes und der Tötung durch die Eltern wurde bisher in der Strafrechtserörterung nicht bedacht, wohl aber mit großer Selbstverständlichkeit stillschweigend unterstellt.

Der Kindstod, der plötzlich kommt

Eine der beeindruckendsten Studien, auf die wir bei der Beschäftigung mit der Unerwünschtheit von Kindern, ihrem Leiden und ihrem Tod gestoßen sind, ist die Studie des Psychoanalytikers Arno Gruen, die in deutscher Übersetzung 1988 erschienen ist. Methodisch betrachtet, ist sie ein glänzendes Beispiel dafür, wie organmedizinische Forschungsergebnisse in Verbindung mit psychoanalytischen Erkenntnisweisen über die unbewußte Psychodynamik des Menschen überhaupt erst eine sinnvolle Anwendungsperspektive eröffnen.

Arno Gruen führte zwischen 1981 und 1984 mit 16 von 19 Elternpaaren, deren Kind den »plötzlichen Kindstod« starb, und mit fünf von sieben Eltern, deren Kind diesem Tod knapp entronnen war, zeitlich unbegrenzte Gespräche in deren privaten Wohnungen durch. Zugang zu den Beziehungspartnern erhielt der Autor über ein Schweizer Kinderkrankenhaus. Die Interviews zeigten unter anderem, daß die Mütter und Väter stark mit ihren eigenen Bedürfnissen beschäftigt waren. Ihre eigenen Gedanken und Träume kreisten immer wieder um das Thema Tod. »Solche starke Fixierungen an den Tod muß jedes Kind, das seine Eltern empathisch erfühlt, in ein Gefühl extremer Hilflosigkeit stürzen, das es nicht verarbeiten kann« (Gruen 1988, S. 24).

Um seine Annahme zu überprüfen, legte Gruen die neurophysiologischen und sonstigen organmedizinischen Erkenntnisse der mehr als 30jährigen Forschung zum »plötzlichen Kindstod« seiner Untersuchung zugrunde. Bei der Obduktion wurden häufig Erkrankungen der Atemwege festgestellt, die jedoch nicht die Todesursache bildeten.

Zwei vorgeburtliche Befunde fielen in der Literaturstudie von Marie Valdes-Dapena (1967) auf. Mütter, deren Kinder nicht am »plötzlichen Kindstod« gestorben waren, hatten in den ersten beiden Schwangerschaftsmonaten doppelt so oft die Vorsorge in Anspruch genommen wie Mütter, deren Kinder am »plötzlichen Kindstod« gestorben waren. Dieser Unterschied trat ebenfalls im Raucherverhalten während der Schwangerschaft auf. Bei den untersuchten Fällen von Molz (1984) gab es andere Gemeinsamkeiten: Risikofaktoren wie Frühgeburt, nichteheliche Geburt, jahreszeitliche Belastungen, überdurchschnittliches Rauchen der

Mütter und Alkoholismus. Eine durchgängige Beobachtung bei Steinschneider (1972) waren ausgedehnte Phasen der Apnoe, die am häufigsten im REM-Schlaf (*Rapid Eye Movement-Phase* zu Beginn des Schlafes) auftraten.

Gruen untersucht zusätzlich zu den zahlreichen organmedizinischen Befunden, wie die Aufwachfähigkeit des Kindes durch psychodynamische Konflikte zwischen Mutter und Kind beeinflußt werden könnte. Die Aufwachfähigkeit gilt als Ausdruck des Lebenswillens des Säuglings, der jedoch durch Mangel an Reizen oder durch mütterliche Distanz gegenüber dem Säugling ausbleiben kann und dann zum typischen plötzlichen Kindstod »führt«: Das Kind liegt tot im Bett, ohne Anzeichen eines Todeskampfes. Viele Mütter träumten, wie die Interviews zeigten, vor dem Tod, daß ihr Kind gestorben sei, oder sie hatten Angst, daß der Tod eintreten könne.

Die Gespräche, die Arno Gruen führte, zeigten, daß die Kinder in der Familienkonstellation vor allem für die Mutter ein großes Problem verkörperten. Sie hatten große Zweifel an ihrer Fähigkeit zu Schwangerschaft und Mutterschaft, die durch die Geburt und das verstorbene Kind noch verstärkt wurden. Das entscheidende Problem der Mütter bestand jedoch darin, daß sie ihre eigenen Gefühle von Wut und Aggression unbewußt gegen sich selber richten. Die negativen Regungen gegenüber dem eigenen Kind, die vom bewußten Erleben abgespalten sind, können Herrschaft über die Kinder gewinnen und sie buchstäblich töten. Es ist deshalb kein Widerspruch, daß dieses Verhalten mit sichtbar überzeugender guter Versorgung des Kindes auf der bewußten Ebene einhergeht.

In diesen Beziehungen, deren Partner Gruen interviewt hat, sind die Väter die Vertreter der Mütterlichkeit, sowohl gegenüber dem Kind als auch gegenüber der Partnerin, die von den offengebliebenen unerfüllten Bedürfnissen ihres eigenen frühkindlichen Lebens noch als Erwachsene, als Partnerin und als Mutter beherrscht wird. Der Partner soll diese Wünsche in der Partnerschaft erfüllen und wird dadurch zu ihrem Beherrscher. Auf der Gefühlsebene gibt es deshalb wenig Platz für die kindlichen Bedürfnisse des Neugeborenen. Gruen folgert aus der unbewußten Beziehungsdynamik der interviewten Beziehungspartner:

»Sie akzeptieren mit dieser ›Lösung‹ also eine Abhängigkeit, aus der Feindseligkeit erwachsen muß, die nicht bewußt werden darf. Damit wird die Ehe selber zu einer Quelle wachsender Unbewußtheit. Die daraus resultierende Ablehnung von Kindern wird ein wesentlicher Bestandteil des Machtgefälles, das durch die Institution Ehe gefördert wird. Da die Abhängigkeit und Feindseligkeit nicht ins Bewußsein treten dürfen, wächst die Feindseligkeit immer mehr an und damit die Notwendigkeit,

Feindseligkeit zu verdrängen. Daraus resultiert eine ganz andere Art der Kindesablehnung als bei Eltern, die ihre Kinder körperlich mißhandeln. Solche Eltern mögen zwar leugnen, daß sie gewalttätig sind, aber die Gewalttätigkeit ist nicht der Wahrnehmung entzogen...« (Gruen 1988, S. 136).

Für das Kind bedeutet das, daß »das Auge der Mutter zum blinden Spiegel« wird. Alle Eltern waren dem Ideal der Humanität glaubhaft verpflichtet, anders als Eltern, die ihre Kinder prügeln. Das Tragische der Situation besteht darin, daß Kinder, die geprügelt werden, zu mehr Lebensimpulsen durch die gefühlsmäßige Ablehnung herausgefordert werden als solche, die beim Anblick der Eltern in einen unbewußten Strom des Todes und der affektiven »Blindheit« hineingezogen werden.

Unerwünschte Kinder als Opfer von Mißhandlungen

Ließe sich Erwachsenen ansehen, ob sie »Kindesmißhandler« oder »Kinderschänder« sind, so stieße man vermutlich schnell auf identifizierbare soziale Vorgänge und Psychodynamiken, mit denen sich die Kindesmißhandlung erklären ließe. Unterteilungen in kranke und gesunde, arme und reiche, böse und liebe Mißhandler haben sich nicht bewährt. Typologisierende Täterbeschreibungen sind unsinnig und fördern die weitverbreitete Ansicht, daß die Mißhandlung nur in randständigen Bereichen der Gesellschaft sich ereigne und den Menschen anzusehen sei. In den beiden folgenden Zitaten aus einem Aufsatz von Steele und Pollock, zwei amerikanischen Psychiatern aus dem Kinderschutzzentrum in Denver, wird dieses Problem besonders anschaulich.

»Könnte man alle von uns untersuchten Personen zu einer Gruppe versammeln, so würde sich diese wahrscheinlich kaum von einer Gruppe unterscheiden, die dadurch zustande gekommen wäre, daß man in irgendeinem Großstadtvorort die ersten paar Dutzend Menschen ausgesucht hätte, die einem über den Weg liefen« (Steele/Pollock 1978, S. 168).

»Fraglos haben soziale und wirtschaftliche Schwierigkeiten das Leben der Menschen zusätzlich erschwert und zu einem Verhalten beigetragen, das andernfalls latent geblieben wäre. Aber solche Faktoren müssen eher als zufällige Verstärker und weniger als notwendige und hinreichende Ursachen angesehen werden. Nicht alle Eltern, die arbeitslos sind und finanzielle Sorgen haben, schlecht wohnen, unter einer zerrütteten Ehe leiden und am Rande des Alkoholismus leben, mißhandeln ihre Kinder; noch verhindert die Tatsache, daß jemand als abstinenter, überzeugter Prote-

stant mit hohem IQ in stabilen Eheverhältnissen mit einer schönen Woh-
nung und genügend hohem Einkommen lebt, eine körperliche Gewaltan-
wendung gegenüber seinen Kindern. Diese Tatsachen werden von den
meisten Personen bestätigt, die beruflich mit Kindesmißhandlungen zu
tun haben. Wir haben sie trotzdem nochmals hervorgehoben, da große
Teile unserer Gesellschaft, sogar Mediziner, noch immer der Meinung zu
sein scheinen, Kindesmißhandlungen seien auf das ›niedere Volk‹ mit
geringem sozioökonomischen Status beschränkt. Das stimmt nicht«
(ebd. S. 171).

Es gibt keine allgemeine Erklärung für die Kindesmißhandlung. Wir fü-
gen unmißverständlich hinzu, daß die Unerwünschtheit eines Kindes
ebensowenig die allgemeine Ursache bzw. Psychodynamik seiner Mißhandlungen ist.
Das Problem muß vielmehr differenziert sozialpsychologisch untersucht
werden und lebensgeschichtlich produzierte Persönlichkeitsstrukturen,
unbewußte Partnerschaftsdynamiken und aktuelle Krisensituationen berücksichtigen. Die Unerwünschtheit des Kindes kann sowohl in einer
starren Ablehnung des Erwachsenen wie auch in einer latenten Ablehnung verankert sein, die durch aktuelle Belastungen jeweils mobilisiert
wird – wohlgemerkt, neben wiederum anderen Faktoren (vgl. Weispfennig 1975).
Ein sozialpsychologisches Erklärungsmodell wurde von Gelles (1973) auf
der Jahresversammlung der »American Sociological Association« vorgetragen. Danach liegt es nahe, daß sich die Unerwünschtheit eines Kindes
in mehrfacher Weise in Abhängigkeit von der strukturellen Lage der Familie auswirken kann.
So kann ein neugeborenes Kind, das unerwünscht ist, für die Eltern eine
finanzielle, emotionale oder psychologische Last oder alles zusammen
sein (siehe Schaubild 5.2).
Dieser Erklärungsrahmen bietet den Vorteil, daß er die Einordnung von
Forschungsergebnissen aus Untersuchungen möglich macht, die sich auf
die Erforschung einzelner Faktoren spezialisiert haben, ohne zugleich
diese Erkenntnisse in einen sozialen Bezug zu setzen.
Die von Steele und Pollock auf die elterlichen Sozialisationserfahrungen
zurückgeführten psychopathischen Zustände müssen einerseits selbst erklärt werden, andererseits aber auch die Tatsache, daß Eltern mit den
gleichen psychischen Dispositionen ihre Kinder nicht mißhandeln (vgl.
Steele/Pollock, 1978, S. 173 ff. u. 204).
Die von Smith/Hanson/Noble (1974) gefundenen engen Zusammenhänge von Kindesmißhandlung und sozialer Lebenswelt reichen aber
ebenfalls nicht aus, um von vorhandenen Indikatoren wie Nichtehelichkeit oder Arbeitslosigkeit in der Familie die Wahrscheinlichkeit der Miß-

Schaubild 5.2: Gelles' sozialpsychologisches Erklärungsmodell
für Kindesmißhandlung

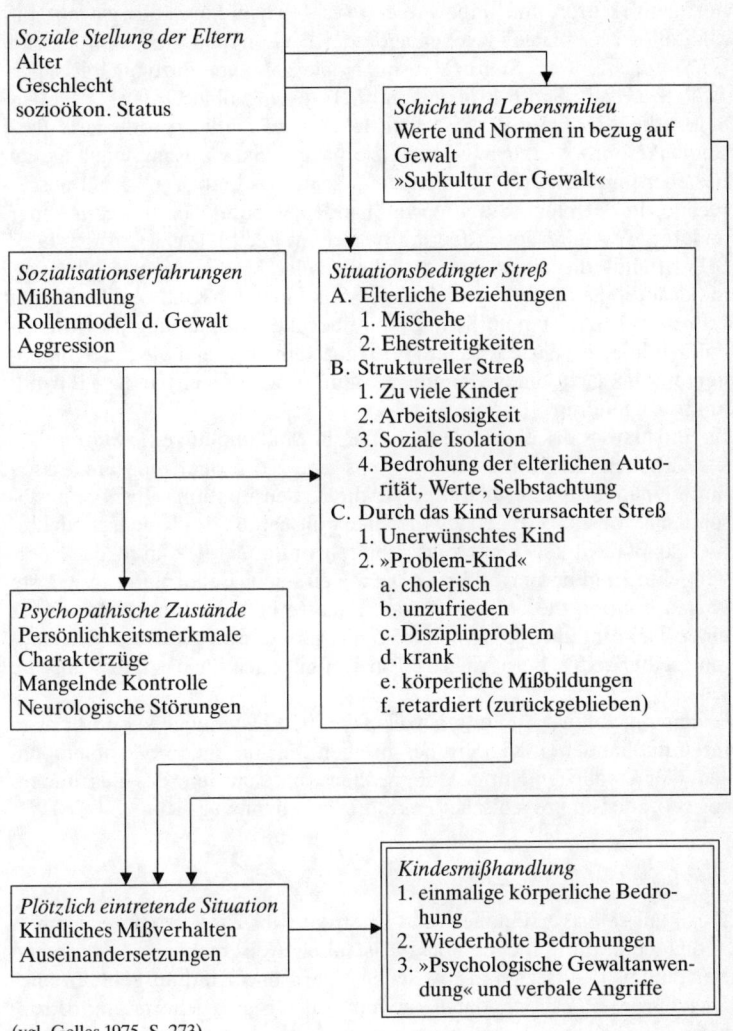

Soziale Stellung der Eltern
Alter
Geschlecht
sozioökon. Status

Schicht und Lebensmilieu
Werte und Normen in bezug auf
Gewalt
»Subkultur der Gewalt«

Sozialisationserfahrungen
Mißhandlung
Rollenmodell d. Gewalt
Aggression

Situationsbedingter Streß
A. Elterliche Beziehungen
   1. Mischehe
   2. Ehestreitigkeiten
B. Struktureller Streß
   1. Zu viele Kinder
   2. Arbeitslosigkeit
   3. Soziale Isolation
   4. Bedrohung der elterlichen Auto-
      rität, Werte, Selbstachtung
C. Durch das Kind verursachter Streß
   1. Unerwünschtes Kind
   2. »Problem-Kind«
      a. cholerisch
      b. unzufrieden
      c. Disziplinproblem
      d. krank
      e. körperliche Mißbildungen
      f. retardiert (zurückgeblieben)

Psychopathische Zustände
Persönlichkeitsmerkmale
Charakterzüge
Mangelnde Kontrolle
Neurologische Störungen

Plötzlich eintretende Situation
Kindliches Mißverhalten
Auseinandersetzungen

Kindesmißhandlung
1. einmalige körperliche Bedrohung
2. Wiederhölte Bedrohungen
3. »Psychologische Gewaltanwen-
   dung« und verbale Angriffe

(vgl. Gelles 1975, S. 273)

handlung für ein bestimmtes Kind vorauszusagen. Die Einordnung in biographische Zusammenhänge erfordert die Einbeziehung psychischer Bedürfnisstrukturen und unbewußter Psychodynamiken, die sich mit Indikatoren wie sozialer Klassenlage oder Einkommen nicht hinreichend erfassen lassen (vgl. Smith/Hanson/Noble 1974; vgl. dazu auch Resnick 1970, S. 1417 ff.; Smith 1974 und Smith/Hanson/Noble 1973).

Selbst die Ansätze, die versuchen, lebensgeschichtlich produzierte Persönlichkeitsstrukturen auf identifizierbare soziale Zusammenhänge zu beziehen, müssen erklären können, warum das betroffene Kind ausgerechnet in der einen Situation mißhandelt wurde, während es in einer anderen von elterlicher Gewalt verschont bleibt (vgl. Corboz 1977, S. 86 f.). Für die Entwicklung vorbeugender Maßnahmen ist aber zumindest die Kenntnis der wichtigsten Ursachen der Kindesmißhandlung erforderlich. Auf einem Symposium über die Bekämpfung der Kindesmißhandlung beschrieb Helfer (1973) zusammenfassend die drei Komponenten, die nach seiner Meinung zu dem Ereignis einer Kindesmißhandlung dazugehören:

Es sind erstens das elterliche Potential für Mißhandlungen, zweitens Besonderheiten des Kindes und drittens eine Krise oder mehrere Krisen hintereinander. Helfer betonte, daß die Krisensituation selbst der auslösende Faktor sei. Bezogen auf die Unerwünschtheit des Kindes, bedeutet dies, daß nicht die Unerwünschtheit, wohl aber die durch das unerwünschte Kind herbeigeführte oder wegen seiner Bedürfnisse ausgelöste Krisensituation die entscheidenden Anlässe bieten können. Das Opfer einer Kindesmißhandlung muß also nicht die Ursache für die Mißhandlung selber sein. Diese wichtige Einsicht gilt auch für das unerwünschte Kind.

In den folgenden Abschnitten wollen wir die Einstellungen von Eltern zu ihren mißhandelten Kindern beschreiben. Für besondere »Problemphasen« der kindlichen Entwicklung wollen wir versuchen, das Zusammenspiel sozialer und psychischer Faktoren zu benennen.

Elterliche Gefühlswelten

Es gilt als selbstverständlich, daß Eltern, die ihr Kind lieben, es niemals mißhandeln würden. Dieser Schluß ist falsch, weil er von einem statischen Verständnis der Beziehung zwischen Eltern und Kind ausgeht. In aller Regel handelt es sich dabei um eine idealisierte Eltern-Kind-Beziehung.

Gerade die Forschungsergebnisse psychiatrisch und psychotherapeutisch orientierter Studien zur Persönlichkeitsstruktur mißhandelnder Eltern zeigen, daß nicht nur unerwünschte Kinder Opfer werden, sondern auch geliebte und sehr erwünschte Kinder. Auch das Wunschkind ist gefährdet, wenn die Erwartungen der Eltern an ihr Kind übersteigert sind. Wenn ein Kind die emotionalen Erwartungen der Eltern nicht ausreichend befriedigen kann, verändert sich möglicherweise grundsätzlich die elterliche Einstellung. Die Gegenüberstellung von idealisierter elterlicher Wunschkindvorstellung mit dem geborenen Kind kann dieses niemals bestehen, weil es eigene Bedürfnisse besitzt, die den Idealvorstellungen der Eltern unvermeidbar widersprechen müssen (vgl. z. B. Steele/Pollock, 1978, S. 173f.).

Die britischen Forscherinnen Smith/Hanson/Noble (1974) halten deshalb daran fest, daß ein Zusammenhang zwischen der Unerwünschtheit eines Kindes und seinen Mißhandlungen zwar oft postuliert wird (Elmer 1967; Lukianowicz 1971; Nurse 1966; Vesterdal 1972), daß er aber noch nie in einer kontrollierten Untersuchung nachgewiesen worden sei. Sie gaben zu, daß mit der Untersuchung der Frage, ob ein mißhandeltes Kind unerwünscht gewesen sei, große inhaltliche Probleme verbunden seien. »Man könnte argumentieren, daß Eltern, die gestehen, ihr Kind geschlagen zu haben, ihr Verhalten mit dem Hinweis rationalisieren wollen, daß die Empfängnis unerwünscht gewesen sei« (Smith/Hanson/Noble 1974, S. 575).

Immerhin verwenden die Wissenschaftlerinnen den Faktor »Unehelichkeit« unter Berücksichtigung der Arbeiten von Horobin (1973), Osborn (1973) und Pohlmann (1973) als Indikator für die Unerwünschtheit eines Kindes. Das Argument der Autorinnen ist nur dann stichhaltig, wenn die Ausrede, also die psychische Rationalisierung der Mißhandlung, auch auf äußere Akzeptanz trifft. Das scheint uns angesichts der Idealisierung von Mutterschaft und Mütterlichkeit in modernen Industriegesellschaften keineswegs zuzutreffen.

Der amerikanische Psychiater Galdston legte 1965 eine Studie vor, aus der hervorgeht, daß mißhandelnde Eltern von starken Gefühlsambivalenzen beherrscht werden. Sie seien in der Tat eben nicht einfach »nur ablehnende« oder »nur vernachlässigende Rabeneltern«. So willigten die von ihm untersuchten Eltern, die ihr Kind mißhandelt hatten, weder in eine Adoption noch in eine kurzfristige Entfernung des Kindes aus der Familie ein und setzten diesem Vorhaben erbitterten Widerstand entgegen. Die Beziehung der Eltern zum mißhandelten Kind war demnach hochambivalent und nicht »nur ablehnend«. »Das Kind, das sie schlugen, war oft das Objekt großer Liebe, aber auch großen Hasses« (Galdston 1965, S. 442f.). Aktuelle Belastungen der Eltern durch besondere Erziehungsanforderungen können die verhängnisvollen Konsequenzen der von Galdston beschriebenen Gefühlsambivalenz hervorrufen.

Mißhandelte Kinder, die in der Kinderklinik von Boston untersucht wurden, zeigten eine Symptomatik von Verhaltensstörungen, die im Abschnitt über die pränatalen Einflüsse bei Neugeborenen als »difficult child syndrome« erwähnt wurde. Sie zeigten ein Verhalten, das zwischen totaler Passivität und übersteigerter Aktivität wechselte (vgl. Galdston 1965, S. 441; vgl. auch Turner 1956, S. 221 f.).

Trotz der abgeschwächten Bedeutung der »grundlegenden Einstellung zum Kind« wissen wir, daß die unerwünschten Kinder besonders gefährdet sind. Cameron et al. (1966) interpretierten die Unerwünschtheit eines Kindes als mitverursachende Konstellation für die Mißhandlung. Von den untersuchten 29 mißhandelten Kindern wurden 19 (66 %) von den Eltern als unerwünscht bezeichnet. Der Anteil unerwünschter Kinder, die nichtehelich geboren waren oder welche die Heirat der Eltern »erzwungen« hatten und die Opfer von Mißhandlungen wurden, war sehr groß (siehe Tabelle 5.3) (vgl. auch Gil 1969. Dieser fand in einer nationalen Erhebung für die USA, daß unter den mißhandelten Kindern 34 % unerwünscht waren).

Tabelle 5.3: Unerwünschtheit von mißhandelten Kindern

Familienstand	Unerwünschtheit (Unwantedness)
Nichteheliches Kind	10 (53 %)
»Muß-Ehe« (Kind in den ersten 9 Monaten nach Heirat geboren)	7 (37 %)
Eheliches Kind	2 (10 %)
Zusammen	19 (100 %)

(vgl. Cameron / Johnson / Camps 1966, S. 15)

»Das Opfer ist oft ein unerwünschtes Kind – zum Beispiel das Kind aus einer Schwangerschaft vor der Eheschließung, des Zweifels an der Vaterschaft oder das Kind ist ›im Wege‹ oder Folge der partnerschaftlichen Untreue (oder eines solchen Verdachts)« (Cameron / Johnson / Camps 1966, S. 14; vgl. auch Cameron 1970, S. 773 ff.).

Lechleiter (1970) beschrieb, wie die Unerwünschtheit von mißhandelten Kindern sich auf die psychische und soziale Belastbarkeit der Eltern auswirkt.

»Uneheliche Kinder können unerwünscht sein oder der Mutter im Wege stehen. Ein Kind kann Anlaß zu einer ›Muß-Ehe‹ gewesen sein, welche Hoffnungen und Wünsche der Eltern nicht erfüllte oder zerstörte, weshalb sie im Kind den Anlaß für ihr Unglück sehen. Ein Kind kann infolge der Familienzerrüttung oder Unvollständigkeit vermehrte Erziehungsschwierigkeiten bereiten, körperlich und geistig zurückbleiben und deswegen Anlaß zu Mißhandlungen sein. Es kann die Aussichten einer verwitweten oder geschiedenen Mutter auf Wiederverheiratung zunichte

machen oder in einer zweiten Ehe eines Elternteils als Stiefkind unerwünscht sein« (Lechleiter 1970, S. 45).

Der nordirische Psychiater Lukianowicz (1971) untersuchte die Persönlichkeit und Psychodynamik sowie den möglichen Einfluß der sozialen
Lebensbedingungen von 18 Familien, in denen Kinder mißhandelt worden waren. Obwohl fast alle Familien auf der fünfstufigen Skala des eng-
lischen »Registrar General« in der unteren Hälfte rangierten, widersprach
Lukianowicz der Auffassung, Kindesmißhandlung sei ein Verhalten, das
in unmittelbarer Wechselwirkung zur Zugehörigkeit bestimmter sozialer
Klassen stünde. Er wollte damit dem Vorurteil entgegentreten, daß nur die
Armen und Ungebildeten ihre Kinder mißhandeln. Interessanterweise
wird dieses Vorurteil auch zur Verbreitung des sexuellen Mißbrauchs als
Unterklassephänomen bemüht. Es ist ebenso widerlegt wie in der Mißhandlung.

Auch Lukianowicz geht davon aus, daß Nichtehelichkeit bzw. die »vom
Kind erzwungene« Muß-Heirat für die ablehnende Haltung gewalttätiger
Mütter »verantwortlich« sei. Er verweist auf Arbeiten anderer Wissenschaftler, die zu gleichen Schlüssen kommen (wie z.B. Bennie/Sclare
1969; Bryant 1963; Elmer 1963; Nurse 1964 und Wasserman 1967). Wichtig in der Arbeit von Lukianowicz ist, daß er einen Zusammenhang zwischen den Kindheitserfahrungen der mißhandelnden Eltern und den
Einstellungen zur Schwangerschaft und dem eigenen Kind herstellt. Die
Erklärung elterlicher Gewalttätigkeit rückt damit in einen intergenerati-
ven Zusammenhang. In seiner Untersuchung äußerten hauptsächlich
jene Frauen ablehnende Einstellungen, die als Kinder selbst schlechte
Erfahrungen gemacht hatten (Tabelle 5.4).

Tabelle 5.4: Einstellungen zur Schwangerschaft bei mißhandelnden Frauen

Einstellung	N = 18	% = 100
1. war erfreut über Schwangerschaft, hatte mir Kind gewünscht.	3	17%
2. Schwangerschaft war weder geplant noch erwünscht, sie passierte eben.	4	22%
3. hatte etwas gegen diese Schwangerschaft einzuwenden, war ärgerlich und dagegen.	11	61%

(Vgl. Lukianowicz 1971, S. 267f.)

Der von Lukianowicz bezeichnete Generationeneffekt, nach dem die Erwachsenen wiederholen, was ihnen als Kind bereits angetan wurde, und
der auch in der Praxis der psychoanalytischen Familientherapie eine
große Rolle spielt, wird aus den typischen Einstellungskonstellationen

noch einmal deutlicher, die von Wolff (1975) beschrieben werden. Er unterscheidet drei typische Interaktionsmuster in Familien, in denen Kindesmißhandlungen vorkommen. Ähnliche Interaktionsmuster werden in vielen Arbeiten aus den USA, England und anderen Staaten beschrieben.

»1. Das Kind wird offen abgelehnt (nicht selten, ehe es geboren ist). Es wird zu einem Gegenstand, an dem die ganze Ablehnung und Lieblosigkeit, die die Eltern selbst erfahren haben, ausgelassen wird. Es ist dies aber mehr als eine Projektion; das Kind wird als reale Belastungsquelle, als unnützer Fresser und Störer erfahren und abgelehnt bzw. vernachlässigt und sich selbst überlassen (das Kind als Belastung und Sündenbock).

2. Das Kind wird zu einem Objekt elterlicher Beherrschung und Willkür. Es wird darum mit Anforderungen konfrontiert, denen es mit Sicherheit nicht entsprechen kann, die auch häufig altersmäßig eine Überforderung darstellen. Was das Kind auch tut, es ist nicht genug, es ist nicht vollkommen; es befriedigt nicht die autoritären Leistungsansprüche, die zwar die Eltern als Kinder auch nicht zu erfüllen in der Lage waren, deren Erfüllung aber um so rücksichtsloser den eigenen Kindern abgepreßt wird (das Kind als Herrschaftsobjekt und autoritäres Ersatzideal).

3. Vom Kind wird eine rückhaltlose, unbedingte Liebe erwartet; es soll entschädigen für die selbst erfahrenen Enttäuschungen und Versagungen, die bis in die frühe Kindheit zurückreichen. Kann das Kind diese Liebe nicht zeigen und nicht in dem Maße, wie es erwartet wird, schlägt das Liebesbedürfnis in Feindseligkeit um, zumal die Eltern selbst kaum gelernt haben, selbst Liebe zu geben und sich anderen liebevoll zuzuwenden (das Kind als Liebesquelle)« (Wolff 1975, S. 35 f.).

Die Einstellung zum Kind kann, ziehen wir zur Einordnung das sozialpsychologische Erklärungsmodell von Gelles heran, tief in der Persönlichkeit der Eltern verwurzelt sein. Sie kann sich aber auch situationsbedingt verändern. Die Belastung einer Familie durch ein zusätzliches Kind kann Eltern z. B. völlig überfordern.

Destruktive Affekthandlungen und konsistente Bösartigkeit stellen zwei Ambivalenzpole dar, mit denen sich die Eltern-Kind-Beziehung von mißhandelten Kindern darstellen läßt.

Es gibt Phasen in der frühkindlichen Entwicklung, in denen Eltern außergewöhnliche Schritte ergreifen, um die Bedürfnisäußerungen ihrer Kinder einzuschränken: Sie greifen zur körperlichen Züchtigung – sie werden gewalttätig! Diese Variante der Kindererziehung, die durch »Prügelstrafe« und »Erziehung zum Gehorsam« charakterisiert ist, wird weitaus häufiger als allgemein angenommen in allen sozialen Schichten praktiziert. Kindesmißhandlung geschieht in Ausübung elterlicher Erziehungsgewalt, und sie dient dem Ziel, die Kinder »zu ihrem eigenen Wohl« zu erziehen.

Obwohl Kindesmißhandlung in allen sozialen Schichten vorkommt, hat die Erziehungsstilforschung Strafformen festgestellt, die für bestimmte Schichten typisch sind. So fand sie heraus, daß unter den schlechtesten Lebensbedingungen gewalttätige Sanktionen wie körperliche Strafen oder deren Androhung am ehesten vorherrschen und daß bei steigendem Lebensstandard und sinkendem sozialen Druck an die Stelle der gewalttätigen Gehorsamserzwingung eher psychologische Kontrolltechniken wie Liebesentzug oder dessen Androhung treten (vgl. Caesar 1972, S. 50–67).

Die Bevorzugung psychischer Strafmittel könnte erklären, warum bei den oberen sozialen Schichten mit einer ausgeprägten Schamkultur die Dunkelziffer ansteigt. Psychische Formen der Kindesmißhandlung, wie Nichtbeachtung, Lächerlichmachen und Herabsetzen vor anderen, sind bislang noch nicht systematisch erforschte elterliche Verkehrsformen der Gewalttätigkeit – bestenfalls liegen psychoanalytische Fallbeschreibungen von beeindruckender Differenziertheit vor (vgl. Brussel, 1968).

Noch schwieriger als bei körperlichen Mißhandlungen gestaltet sich der Versuch, psychische Formen der Mißhandlung vom üblichen Erziehungsverhalten abzugrenzen. Es entstehen beträchtliche Schwierigkeiten, wenn die Forschung darauf abzielt, quantitative und repräsentative Aussagen zugleich zu erheben, und auf hermeneutische Verfahren verzichtet. Wir halten es deshalb für angebracht, darauf hinzuweisen, daß der Streit über die Sinnfälligkeit von qualitativen und quantitativen Ergebnissen sich erübrigen würde, wenn die qualitativen Aussagen nicht mit der Beweislast befrachtet würden, daß es sich nicht nur um partielle Probleme der Gesellschaft handele, sondern um allgemeine Probleme, die einen gesellschaftlichen Diskurs und Hilfe erforderlich machen. Das Kriterium der Repräsentativität von Aussagen der Forschung ist aber bislang der anerkannte Drehpunkt, über den staatliche und andere strukturrelevante Initiativen begründet werden müssen.

Die Leugnung der zerstörerischen Wirkungen, die von der Unerwünschtheit ausgehen, und die Diskussion von Nachteilen, die von zwangsweise ausgetragenen Schwangerschaften herrühren, sind für das Forschungsdilemma ein anschauliches Beispiel. Nichtrepräsentativität der Daten ist in diesen Diskursen mit einer Problemmarginalisierung und der Zuweisung eines vernachlässigbaren Minderheitenstatus identisch. Die Gesellschaft liefert sich dadurch eine Legitimation, das Problem der verdrängten Folgewirkungen der kindlichen Unerwünschtheit zu verleugnen (Amendt 1988a).

Abweichend von Annahmen des Alltagslebens, stellt die Zeit kurz nach der Geburt einen Gipfelpunkt in der Häufigkeitsverteilung auftretender Mißhandlungen dar. Das Risiko, körperlich mißhandelt zu werden, ist für ein unerwünschtes Kind in dieser Lebensphase überdurchschnittlich hoch, denn »die Eltern können sich mit der Existenz des Kindes nicht abfinden, sie lehnen es ab, und die Folge ist zunehmende Vernachlässigung der äußeren Pflege mit mehr oder weniger groben Mißhandlungen« (Niedermeyer 1964, zitiert nach Fink 1968, S. 40).

Die »Selbstgefährdung« des unerwünschten Säuglings hängt tragischerweise von den Äußerungen seiner spontanen Lebensbedürfnisse ab. So sind für einen hyperaktiven Säugling die ersten Lebenswochen besonders »gefährlich«. Dieses Kind »beginnt sein Leben damit, aus der Sicht der Eltern ein Ärgernis zu sein. Höchstwahrscheinlich wird dieses Kind mißbraucht werden« (Pollock/Steele 1972, S. 10; vgl. ähnliche Aussagen durch Groen 1975, S. 354; Fairburn/Hunt 1964, S. 125; und Guttmacher/Pilpel 1970, S. 22).

Die Hyperaktivität kann bereits das typische Ergebnis einer unerwünscht verlaufenen Schwangerschaft sein (vgl. Turner 1956; Rottmann 1974). Die hyperaktiven Verhaltensweisen des Neugeborenen führen nicht selten zu zusätzlichen Spannungen in Familien. Die Unfähigkeit der Eltern, sich mit den Gefühlen der Unerwünschtheit und der Existenz eines abgelehnten Kindes bewußt auseinanderzusetzen, läßt allmählich einen sich verschärfenden Teufelskreis entstehen, in dem die mütterlichen Gereiztheiten, die aggressive väterliche Apathie, Überforderungen und Bestrafungen zu körperlichen Mißhandlungen mit Todesfolge führen.

Der Anteil der Frühgeborenen unter den körperlich mißhandelten Kindern ist groß. Diese Beobachtung wurde zuletzt von Lenard für die Bundesrepublik Deutschland bestätigt. Englische und amerikanische Forscher hatten zuvor auf dieses Phänomen schon hingewiesen. Sameroff (1975) erklärte es mit den größeren Belastungen und Beanspruchungen der Eltern, die durch untergewichtige Frühgeborene mit großen Anforderungen an Pflege und Versorgung konfrontiert werden (vgl. »Frühgeborene werden öfter mißhandelt«, 1979, S. 6; vgl. Genser, 1978, S. 41).

An anderer Stelle zeigten wir bereits, daß der Anteil der Frühgeburten aus unerwünschten Schwangerschaften höher ist als bei den erwünschten oder »hingenommenen« Schwangerschaften. Es ist einleuchtend, daß unerwünschte Frühgeborene bei ihren Eltern auf geringere Annahme stoßen als Frühgeborene, die erwünscht waren.

Eine der häufigsten Situationen unter den bekanntgewordenen Fällen von Mißhandlung ist das ununterbrochene Schreien des Säuglings und die Unfähigkeit der Eltern, das Kind mit herkömmlichen Mitteln zu beruhigen. Das chaotisierend und dominant erlebte Gebaren wird als Ausdruck eigenen Unvermögens, ja als Ohnmacht vor dem Kind wahrgenommen; mitunter wird das Schreien sogar als vorsätzlicher bösartiger Angriff von den Eltern phantasiert und mit schwerer Bestrafung, sei sie körperlich oder psychisch, geahndet. In diesem Beziehungsclinch wird die Eltern-Kind-Dyade in völliger Verkennung der kindlichen und elterlichen Wirklichkeit auf der emotionalen Ebene von den Eltern als Machtkampf zwischen Erwachsenen erlebt (vgl. Cameron 1970, S. 775 f.). Cameron (1970) prägte für diesen Zusammenhang den Begriff des »crying child syndrome«.

Andere typische Situationen, in denen Eltern ebenfalls unsicher und gewalttätig auf das Verhalten ihrer Kinder reagieren, sind für die anale Phase, in der u. a. die Reinlichkeitserziehung stattfindet, beschrieben worden (vgl. Pollock/Steele 1972, S. 11; Hoag et al. 1971, S. 242 ff.; Lukianowicz 1971, S. 273).

Viele Autoren betrachten das Einnässen oder Einkoten eines Kindes als vielfältig determinierte psychische Reaktion auf das Gefühl, von den Eltern nicht geliebt zu werden und unerwünscht zu sein. Mitunter wird das Verhalten des Säuglings sogar als Bestrafung der mißhandelnden Eltern beschrieben (vgl. auch Nitsch, 1978, S. 133 f.). Das kindliche Verhalten als absichtsvoll zu interpretieren, verkennt mit Gewißheit nicht nur die kognitiven Unfähigkeiten von Säuglingen, »eine Absicht durchzusetzen«, sondern auch den Grad der emotionalen Ungetrenntheit von Mutter und Kind. Es impliziert eine gleichwertige Machtbeziehung zwischen Säugling und Eltern, die irreal ist. Der Säugling kann nicht in zweckrationaler, also strategischer Weise, wie das Erwachsene können, die Eltern zwingen, seine Bedürfnisse zu befriedigen. Es ist weder kognitiv noch emotional in der Lage, die Eltern für Vernachlässigung absichtsvoll zu strafen.

Schließlich können viele Eltern die Trotzphase ihrer Kinder nur schwer oder gar nicht verkraften, in der sich das Kind als eigene Person zu erfahren versucht und mit heftigeren Mitteln als je zuvor die Erfüllung seines Willens erzwingen will. Die Reaktionen von Eltern auf den Trotz ihres Kindes hängen von den kindlichen Erfahrungen ihrer eigenen Trotzphase ab und von der Art und Weise, wie ihre Eltern darauf reagierten:

»Für dieses Verhalten wurden die Eltern in ihrer eigenen Kindheit bestraft, und deshalb werden sie wahrscheinlich ihr Kind für ähnliches Verhalten ebenfalls bestrafen« (Pollock/Steele 1972, S. 12; vgl. Becker 1968 und Niedermeyer 1964).

Beziehungsprobleme der Eltern mit ihrem Kind sind noch auf andere Umstände rückführbar, die in verhängnisvoller Weise den Teufelskreis des Mißhandlungsrisikos für unerwünschte Kinder in Bewegung setzen.

Die umfangreiche Literatur dazu zeigt, daß Deprivationen – altersunangemessene Verzichte – verschiedener Art das Kind schädigen können. So können unbewußt feindselige Einstellungen zum Neugeborenen, die alltagssprachlich mit dem Ausdruck der »mangelnden Nestwärme« umschrieben werden, zur lebensgeschichtlichen Grundlage von schweren psychischen Krankheiten werden. Sie können vom Bettnässen zur Neurodermitis bis hin zur infantilen Neurose und der neurotischen Störung im Erwachsenenalter reichen.

Ablehnung und Feindseligkeit der Eltern werden durch die auftretende Störung ihres Kindes noch verstärkt. Es tritt eine »self-fulfilling prophecy« ein, die den Eltern die Abneigung gegen das Kind als sachlich begründet »erscheinen« läßt.

Prinzipiell können Kinder zu jedem Zeitpunkt ihres Lebens in dieser oder jener Form von ihren Eltern weniger geliebt oder zeitweise oder immer abgelehnt werden. Die Wahrscheinlichkeit ist besonders groß, wenn sie die Eltern mehr belasten, als diese bereit sind zu akzeptieren, deren Erwartungen nicht erfüllen, wenn sie körperlich oder psychisch mißgestaltet oder zurückgeblieben sind oder wenn die Eltern ihre eigenen Schwierigkeiten auf die Kinder projizieren (vgl. Lechleiter 1970).

Leben mit der Gewalttätigkeit

Die Mißhandlung ist mehr als andere Ereignisse im kindlichen Leben eine Episode von lebenslanger Wirkung. Lukianowicz schilderte 1971 die kurz- und langfristigen Auswirkungen für den Lebensweg eines mißhandelten Kindes. »(a) Änderungen im Erscheinungsbild und im Verhalten...; (b) Änderungen in der Einstellung zu dem schlagenden Elternteil, die eindeutig Angst signalisieren; (c) psychosomatische Symptome, die auf emotionalen Streß hinweisen, wie Bettnässen, Einnässen während des Tages, Einkoten, Essensverweigerung, Erbrechen etc.« (Lukianowicz 1971, S. 273).

Auch Lukianowicz konnte nur vermuten, welche dauerhaften Schäden mißhandelte Kinder erleiden: Das Kind wird furchtsam, zurückgezogen, ängstlich, oder es wird zum Rebellen, zu einem aggressiven Psychopathen und später selbst zu einem mißhandelnden Erwachsenen. Einige Kinder schließlich zeigen Symptome von Geistesstörung oder Epilepsie (vgl. Lukianowicz 1971, S. 273). Um seine Vermutungen über die Beschädigung der Kinder zu bestätigen, forderte Lukianowicz Langzeitstudien, mit denen die Entwicklung unerwünschter Kinder verfolgt werden kann.

Über einige zeitlich begrenzte Untersuchungen, die den Lebensweg von mißhandelten Kindern verfolgten, berichtete Martin (1972). So wurde an der Universität von Colorado (USA) die psychische und soziale Entwicklung von 42 mißhandelten Kindern über einen Zeitraum von drei Jahren verfolgt. Die Studie erbrachte den Nachweis, daß mißhandelte Kinder Langzeitschäden davontragen (siehe Tabelle 5.5): »Wir wissen jetzt, daß sogar eine größere Zahl von Kindern behindert, hirngeschädigt, unterernährt und emotional verkrüppelt sein werden« (Martin 1972, S. 112).

Einige Schäden können allerdings gemindert werden, wenn angemessene psychotherapeutische Behandlungen durchgeführt werden (vgl. Galdston 1965, S. 440 f.). Das setzt voraus, daß die Kinder durch Pädagogen oder Sozialarbeiter in die Betreuung von Therapeuten vermittelt werden können.

Tabelle 5.5: Weitere Entwicklung mißhandelter Kinder

	Eingeschränkte, verzögerte Funktionen	Nicht eingeschränkte Funktionen	zusammen
1. Intelligenz- oder Entwicklungs- quotient (mittl. Wert und Streuung)	69/ 19–79	98/ 81–118	88/ 19–118
2. Schädelbruch und subdurale Schäden	9 (64%)	4 (14%)	13 (31%)
3. Neurologische Folgen	11 (79%)	7 (25%)	18 (43%)
4. 2. und/oder 3.	13 (95%)	9 (32%)	22 (52%)
5. Massive Rück- stände in Gewicht und Länge	7 (50%)	7 (25%)	14 (33%)
6. Sprachentwicklung verzögert	4 (29%)	12 (43%)	16 (38%)
N =	14 (33%)	28 (66%)	42 (100%)

(vgl. Martin 1972, S. 95)

Wir haben bereits darauf hingewiesen, daß sich das Eltern-Kind-Verhältnis verschlechtert und die Gefährdung des Kindes wächst, wenn es seine vitalen körperlichen und psychischen Bedürfnisse äußert. Das Gedeihen der Kinder besteht im wesentlichen darin, daß sie ihre allmählich sich differenzierenden Bedürfnisse entfalten können und die Einschränkung ihrer Wünsche ohne überflüssige Repression geschieht. Eine differenzierte Analyse der Langzeitfolgen von Kindesmißhandlungen muß diesen psychodynamischen Beziehungszusammenhang berücksichtigen.

Die meisten Autoren stimmen darin überein, daß die subjektiv erlebte Belastung von Eltern in schwierigen Situationen darüber entscheidet, ob sie körperliche Gewalt anwenden, um sich »gegen ihr Kind durchzusetzen«.

Die Vorschläge für sozialpädagogische und psychotherapeutische Maßnahmen beziehen sich jedoch allesamt auf einen Zeitpunkt, der nach der Mißhandlung eine Kindes liegt. Im Gegensatz dazu wird nicht selten die These vertreten, daß die unbewußte Psychodynamik zwischen Eltern und Kind immer dann Mißhandlungen ausschließt, wenn möglichst viele Belastungen in der äußeren Lebenswelt beseitigt werden. Vieles spricht für diese These. Gegen sie spricht allerdings, daß unbewußte Dynamiken auch beim Fehlen äußerer Erschwernisse die Kränkungs- und Vergeltungsspirale in Bewegung setzen.

Die australischen Wissenschaftler Birrell/Birrell (1968) überprüften deshalb, wie eine erfolgversprechende Sozialpolitik gegen die Kindesmißhandlung auszusehen hätte, die die familiären und sozialen Lebensverhältnisse der Eltern verändert. Weil sie den sozialen Lebensbedingungen und aktuellen Belastungen entscheidenden Einfluß für die Entstehung der Kindesmißhandlung beimaßen, nahm die Sozialarbeit in diesem Konzept einen besonders hohen Stellenwert ein.

»In vielen Fällen symbolisiert die Mißhandlung eines Kindes untragbaren Streß innerhalb einer Familie. Die Ursachen können vielfältig und die Interaktion der Faktoren sehr komplex sein. Folgende Faktoren kommen in Betracht: (I) Armut; (II) unzureichende Wohnverhältnisse; (III) physische oder psychische Krankheit; (IV) Alkoholismus; (V) innerfamiliäre Spannungen und Feindseligkeiten; (VI) Einsamkeit und Frustration; (VII) Zurückweisung eines behinderten Kindes. Diese können alle begünstigende Faktoren sein. Der wesentliche Faktor ist allerdings die individuelle Fähigkeit der Eltern, mit den Belastungssituationen fertig zu werden« (ebd. S. 1028).

Nach diesem Konzept soll nicht die moralische Ächtung und auch nicht die Strafverfolgung mißhandelnder Eltern im Vordergrund stehen, sondern die Beseitigung möglichst vieler sozialer Umstände, denen eine auslösende oder begünstigende Funktion für die elterliche Gewalttätigkeit zugeschrieben wird.

Das Ziel von Sozialarbeit und Kinderschutzpolitik müsse sein, daß Kinder ungefährdet in ihren Familien leben können. Interdisziplinär arbeitende Teams von Sozialarbeitern, Psychologen und Juristen sollen gewalttätigen Eltern helfen, über ihre soziale und psychische Situation zu sprechen. Nach diesem Ansatz soll die Unerwünschtheit eines Kindes nur noch unter extrem belastenden sozialen Bedingungen zum »Auslöser« von Mißhandlungen werden (vgl. z. B. Fontana/Robison 1976, S. 761; vgl. Thistleton, 1977, S. 513–524; und Schmitt/Kempe 1976, S. 406 ff.). Ein Kind bleibt in diesem Modell zwar ebenfalls lebenslang ein unerwünschtes Kind, aber seine akute Gefährdung durch die Eltern kann in den Phasen seiner größten Abhängigkeit wirksam verringert werden (vgl. Holman/Kanwar 1975, S. 79 f.).

Der Arbeit von Kinderschutzzentren und Elternselbsthilfegruppen kommt in sozialpädagogischen Ansätzen eine große Bedeutung zu. Ihr Nachteil besteht in aller Regel darin, daß sie meistens erst wirksam werden, wenn das Kind bereits mißhandelt wurde. Dann sind aber psychische Schäden und körperliche Verletzungen schon eingetreten (vgl. Martin 1972). Ebenso sind strafrechtliche Ermittlungen bereits ausgelöst, die den Zugang zur Selbsthilfegruppe oder einer Familientherapie dadurch erschweren, daß die Eltern auf die Strategie der strafrechtlichen Verteidigung und nicht der Selbsterforschung festgelegt sind.

Eine der wichtigsten Aufgaben der Familien- und Sozialpolitik besteht nach unserer Auffassung darin, daß körperliche und psychische Mißhandlungen unterbleiben, die beide mit lebenslangen seelischen, mitunter auch körperlichen Verletzungen verbunden sind. Strafrechtliche Ansätze zur Bekämpfung elterlicher Gewalt entsprechen nicht dem Interesse der Kinder, sondern dienen nur allzu vordergründig der Beschwichtigung der Schuldgefühle und dem Vergeltungsbedürfnis von Erwachsenen. Rache und Vergeltung sind mit dem Prinzip der Hilfe und der vorbeugenden Verhinderung jedoch nicht in Einklang zu bringen.

Das Ziel, der Gewalttätigkeit von Eltern vorzubeugen, kann teilweise dadurch erreicht werden, daß gesellschaftspolitische Maßnahmen die Lebenssituation kinderreicher Familien, alleinerziehender Frauen oder von Partnern mit schweren Lebenskonflikten verbessern. Auch die Aufklärung über die langfristigen Wunden einer »nur auf die Situation begrenzten Prügelstrafe, die dem Kind nicht nachgetragen wird« und die das Kind nur an gesellschaftliche Erwartungen anpassen soll, kann zusammen mit Informationen und Beratungsangeboten manche Mißhandlung verhindern. Die Schaffung kinderfreundlicher Wohnbedingungen, Spielmöglichkeiten und Schulen bewirkt ebenfalls eine Entlastung von bestehenden sozialen Notlagen – also kinderbejahende Gesellschaftsbedingungen.

Es gibt zahlreiche Untersuchungen und auch literarische Texte (vgl. Queffélec 1989; Bieler 1988; Achternbusch: »Ella«), die das dramatische Schicksal von unerwünscht geborenen und abgelehnten Kindern beschreiben.

Die naheliegenden Schritte, um Kindern dieses Schicksal zu ersparen, bestehen darin, daß ungeplante Schwangerschaften vermieden werden und eingetretene unerwünschte Schwangerschaften nicht ausgetragen werden müssen, sondern abgetrieben werden können (vgl. Gelles 1975, S. 275; Gostomzyk 1977, S. 287; Beck 1970, S. 267 f.; Gil 1969, S. 863).

»Auf diesem Gebiet gibt es auch durchschlagende Argumente für die Beseitigung der gesetzlichen und sozialen Stigmatisierung der Abtreibung, so daß unerwünschte Kinder nicht geboren werden müssen« (Gelles 1975, S. 275).

Als Minimum für dieses Kinderschutzinteresse muß eine gesellschaftspolitische Kultur geschaffen werden, in der die legalen Möglichkeiten der Schwangerschaftsverhütung offen dargestellt werden und für jeden erreichbar sind.

»Wenn wir vermeiden wollen, daß Eltern von ihren Kindern überfordert werden und sie deshalb zerstören, müssen wir Aufklärung über Familienplanung verfügbar machen. Geeignete Methoden der Geburtenkontrolle müssen leicht zugängig sein. Unerwünschte Kinder schweben in der großen Gefahr, daß sie mißbraucht werden und unter Langzeitschäden leiden« (Elmer et al. 1977, S. 241).

Pro Familia, Planned Parenthood, sozialstaatlich orientierte Parteien und Teile der Frauenbewegung, aber auch Wissenschaftler wie Gelles schlugen die Entwicklung von Hilfsprogrammen vor, mit denen Kenntnisse und Fähigkeiten für die Planung der Elternschaft, Geburtenkontrolle und Familienplanung gefördert werden können.
Henry P. David vom »Transnational Family Research Institute« in Bethesda faßt 1988 die Ergebnisse der tschechischen und skandinavischen Forschungen ebenfalls in diesem Sinne zusammen:

»Die Studien, über die wir berichteten, demonstrieren aus unserer Sicht, daß unfreiwilliges Gebären mit einer vernünftigen öffentlichen Gesundheitspolitik kaum vereinbar ist. Unerwünschtheit kann folgenreiche Risiken für die kindliche Entwicklung wie gesellschaftlich unerwünschte Langzeitfolgen nach sich ziehen« (S. 22).

Die Freigabe der Abtreibung ist eine Voraussetzung und sicher keine der unwichtigsten für eine Gesellschaft, die ernsthaft daran denkt, das Schicksal der Unerwünschtheit zu beenden, und eine konsequente Politik der Kindeswohlsicherung betreiben möchte.

Die Selbsttötung von Kindern und Jugendlichen

Ein großer Teil der Forschung über die Selbsttötung von Kindern und Jugendlichen befaßt sich mit den sozialen und psychischen Bedingungen, unter denen sie heranwachsen. Dieser Forschungsansatz thematisiert die frühen kindlichen Erfahrungen mit Eltern und die familiären Belastungen durch Schule, Freizeit und Beruf. Die suizidale Handlung wird nicht als Spontanhandlung verstanden, auch wenn sie dem Außenstehenden als solche erscheinen mag, sondern als eine Handlung, die ihre Voraussetzungen in der Lebensgeschichte des Jugendlichen hat.

Wie wir im vorherigen Kapitel zeigten, entwickeln unerwünscht geborene Kinder eher Persönlichkeitsstrukturen, die unter gesellschaftlichen Anforderungen »versagen«. Sie führen zu gesellschaftlich problematischen Reaktionen. Der Mangel an Zuneigung und Liebe, den sie in der frühen Kindheit und den anschließenden Lebensphasen erleben, wird in den meisten Untersuchungen direkt oder indirekt diskutiert.

Wir möchten jedoch darauf hinweisen, daß die »Unerwünschtheit« um so weniger eindeutig und »durchschlagend« wirkt, je länger die depravierenden Erfahrungen zurückliegen und je erwachsener und autonomer ein Kind wird. Unerwünscht geboren zu werden ist mit unsäglichen Verzichten verbunden. Aber es schließt keineswegs aus, daß ein unerwünschtes Kind großartige Fähigkeiten und Konfliktbewältigungsstrategien entwikkelt. Das Schicksal der Verzichte geht dann eine Legierung mit bemerkenswerten Fähigkeiten ein. Das kann so sein, aber es muß nicht so sein. Die Spuren der Unerwünschtheit verwischen sich dann zusehends und bilden Elemente einer charakterologischen Einheit. Die Schicksalsspuren der Unerwünschtheit lassen sich dann noch am besten in Autobiographien, Langzeitstudien, literarischen Darstellungen (vgl. Queffélec 1989; Bieler 1988), vor allem aber in Lebensgeschichte aufdeckenden psychoanalytischen Falldarstellungen verfolgen.

Die Selbsttötung von Kindern und Jugendlichen wird in den Erziehungswissenschaften globalisierend als Resultat einer mißlungenen Erziehung aufgefaßt. Sie wird in engem Zusammenhang mit der emotionalen Zuwendung der Eltern während der frühen Kindheit gesehen. Die Zuneigung gilt nicht nur als eine unabdingbare Voraussetzung für das kindliche Wohlergehen, sondern vor allem auch als Matrix, welche die Möglichkeiten und Konfliktlösungsfähigkeiten des zukünftigen Erwachsenen festlegt. Wenn es gelingt, die Austragung unerwünschter Schwangerschaften zu verhindern, die mütterliche Liebe auf Dauer ausschließen oder nur in höchst ambivalenter Ausprägung zulassen, so kann dies bereits als eine vorausschauende wirksame Politik gegen die Selbsttötung verstanden werden.

Statistische Zahlen über den Selbstmord von Kindern und Jugendlichen kommt deshalb eher appellativer Charakter zu, zumal wenn eine Gesellschaft noch keine grundlegend vorbeugende Kinderschutzpolitik in identifizierbaren Bereichen praktiziert, in denen es bereits möglich wäre.

Für das Jahr 1974 weisen die Daten des Statistischen Bundesamtes der Bundesrepublik Deutschland aus, daß etwa 800 Jungen und Mädchen im Alter unter 15 Jahren sich durch Selbstmord und Selbstbeschädigung das Leben nahmen (vgl. Presse- und Informationsamt der Bundesregierung [Hg.]: Gesellschaftliche Daten 1977, S. 38 u. 13).

Auf einer Tagung der Hessischen Arbeitsgemeinschaft für Gesundheitserziehung und des Hessischen Instituts für Lehrerfortbildung wurden für das Jahr 1975 etwa 500 Selbstmorde von Kindern im Alter zwischen sechs und 18 Jahren genannt (vgl. betrifft: erziehung 1976, S. 14). Die Rechtsmedizinerin Trube-Becker nennt für das Jahr 1976 ähnliche Zahlen (vgl. Trube-Becker, 1979, S. 481). Lebert schildert, daß sich 1978 in der Bundesrepublik fast 600 Jungen und Mädchen zwischen sechs und 18 Jahren »vergiftet, erhängt, ertränkt« (1979, S. 162) haben.

Unter dem Stichwort »Selbstmord/Selbstbeschädigung« wird vom Statistischen Bundesamt für 1986 ausgewiesen, daß 11 599 Personen sich selbst getötet haben. Auf die fünf- bis 15jährigen männlichen Personen entfallen 27, auf die 15- bis 25jährigen 906. 1986 haben sich von insgesamt 3818 weiblichen Personen von den Fünf- bis 15jährigen 13, von den 15- bis 25jährigen 259 selbst getötet (vgl. Statistisches Bundesamt: Statistisches Jahrbuch 1988 für die BRD, S. 390 f.).

Die Unterscheidung zwischen Selbstbeschädigung und Selbstmord bezieht sich auf die Art des Motivs, mit dem ein Kind die Selbsttötung herbeiführt. Wenn ein Versuch gelingt, sind Eltern oft die einzigen, die Auskunft über die möglichen Motive ihres Kindes geben können. Sowenig wie manche Ärzte sich vorstellen können, daß Eltern, die vor ihnen sitzen, ihr Kind mißhandeln, sowenig wollen sich viele Eltern vorstellen, daß ausgerechnet ihr Kind eine Selbsttötung begangen haben soll, zumal wenn sie durch eigenes Verhalten daran mittelbar oder maßgeblich beteiligt sind. Mit Sicherheit werden daher viele Selbsttötungen und Selbsttötungsversuche als Unfälle – eben als Selbstbeschädigung – ausgegeben. Lebert (1979) weist mit Recht darauf hin, daß Vergiftungen durch große Mengen Putz- und Reinigungsmittel nicht immer als Unfälle im Haushalt zu erklären seien.

»Selbstmord ist in fast allen Ländern – nach Verkehrsunfällen – Haupt-todesursache bei Kindern« (DIE WELT vom 7.4.1979; vgl. auch Truckenbrodt/Windorfer 1979, S. 297; und Müller, 1977, S. 821).
»Bei unausgelesenen Befragungen gaben 30% der Jugendlichen zwischen 14 und 24 Jahren an, schon einmal mit Selbstmordgedanken gespielt zu haben; 6% der Jungen und 10% der Mädchen wollen sogar schon einen Selbstmordversuch unternommen haben« (Müller 1977, S. 821).

Kinderpsychologen schätzen, daß die Zahl der Selbstmordversuche von Kindern und Jugendlichen zwischen sechs und 18 Jahren in der Bundesrepublik Deutschland bei etwa 10000 pro Jahr liegt. Bezogen auf die Gesamtbevölkerung wird für den gleichen Zeitraum von mindestens 100000 Suizidversuchen ausgegangen (vgl. Deutsches Ärzteblatt 75 / 1978, S. 1122). Decke und Lange (1978) sind davon überzeugt, daß die Suizidbegründungen, die Ärzten, Psychologen, Sozialpädagogen und anderen gegeben werden, die Selbsttötungsversuche nicht ausreichend erklären können. Sie suchen die Ursachen für die Handlung vielmehr in den lebensgeschichtlich bedeutsamen psychischen Verletzungen wie den Persönlichkeitsstrukturen.

»Wenn man sich... intensiv mit dem Entwicklungsvorfeld derjenigen Menschen beschäftigt, die zu suizidalem Verhalten kommen, dann erwiesen sich... Lebens- und Entwicklungsbesonderheiten, die erkennen lassen, daß suizidbegünstigende Bereitstellungen lange vorgebahnt sind, wiewohl der so beschaffene Mensch weder eine psychische Krankheit aufweist noch bislang gröber normabweichendes Verhalten gezeigt hat« (Decke/Lange 1978, S. 904).

Die Autoren untersuchten 300 Patienten nach Besonderheiten in den familiären Entwicklungsbedingungen. Die Fallberichte wurden an der Betreuungsstelle für Suizidgefährdete der Neurologisch-Psychiatrischen Klinik der Medizinischen Akademie »Carl Gustav Carus« in Dresden geführt. Für ihre Untersuchung zogen sie bewußt grob formulierte Merkmale heran, um Akzente für eine spätere differenziertere Forschung zu setzen.

»Die Einschätzung von Erziehungsmängeln ergab sich aus der umfangreichen Exploration der Suizidenten sowie durch ergänzende Hausbesuche bzw. Einsicht in Unterlagen von Schulen, der Referate Volksbildung/ Jugendhilfe und anderer staatlicher Organe. Dabei entschieden wir uns für die Bezeichnung ›gut‹ bzw. ›ohne erkennbare Mängel‹, ›ausreichend‹ und ›nicht ausreichend‹, wobei in die letzteren u. a. die auch als ›overprotection‹ und ›broken home‹ bekannten Mängel eingegangen sind« (ebd. S. 902).

Für eine Beurteilung von Erziehungsmängeln legten die beiden Forscher keine detaillierten Überlegungen vor. Sie gaben lediglich an, daß sie darunter ein breites elterliches Verhaltensspektrum »von der Gängelerziehung einerseits über die Pendelerziehung bis zur sogenannten overprotection« (ebd. S. 903 f.) verstehen. Sie beschreiben damit die wesentlichen Eigenschaften der allgemeinen emotionalen Atmosphäre der Eltern-Kind-Beziehung.

Tabelle 6.1: Suizidenten mit ausreichender bzw.
mit nicht ausreichender Erziehung

Altersgruppen	Insgesamt			Ausreichend			Nicht ausreichend		
	M	F	Zus.	M	F	Zus.	M	F	Zus.
unter 14	–	5	5	–	1	1	–	40	40
14 bis unter 18	–	15	15	1	6	7	1	7	8
18 bis unter 40	73	108	181	22	41	63	24	25	49
40 bis unter 60/65	30	50	80	8	7	15	1	6	7
Insgesamt	103	178	281	31	55	86	26	78	104

(vgl. ebd. S. 903)

Aus der Untersuchung von Decke und Lange geht auch hervor, daß die Erziehungsbedingungen für jugendliche Suizidanten eine größere Rolle spielten als für ältere. Es zeigte sich besonders, daß Mädchen in auffälliger Weise von der emotionalen Atmosphäre der Familie abhängig sind. Die elterliche Ablehnung der unerwünschten Kinder äußerte sich in eingeschränkter Zuneigung und Sorgfalt, mangelnder Anregung und affektiver Wärme. Die Dresdener Ärzte betrachten diese Faktoren als sehr bedeutsam für die psychische Entwicklung der Selbsttötungskandidaten in ihrer Studie (vgl. ebd. S. 903 f.).

Harbauer (1973) geht davon aus, daß die kindlichen Suizidhandlungen in ¾ aller Fälle eine lang andauernde entsagungsreiche Entwicklung abschließen, die durch fehlende Liebe und Geborgenheit in der Familie geprägt ist. Dieses Ergebnis stimmt mit den Aussagen anderer Wissenschaftler überein. Bei fast allen Suizidanten fanden sie heraus, daß ein »deutlicher Mangel an liebevoller Zuwendung und Geborgenheit vorlag« (Zumpe 1966, S. 23) und die zwischenmenschlichen Beziehungen offensichtlich gestört waren (vgl. Waage 1966, S. 32). Harbauer (1973) weist allerdings noch auf einen weiteren interessanten Aspekt hin.

In mehreren Äußerungen von Kindern, die nach einem Suizidversuch gerettet wurden, entdeckten sie Bestrafungstendenzen, die gegen die Eltern gerichtet waren. »Die Eltern sollen sehen, wie weit sie es mit mir gebracht haben und wie es ohne mich ist.«

Wenn Kindern die elterliche Liebe entzogen wird und das Gefühl entsteht, ungeliebt und unerwünscht zu sein, so kann das nach dieser Beobachtung mit einem »vergeltenden Suizidimpuls« beantwortet werden (vgl. ebd. S. 493).

Harbauers Vermutung wurde 1976 in einer Untersuchung von Biener/Burger über »Selbstmordversuche und Abschiedsbriefe Jugendlicher« für einen sehr großen Teil der Selbstmordversuche bestätigt (vgl. Biener/Burger 1976, S. 179 u. 184f.). Auch Müller (1977) führte zunächst die schon traditionellen »eigentlichen« Ursachen für Selbstmordversuche an:

»Zurücksetzung und Vernachlässigung eines Kindes oder Jugendlichen in Familie oder unter Gleichaltrigen, Verunsicherung durch gestörte Familienverhältnisse oder während der Ablösung von Zuhause, unglückliche Liebe, Schul- und Examensängste« (ebd. S. 822).

In der Diskussion seiner Ergebnisse schränkte Müller den Erklärungswert seiner Aussagen jedoch ein.

»Es ist richtig, daß sich wahrscheinlich mehr Suizide in durch Scheidung angeschlagenen, unvollständigen oder durch Trunksucht gestörten Familien ereignen. Die Mehrzahl der Suizide aber ereignet sich eben in einem Alter, in dem sich Jugendliche natürlicherweise von der Familie lösen, in dem Gegensätze zwischen Alt und Jung auftreten bzw. sichtbar werden und die Hilfestellung auch durch eine harmonische Familie erschwert ist, so daß große Vorsicht am Platze ist, die Suizidursachen durch familiäre Disharmonien zu erklären« (ebd. S. 823; vgl. auch Oschlies 1979, S. 2 u. 42; Thille 1971, S. 716).

Trube-Becker (1979) untersuchte 66 Fälle kindlicher Selbsttötung im Alter zwischen neun und 16 Jahren und 22 Selbsttötungsversuche. Die häufigste Tötungsart war bei den Mädchen die orale Vergiftung (48 %), bei den Jungen das Erhängen (34 %) und orale Vergiftung (28 %). Bei den Selbstmordversuchen handelte es sich ausschließlich um Vergiftungen mit Medikamenten (vgl. ebd. S. 483). Für die Ermittlung der Motive, die zur Selbsttötung führten, mußte sich die Düsseldorfer Gerichtsmedizinerin zum größten Teil auf die Aussagen von Eltern und Verwandten stützen. Nur elf Kinder (19,3 %) hatten einen Abschiedsbrief hinterlassen.

»Die Motive zur Tat sind bei Kindern ebenso schwer zu erfassen wie bei erwachsenen Personen, schon deshalb, weil Eltern und Verwandte geneigt sind, die Tat des Kindes zu bagatellisieren oder das suizidale Verhalten zu verheimlichen« (ebd. S. 484).

Die Motive, die von Trube-Becker zusammengestellt wurden, stellen daher nur die Anlässe für die Selbsttötung des Kindes dar, die Eltern plausibel und annehmbar erscheinen.

Motive	männlich	weiblich	zusammen
Liebeskonflikt	4	3	7
Schwierigkeiten in der Familie	4	2	6
Schwierigkeiten in der Schule	9	1	10
Schwierigkeiten in der Lehre	1	1	2
Krankheiten	5	1	6
Angst vor Strafe	3	2	5
sexuell mißbraucht	1	5	6
homosexuell	1	–	1
Gravidität	–	1	1
prämenstruell	–	1	1
Drogen, Alkohol	5	1	6
ungerecht bestraft	5	–	5
autoerot. Unfall	3	–	3
Spiel	2	–	2
Motiv unbekannt	3	1	4
Mutprobe	1	–	1
Zusammen	47	19	66

(vgl. Trube-Becker 1979, S. 483)

Für jede Selbsttötung ist in dieser Statistik jeweils nur ein Motiv, möglicherweise das Hauptmotiv, angegeben. Warum aber in einem Fall Schwierigkeiten in der Schule einen Jugendlichen in die Selbsttötung treiben, in einem anderen Falle aber nicht, bleibt ungeklärt. Wüßten Eltern das rückblickend anzugeben, so hätten sie ein hochsensibles Gespür für die Gefährdung ihres Kindes und hätten möglicherweise die Selbsttötung verhindern können. Welche Vorgänge bei der Entstehung von Selbstmordabsichten zusammenwirken, läßt sich aus der Arbeit nicht klären. Die Autorin vermutet, daß »im Vordergrund ... zweifellos die ungünstige familiäre Situation (steht), wenn auch meistens nicht als Motiv angegeben« wird (ebd. S. 484).

Diese Vermutung ist sehr einleuchtend, weil gut nachvollziehbar ist, daß es den Eltern schwerfallen muß, auf Befragen sich und Fremden zuzugestehen, daß Familienkonflikte oder gar körperliche und seelische Mißhandlungen den Suizid herbeigeführt haben könnten. Dies käme einer Schuldübernahme und Anerkennung elterlicher Verantwortung gleich.

Um Motive und psychodynamische Prozesse zu verstehen, die zur Selbsttötung führen, gibt es für die Forscher die Möglichkeit, Kinder und Jugendliche zu befragen, die nach einem Selbstmordversuch gerettet wurden oder die als selbstmordgefährdet mit psychologischen Diagnoseverfahren eingeschätzt werden. In tiefenpsychologisch geführten Interviews und Gruppendiskussionen können unbewußte oder latente Selbsttötungswünsche aufgedeckt werden. Das setzt allerdings voraus, daß Forscher ihre starre Entgegensetzung von normalen und abnormalen Menschen aufgeben und vielmehr davon ausgehen, daß in jedem Menschen beide Anteile enthalten sind, wenn auch mit unterschiedlichen Gewichtungen.

Hobrücker und Schmitz arbeiteten im Rahmen ihrer Dissertation über die Motive und Persönlichkeitsstrukturen von etwas mehr als 100 Kindern und Jugendlichen, die nach einem Suizid gerettet worden waren. Die Daten ergaben, daß Konflikte im Elternhaus, Probleme in Schule oder Lehre und Liebeskummer sehr häufig als unmittelbarer Anlaß für den Selbsttötungsversuch genannt wurden. Die Autoren nehmen an, daß »Erziehungsfehler« der Eltern die psychische Grundlage für eine spätere Gefährdung während einer Krisensituation abgeben. Bei allen Kindern wurde mindestens eine der folgenden elterlichen Verhaltensformen festgestellt: Mißtrauen, ständige Kritik, Strafen und angstfördernde Erziehung (vgl. WESER-KURIER vom 3.1.1979; vgl. inForm 1979/2, S. 4).

Diese angstmachenden Grundstimmungen von Eltern lassen sich als Indikatoren ablehnender oder hochambivalenter elterlicher Gefühle interpretieren (vgl. dazu unsere Ausführungen im Kapitel über Kindesmißhandlung). Es verwundert dann auch nicht, daß eine Befragung der Eltern, deren Kinder gerettet worden waren, ergab, daß jedes zweite Kind aus dieser Untersuchung unerwünscht zur Welt gekommen war (vgl. ebd.).

Da jedoch in Umfragen zu problematischen Sachverhalten allgemein die Tendenz besteht, Antworten danach auszurichten, was die Befragten für sozial erwünscht halten, um nicht aufzufallen, dürfte der Anteil der unerwünschten Kinder größer sein, als angenommen wird (vgl. Smith et al. 1974, S. 575). Die Familie ist für Kinder und Jugendliche ein wichtiges Beziehungsgefüge, das in der Dynamik des Suizidversuchs eine große Rolle spielt. Dem Selbsttötungsversuch gehen in der Regel offene und verdeckte Hinweise für die anderen Familienmitglieder voraus. Wird ein Kind abgelehnt, weil es unerwünscht ist oder die Eltern in ihrer Lebensführung stört, so ist kaum anzunehmen, daß verdeckte und offene Hinweise von Eltern wahrgenommen werden. Ein Selbstmordversuch kann dann als letztes Alarmsignal des Kindes aufgefaßt werden, der auf das Versagen des familiären Integrationszusammenhangs hinweisen soll.

Unerwünschte Kinder sind in diesem Beziehungskonflikt besonders gefährdet, weil ihre emotionalen Bindungen an die Eltern häufiger als bei erwünschten Kindern durch Ablehnung und latente oder offene Feindseligkeit geprägt sind. Diese Kinder bleiben mit ihren ohnehin größeren psychischen Problemen in einer resonanzlosen und tödlichen Affektisolation und Affektspaltung.

Da die familiären Beziehungen einen wesentlichen Bezugspunkt für die Auseinandersetzung mit dem Kinder- und Jugendlichensuizid bilden, muß das Schwergewicht auf Interventionen gelegt werden, die den Kindern die Zuwendung ihrer Eltern sichern und die Eltern befähigen, freier mit ihren bewußten und unbewußten Schuldgefühlen umzugehen. Allerdings setzt das voraus, daß die Entscheidung zum Kind frei erfolgt.

Jugendkriminalität

Die Erforschung der Kriminalität hat eine lange Tradition. Seit Lombroso (1835–1909) gehen die Vertreter des »causal approach« von der »impliziten Annahme der prinzipiellen Unterschiedlichkeit des Kriminellen vom Nichtkriminellen« (Sack 1974, S. 442) aus. In der Regel wird allerdings nicht mehr das Bild vom »geborenen Verbrecher mit fliehender Stirn und ausgeprägtem Kinn«, sondern ein differenzierter Erklärungsansatz gewählt.

Das alternative Paradigma des »labelling approach« bezeichnet als abweichendes Verhalten, was durch Instanzen sozialer Kontrolle als abweichend definiert und sanktioniert wird. Kriminelles Verhalten wird in einem Wechselprozeß von Individuum und gesellschaftlichen Instanzen »erlernt«. Kriminalität ist nach diesem Konzept nicht Merkmal des Täters, sondern Ausdruck bestehender Machtverhältnisse zwischen den Menschen (vgl. Ahrens 1975, S. 34; vgl. auch Abele et al. 1973; siehe auch: Becker, 1973). Durch systematische Vergleiche der Persönlichkeitsstrukturen und Lebensbedingungen von Menschen, die normkonformes bzw. normabweichendes Verhalten zeigen, versucht die Kriminologie, soziologische, psychologische, aber auch biologische und rassische Bedingungen aufzuspüren, die dieses Verhalten verursacht haben könnten.

Der lange herrschende Streit, ob bei der Erklärung von Verhalten »nature« (Anlage) oder »nurture« (Umwelt) bestimmend seien, gilt heute als überholt. Es wird allgemein anerkannt, »daß es keinen bestimmten Faktor gibt, der eindeutig und allein als ›Verursacher kriminellen Verhaltens‹ nachgewiesen ist« (Lösel 1976, S. 14).

Bisher wurde herausgefunden, daß weder Schichtzugehörigkeit noch Erbgut, weder Ausbildung noch Elternverlust, Familienklima, Schulerfolg, Wohnort der Familie als singuläre Faktoren die Entstehung der Jugendkriminalität hinreichend erklären. Daß ein Kind unerwünscht ist, kann deshalb ebenfalls nicht als singulär wirkender Faktor für delinquentes Verhalten angesehen werden. Allerdings lassen sich bei jugendlichen Delinquenten bestimmte Problembündelungen finden, zu denen auffälligerweise auch der Faktor »Unerwünschtheit« zählt.

Wird Kriminalität als psychische Symptombildung aus einer »nicht gelungenen Sozialisation« verstanden, so führt die Suche nach Sozialisationsbedingungen immer in den Bereich der familialen Erziehung.

In diesem Kapitel werden wir Studien der kriminologischen Forschung vorstellen, die ausdrücklich die Bedeutung der Unerwünschtheit für die frühkindlichen Erfahrungen thematisieren. Vorab seien jedoch einige kritische Einschätzungen zur Relevanz der amtlichen Kriminalstatistik getroffen.

Seit Jahren wird in der Öffentlichkeit mit statistischen Angaben zur Jugendkriminalität hantiert, um aus steigenden Kriminalitätsziffern den Zerfall der familialen Erziehungsfunktion abzuleiten (siehe Tabelle 7.1) und eine entsprechende konservative Familienpolitik zu fordern.

Tabelle 7.1: Anteil der Kinder und Jugendlichen an der Gesamtzahl der Tatverdächtigen in der Bundesrepublik Deutschland

	Anteil der Kinder an der Gesamtzahl der Tatverdächtigen	Anteil der Jugendlichen an der Gesamtzahl der Tatverdächtigen
1975	6,2 %	13,5 %
1976	7,0 %	14,1 %
1977	7,2 %	15,0 %
1978	7,7 %	15,2 %

(vgl. Presse- und Informationsamt der Bundesregierung, 1979, S. 546)

In der amtlichen Statistik werden alle bekanntgewordenen und alle aufgeklärten Straftaten ausgewiesen und die Zahlen der ermittelten Tatverdächtigen und der verurteilten Angeklagten angegeben. Die amtliche Statistik ist jedoch nicht in der Lage, die Dunkelziffer zu quantifizieren oder die Folgen des selektiven Vorgehens von Strafverfolgungsbehörden für die Relevanz der Statistik einzuschätzen. Die Legitimationskraft der amtlichen Kriminalstatistik ist für familien- und sozialpolitische Gesetzesvorhaben äußerst beschränkt (vgl. z. B. Brusten 1971 und Peters 1971).

Das Bundesministerium für Jugend, Familie und Gesundheit verwies in einer Erklärung darauf, daß »über 90 % aller Delikte Minderjähriger Eigentumsdelikte mit einem Einzelschaden von unter 10 DM seien. Diese Straftaten brächten keinen Einstieg in die Erwachsenenkriminalität, sondern seien ›entwicklungsbedingt und episodenhaft‹. Der Anteil der ›jugendlichen Intensivtäter‹ liege weiterhin konstant bei 5 %« (»Jugendkriminalität gestiegen?« In: PÄD. EXTRA – SOZIALARBEIT 3/1979/ Heft 6, S. 4; vgl. auch: Presse- und Informationsamt der Bundesregierung: Bulletin Nr. 60/1979).

Nun werden längst nicht alle begangenen Straftaten erkannt, und nicht alle erkannten werden angezeigt. Die Höhe der Dunkelziffer im Bereich der Kriminalität läßt sich nicht einmal annähernd schätzen. Für einzelne Straftaten ist sie nach Schätzungen sehr hoch – z. B. Verkehrsstraftaten und Diebstahl (vgl. Lösel 1976, S. 14).

Zuverlässige Aussagen über charakteristische Merkmale jugendlicher Delinquenten zu treffen setzt Einschätzungen darüber voraus, ob ein bestimmtes Merkmal wie die »Unerwünschtheit« nur bei denjenigen zu finden ist, gegen die polizeilich ermittelt wurde, oder ob dieses Merkmal für alle Jugendlichen mit vergleichbaren Straftaten zutrifft. Da eine quantifizierbare Aussage über die Höhe der Dunkelziffer nicht möglich ist, müssen Ergebnisse des »labelling approach« über die schichtspezifische Kriminalitätsbelastung der Bevölkerung herangezogen werden.

Bei der Interpretation »krimineller Karrieren« von unerwünschten Kindern muß berücksichtigt werden, daß sie aus »Multiproblem-Familien« stammen (vgl. Akkermann 1970) und möglicherweise deshalb einen großen Anteil der polizeilich ermittelten Täter stellen, weil ihre Familien besonderer staatlicher Beobachtung ausgesetzt sind (vgl. dazu Aich [Hg.] 1973). So ist es verständlich, daß gerade die sozialen Gruppen häufiger in der Statistik der Tatverdächtigen erscheinen, die verschärfter sozialer Kontrolle unterliegen, weil sie bestimmten gesellschaftlichen Basiserwartungen, wie etwa den Lebensunterhalt aus eigener Arbeit zu bestreiten, nicht oder nur teilweise entsprechen (vgl. Gareis 1978; May 1973).

Je nach Präferenz von Wissenschaftlern wird die Bedeutung der frühkindlichen Erfahrungen, die von der emotionalen Familienatmosphäre, der elterlichen Einstellung zum Kind, der Art und Weise ihrer Disziplinierungen oder dem Einfluß möglicher falscher oder fehlender Erziehungsziele bestimmt wird, für die Entstehung der Jugendkriminalität hervorgehoben (vgl. Kurzeja, 1973, S. 143 ff.).

Konkurrierende Ansätze hingegen betonen, daß die Ursachen der Jugendkriminalität vor allem außerhalb des familiären Einflußbereiches zu suchen seien (vgl. z. B. Autorenkollektiv 1972 [2.]). Aber auch sie kommen nicht umhin, die Familie als Ort der Vermittlung von kapitalistischen Gesellschaftsstrukturen und individueller Identitätsbildung anzuerkennen.

Einige bedeutsame Kategorien für die Beschreibung des Erziehungshintergrundes jugendlicher Delinquenten sind seit den Untersuchungen von Glueck/Glueck (1964), Nye (1958) und McCord et al. (1959) üblich. Die genauen Zusammenhänge, also die Art und Weise, *wie* sie sich im einzelnen Kind »umsetzen«, sind jedoch nicht befriedigend erforscht. Ausnahmen bilden auch hier lediglich die psychoanalytischen Fallstudien und metatheoretischen Ausführungen zur unbewußten Dynamik des kriminellen Verhaltens.

»Die Bedeutung des elterlichen Erziehungsstils für die Auslösung von Verhaltensproblemen ist offensichtlich so allgemein anerkannt, daß man sie direkt kaum untersucht hat« (BMJFG [Hg.]: Zweiter Familienbericht,

1975, S. 53). »Die Vielfalt der Methoden erschwert zudem Integration und Vergleichbarkeit von Befunden« (Lösel, 1978, S. 235).

Auch wir gehen davon aus, daß ein Kind, das unerwünscht ist, aufgrund unbewußter Schuldgefühle schon eher abweichendes Verhalten entwickelt, um sich innerer wie äußerer Konflikte als Folge seines psychischen Schicksals zu »entledigen«. Das abweichende Verhalten ist einem psychischen Symptom vergleichbar, das einen diffusen Leidenszustand ausdrückt.

Wir werden vorwiegend empirische Arbeiten vorstellen, die sich explizit auf einen möglichen Zusammenhang von Unerwünschtheit und Jugendkriminalität konzentrieren. Auf psychoanalytische Ansätze werden wir hingegen nicht eingehen.

Die beiden schwedischen Wissenschaftler Forssman und Thuwe (1966) wollten die psychische und soziale Entwicklung von Kindern erforschen, die geboren wurden, nachdem ihren Müttern zweimal ein legaler Schwangerschaftsabbruch verweigert worden war. Sie verfolgten den Lebensweg und die psychische Entwicklung von 120 »unerwünschten Kindern« und 120 »Kontrollkindern« bis zu deren 21. Geburtstag. Es zeigte sich, daß die unerwünscht geborenen Kinder in allen abgefragten Bereichen gegenüber den Kindern aus der Kontrollgruppe schlechtere »Ergebnisse« erzielten. Diese Zusammenhänge wiesen trotz gleicher Tendenz nicht in jedem Fall ausreichende statistische Signifikanz auf. Bei der Auswertung der jugendgerichtlichen Akten ergab sich für die unerwünschten Kinder sogar eine doppelt so hohe Belastung (siehe Tabelle 7.2).

Tabelle 7.2: Delinquenz bei unerwünschten Kindern
($+ = p < 0,05$; $+ + = p < 0,01$)

	Unerwünschte Kinder	Kinder der Kontrollgruppe
Wegen Delinquenz registriert in »children's aid bureaus« +	22 (18,35 %)	10 (8,3 %)
Im Strafregister wegen Kriminalität registriert	10 (8,3 %)	3 (2,5 %)
Erziehungshilfe im Alter zwischen 16 und 21 Jahren + +	17 (14,2 %)	3 (2,5 %)

(vgl. Forssman/Thuwe 1971, S. 141)

»Allein die Tatsache, daß eine Frau eine Abtreibungsgenehmigung begehrt, gleich wie unbedeutend ihre Gründe anderen erscheinen mögen, bedeutet, daß das erwartete Kind ein größeres Risiko als andere Kinder eingeht einen schweren Stand im Leben zu haben« (ebd., S. 142).

160

Während Crellin/Pringle/West (1971) die Untersuchungsergebnisse der schwedischen Forscher in ihrer eigenen Arbeit über uneheliche Kinder bestätigten, kritisierten z. B. Cameron/Tichenor (1976) die Methodik der schwedischen Studie. Sie gaben zu bedenken, daß die Ergebnisse der Schweden durchaus auch mit unterschiedlicher Schichtzugehörigkeit der unerwünschten Kinder erklärt werden könnten.

»1) Obwohl Forssman und Thuwe die Vergleichbarkeit des sozialen Status der beiden Gruppen behaupteten, hatte die Gruppe, der die Abtreibung verweigert wurde, einen niedrigeren Status als die Kontrollgruppe. Zum anderen suchten die Mütter häufiger um psychiatrische Hilfe nach. Diese Unterschiede könnten die unterschiedlichen *sozialen* Folgen für die Nachkommenschaft der beiden Gruppen erklären« (Cameron/Tichenor 1976, S. 391).

Schließlich behaupten Cameron und Tichenor, daß mit der schwedischen Untersuchung eher der Nachweis gelungen sei, daß die soziale Entwicklung von Kindern wahrscheinlich unabhängig von der Einstellung der Mutter zum Kind verliefe als umgekehrt (vgl. Cameron/Tichenor 1976, S. 394). Forssman und Thuwe reagierten noch 1976 sehr schnell auf die Kritik der beiden Amerikaner. Sie konnten allerdings nicht alle kritisierten Punkte vollends entkräften. Die Auswahl der 120 »unerwünschten« und 120 »Kontroll«-Kinder rechtfertigten sie mit den geringen finanziellen Möglichkeiten, Langzeitstudien durchzuführen. Der Begriff »Unerwünschte Schwangerschaft« sei, darin stimmten sie ihren Kritikern allerdings zu, keineswegs synonym mit der Bezeichnung »unerwünschte Kinder«.

»Aus unserer Studie muß prinzipiell geschlossen werden, daß die Frauen zum Zeitpunkt, an dem sie um eine Genehmigung für die Abtreibung nachsuchten, sogar in den Fällen, in denen die Begründungen (Indikationen) als schwach galten und die Zustimmung verweigert wurde, entweder einer sozial oder psychisch benachteiligten Gruppe angehörten« (Forssman/Thuwe 1976, S. 400).

Mit dieser Aussage schwächen die schwedischen Wissenschaftler die Bedeutung »Unerwünschtheit« im Vergleich zu anderen sozialen und psychischen Faktoren ab, die auf die familiäre Lebenssituation einwirken. Sie gehen aber weiterhin von der multifaktoriellen Wirksamkeit der kindlichen Unerwünschtheit aus.
Wie Forssman und Thuwe haben Gareis und Wiesnet 1974 festgestellt, daß strafrechtlich relevantes abweichendes Verhalten sich ganz im Sinne des »labelling approach« auf Prozesse der sozialen Kontrolle zurückführren läßt. Diese Autoren fanden unter den straffällig gewordenen Jugendlichen doppelt so häufig ungewollte Kinder wie in der Gruppe der unter-

suchten Nicht-Straffälligen (vgl. Gareis/Wiesnet 1974, S. 49). Statistische Daten über die gehäufte Beteiligung von unerwünschten Kindern an gesellschaftlichen Problemgruppen zeigen, wie wichtig es ist, weitere Untersuchungen zum Lebensschicksal unerwünschter Kinder vorzunehmen.

Für unsere Fragestellung bietet hingegen die Studie von Jonsson (1967) detailliertere Aufschlüsse. Der schwedische Wissenschaftler erfaßte nicht nur die Familienbeziehungen, sondern auch soziale Lebensaspekte von 100 Delinquenten und 222 nicht-delinquenten männlichen Jugendlichen, die in einem Erziehungsheim für verhaltensgestörte Kinder lebten. Als delinquent gilt in seiner Studie jedes Verhalten, das bestehende schwedische Strafrechtsbestimmungen verletzt. Jonsson geht zunächst auf die verschiedenen Erklärungsmodelle zur Jugendkriminalität ein. »Explizit oder implizit ist gewöhnlicherweise der Ausgangspunkt, daß... externe soziale Faktoren ausschlaggebend sind« (Jonsson 1967, S. 8).

Im allgemeinen wird gern die ungünstige soziale Erziehungssituation von alleinstehenden berufstätigen Müttern genannt, die strafrechtlich relevantes abweichendes Verhalten ihrer Kinder fördere. Mit sozialwissenschaftlichem Interesse spürte Jonsson jener Volksweisheit nach, nach der »ein Apfel nicht weit vom Stamm fällt«. Diese Weisheit legt nahe, daß kriminell werden müsse, wer kriminelle Eltern hat. Die Familienbeziehungen der Jugendlichen spielen in seiner Studie deshalb die entscheidende Rolle. Jonsson untersuchte insbesondere die Eltern-Kind-Beziehungen zwischen jeweils drei Generationen.

Schaubild 7.3: Beziehungen zwischen den Generationen in der Untersuchung von Jonsson (1967)

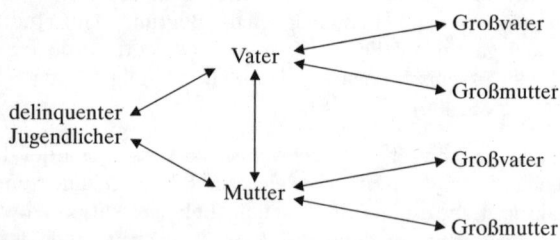

In einer retrospektiven Befragung wurden die Eltern delinquenter Jugendlicher und der Jugendlichen der Kontrollgruppe zu ihren frühen Familienerfahrungen, also auch zu den Großeltern, befragt. Nach eigenen Aussagen wurden die Eltern während ihrer Kindheit häufiger von ihren Eltern abgelehnt oder vernachlässigt (siehe Tabelle 7.4).

Tabelle 7.4: Beziehungen zwischen Eltern und Großeltern
von delinquenten und nicht-delinquenten Jugendlichen

	Großeltern von delinquenten Jgdl.		Großeltern von nicht-delinquenten Jgdl.	
	mütterl.	väterl.	mütterl.	väterl.
1. nicht toleriert, abgelehnt	19%	20%	4%	7%
2. Mangel an Liebe und Betreuung	29%	22%	28%	17%
3. etwa wie andere Kinder angenommen	31%	39%	42%	58%
4. alle psychischen Bedürfnisse erfüllt	21%	19%	26%	18%

(vgl. Jonsson 1967, S. 67)

Auch die Beziehungen der Eltern zu ihren Kindern wurden erfaßt. Jonsson schränkt die Aussagefähigkeit dieser Angaben jedoch ein, da viele Eltern ihr »erzieherisches Fehlverhalten«, das sie als richtungweisend für die Entwicklung ihres Kindes hielten, zu rechtfertigen versuchten. Die Antworten gaben trotzdem wertvolle Hinweise auf intergenerativ wirksame Familienkonstellationen, die delinquentes Agieren beeinflussen. Die Antworten der Väter, die ihre Kooperation, ähnlich wie in Familientherapien, offensichtlich verweigerten, klammerte Jonsson aus, weil sie statistisch nicht ausreichend abgesichert waren.

Ein bemerkenswertes Ergebnis war, daß Mütter, deren Söhne strafrechtlich auffielen, in ihrer Kindheit selber unerwünscht waren und ihre Schwangerschaft und das Neugeborene ablehnten (siehe Tabelle 7.5 und 7.6). Jonsson weist zu Recht auf die implizite Tendenz seiner Befragung, elterliche Antworten zur sozialen Erwünschtheit der Kinder zu erhalten. Die Zahl der unerwünschten Kinder stellt deshalb wohl eher eine untere Grenze dar, denn er ging von der gesellschaftlich weitgehend akzeptierten weiblichen Fremd- und Selbstidealisierung aus, daß »jede normale Mutter ihr neugeborenes Kind lieben muß« (ebd.).

Die Ergebnisse zur Unerwünschtheit mußten zu niedrig sein, weil wohl alle befragten Frauen es nicht wagten oder nicht wünschten, sich der weiblichen Idealisierung in der Mutterrolle zu widersetzen. Aus der Interpretation seiner Daten entwickelt er ein Konzept der *social heredity*: das Konzept des sozialen Erbes!

»Kurz gefaßt besagt es, daß die Eltern straffällig gewordener Jugendlicher in ihrer Kindheit Enttäuschungen und Versuchungen derselben Art ausgesetzt waren, denen sie jetzt rückwirkend ihre eigenen Söhne aus-

Tabelle 7.5: Reaktion der Mutter auf festgestellte Schwangerschaft
bei 100 delinquenten und 222 nicht-delinquenten Jugendlichen

Delinquenten	Mütter von delinquenten Jugendlichen (N = 100)	Mütter von nicht-delinquenten Jugendlichen (N = 222)
Kinder gewünscht, willkommen	19%	44%
Kinder kommen eben (»quite in order«)	18%	33%
Kind jetzt nicht erwünscht, aber akzeptiert	39% ⎫	16% ⎫
Kind völlig unerwünscht	20% ⎬ 59%	4% ⎬ 20%
keine/unsichere Information	4%	3%
Zusammen	100%	100%

(vgl. Jonsson 1967, S. 101)

Tabelle 7.6: Emotionale Reaktionen der Mutter zum neugeborenen Kind
bei 100 delinquenten und 222 nicht-delinquenten Jugendlichen

Emotionale Einstellung	Mütter von delinquenten Jugendlichen (N = 100)	Mütter von nicht-delinquenten Jugendlichen (N = 222)
Riesige Freude (»overjoyed«)	12%	18%
Normale Zuneigung	68%	72%
Offene Ablehnung	16%	1%
keine/unsichere Information	4%	9%
Zusammen	100%	100%

(vgl. Jonsson 1967, S. 101)

setzten. Man kann das eine soziale und psychologische Frustration nennen, die drei Generationen umfaßt: Großeltern, Eltern und den Jugendlichen selbst. Wir nennen das ein soziales Erbe« (Jonsson 1967, S. 221).

Jonsson kann seine These von der kumulativen Wirkung des sozialen Erbes über mehrere Generationen noch nicht ausreichend begründen. Seine Ergebnisse werden jedoch durch andere Studien, aber auch durch Erfahrungen der Familientherapie nach dem Mehrgenerationenansatz gestützt (vgl. z. B. Lukesch 1978, S. 90 ff.; Boszormenyi-Nagy et al.). Wir müssen hinzufügen, daß selbst Befragungen von jugendlichen Straftätern über ihre Kindheitserlebnisse keine Aufschlüsse geben können, ob die als »wenig liebevoll«, »eher gleichgültig« oder »feindselig« eingestuften Eltern als *Ursache* sozialer Verhaltensprobleme gelten müssen. Lösel (1976) wies z. B. darauf hin, daß elterliche Feindseligkeit und Strenge sich auch reaktiv auf unerwünschte Verhaltensweisen der Kinder herausgebildet haben kann. Die Vermutung bestätigt, daß die Unerwünschtheit einen Teufelskreis gegenseitig sich verstärkender Mißstände auslösen kann. In der Forschung zur Jugendkriminalität wird die frühkindliche Deprivation in der Familie sehr widersprüchlich gesehen. Bei Schaefer (1977) finden wir z. B. die Annahme, daß Kinder mit einer »Häufung von Verhaltensstörungen« meistens »Defekte in der frühkindlichen Erfahrungswelt« aufweisen. »Kinder, welche von der Mutter abgelehnt wurden, hatten mehr Verhaltensstörungen (z. B. Bettnässen, Einschlafstörungen, Verträumtheit, Angst, Sprachfehler, Nägelkauen usw.) bis hin zu Lügen und Stehlen« (ebd. S. 16).

Die Begriffe »Verhaltensstörung« und »Abnormität« werden durch Untersuchungsergebnisse wie die von Thalmann (1974) (2.) stark relativiert, weil die von Schaefer zitierten Verhaltensstörungen in unterschiedlicher Weise bei drei Vierteln der Grundschüler in Thalmanns Untersuchung auftraten (vgl. Thalmann 1974 [2.], S. 75 u. 247). Die bedeutsam eingeschätzte familiale Erfahrung wird nicht von allen Wissenschaftlern geteilt. So stellten Grygier/Chesley/Wilson (1969) ihrer Untersuchung über die Bedeutung der elterlichen Deprivation einen Literaturteil voran. Ihre empirischen Ergebnisse mit 288 delinquenten Jugendlichen bewerten sie folgendermaßen: »Die relative Bedeutung der elterlichen Rolle in der Ätiologie der Jugenddelinquenz konnte weder in dieser noch anderen Forschungsprojekten nachgewiesen werden« (Grygier/Chesley/Wilson 1969, S. 250).

Die widersprüchlichen Ergebnisse der Deprivationsforschung werden meist dadurch neutralisiert, daß multifaktorielle Modelle entwickelt werden, die den Einfluß des Faktors »Unerwünschtheit« implizieren, aber zugleich relativieren (vgl. auch dazu Schaefer 1977, S. 29f. u. 49).

Lösel und Linz (1975) untersuchten empirische Arbeiten zur Jugendkriminalität, um die Bedeutung der familialen Sozialisation für kriminogene Auswirkungen einzuschätzen.

»Trotz zahlreicher Arbeiten sind allerdings eindeutige Aussagen nur schwer möglich. Abgesehen von manchen Widersprüchen zwischen den Untersuchungen und einer Reihe von Interpretationsproblemen, die je nach theoretischem Standort vernachlässigt oder akzentuiert werden, bleibt die Grundfrage: Warum werden viele Jugendliche trotz ›kriminogener‹ familialer Merkmale nicht delinquent?« (Lösel/Linz 1975, S. 200).

Die Autoren legen schließlich ein Konzept der »kriminogenen Multi-Problem-Familie« vor, in dem nicht nur einzelne Aspekte und Faktoren, sondern auch ihre Wechselwirkungen erforscht werden. Die besondere Schwierigkeit, den Zusammenhang zwischen der Unerwünschtheit eines Kindes und späterem kriminellen Verhalten zu erforschen, liegt nämlich in der hohen Komplexität familialer Beziehungsdynamiken, aber auch in der sehr individuellen Fähigkeit der Kinder, sich den zerstörerischen Konsequenzen der elterlichen Ablehnung so weit zu entziehen, daß sie zwar ein unglückliches Leben führen, aber keine Störungen mit eindeutigem Krankheits- oder Kriminalitätscharakter entwickeln. Wie und unter welchen sozialen, psychischen und ökonomischen Bedingungen sich die Unerwünschtheit eines Kindes im Sozialisationsprozeß niederschlägt, läßt sich allein mit Elternbefragungen nicht erfassen. Für die Erklärung der Jugendkriminalität reicht es nicht aus, daß Eltern Angaben über ihr Verhältnis zu ihrem Kind machen. Die bewußte wie unbewußte Dynamik der Eltern-Kind-Beziehung muß durch entsprechend ausgebildete Forscher ebenfalls erfaßt werden. Ohne diese Einsichten wird die familiäre Realität nur höchst unvollständig wahrgenommen. Trotz dieser methodischen Kritiken, die um so schärfer ausfallen, je weniger die Forscher dem überwältigenden Schicksal der unerwünschten Kinder ins Auge sehen wollen, stellt die Unerwünschtheit eines Kindes für dessen weitere soziale Karriere ohne Frage einen belastenden Faktor dar.

Gerhard Amendt

Plädoyer für eine neue Kinderschutzpolitik

Trotz heftiger politischer Widerstände werden die Lebenserschwernisse unerwünschter Kinder auch in der Bundesrepublik Deutschland mit wachsender Offenheit diskutiert. Die Preisgabe einer jahrzehntelang praktizierten Strategie, die Widrigkeiten der unerwünschten Geburt und des nachfolgenden Lebens privat und öffentlich zu verleugnen, deutet auf ein sensibilisiertes Interesse an den Lebensbedingungen des gesellschaftlichen Nachwuchses hin. In Expertenkreisen sind die besonderen Lebensbedingungen unerwünschter Kinder seit langem bekannt. Sie fanden aber weder gesetzespolitische Beachtung noch Zugang zur Debatte der Kindererziehung, die seit den 70er Jahren geführt wird.

Trotz unübersehbarer Widerstände wird das Interesse an einem erweiterten Begriff von Kindeswohl und Kindesschutz halbherzig »von Staats wegen« geteilt. Wenn der Status des unerwünschten Kindes mit all seinen Problemen akzeptiert und Eingang in politische Entscheidungen finden würde, müßte es konsequenterweise zu einer Neubewertung der Abtreibungsbestimmungen im Strafgesetzbuch (§ 218 StGB) und einer Anerkennung des grundgesetzlich gesicherten Rechts auf Gewissensfreiheit auch für Frauen kommen.

Nach allem, was wir heute über das Schicksal der unerwünscht Geborenen wissen, läßt es sich ethisch nicht vertreten, Frauen zu zwingen, unerwünschte Schwangerschaften auszutragen und Kinder der Atmosphäre hochambivalenter Eltern, die zwischen Ablehnung und Vereinnahmung schwanken, auszusetzen.

So weit wir in die Geschichte der Neuzeit zurückblicken, stoßen wir auf staatliche Schutzmaßnahmen für den Prozeß der Lebensentstehung, die keineswegs einem einheitlichen Ziel zugeordnet werden können. Fast ohne Ausnahme waren sie auch immer vom bevölkerungspolitischen Kalkül des Staates oder der katholischen Kirche, medizinischen Ideologien, kirchenpolitischen Dogmen und Arbeitsmarktinteressen bestimmt. Das staatliche Interesse am Bevölkerungswachstum griff in private Aktivitäten ein, die Empfängnis verhüten und unerwünschte Schwangerschaften abtreiben wollten. Aus dieser Sicht sollten lediglich Abtreibungen verhindert und physisch lebensfähige Kinder geboren werden. Damit ist der subjektfeindliche Rahmen traditioneller Bevölkerungspolitik hinreichend charakterisiert. Die Austragung aller Schwangerschaften zu gewährleisten war der Kern ihrer »Kinderpolitik«.

Die Gewalt, die aus dieser Form pro-natalistischer Politik entsprang, entging ihren Repräsentanten keineswegs. Sie ahnten, daß der Mißbrauch der Frauen als Gebärende Aggressionen und Wut auslösen mußte. Was sie nicht voraussehen konnten, jedoch sehr wohl fürchteten, war die Ungewißheit darüber, wie sich Aggressionen und Wut der elterlichen »Funktionalisierung für Bevölkerungswachstum« einen Weg in die Kindererziehung und das gesellschaftliche Leben bahnen würden. Würde elterliche Wut sich lediglich als politischer Widerstand manifestieren, z. B. gegen die Kirchen und die Frauenheilkunde, oder würden emotionale Ablehnung und Gewalttätigkeit gegen die Kinder zunehmen? Die Funktionalisierung der Frauen im Sinne des Bevölkerungswachstums geschah in der stillen, aber keineswegs angstfreien Hoffnung, daß zwei entscheidende Entwicklungen eintreten würden, die im Rückblick auf die Geschichte der Kindheit in modernen Zivilisationen jedoch keineswegs selbstverständlich waren:

1. Da war zum einen die uneingestandene Hoffnung, daß die kulturell verankerte innerpsychische Hemmung, Kinder zu töten – das Kindestötungstabu –, die Kinder vor der Vergeltung und Gewalttätigkeit von Müttern und Vätern schützen würde, die sich nachträglich gegen den staatlichen Mißbrauch ihrer Gebärfähigkeit auflehnen. Die Hoffnung schloß weiterhin ein, daß es in keinem größeren Ausmaß zu kaschierten Tötungen durch Vernachlässigung oder systematischen Liebesentzug gegenüber unerwünschten Kindern kommen würde. Von dieser Hoffnung zehren heute insgeheim noch alle, die Frauen zum Austragen unerwünschter Schwangerschaften nötigen.

Die zweite Hoffnung bezog sich darauf, daß Frauen die institutionalisierte Kinderfeindlichkeit nicht zum Gegenstand eines radikalen politischen Kampfes für soziale und ökologische Forderungen machen. In den meisten Parteien, den medizinischen Berufsverbänden und Kirchen geht ohne Zweifel heute mehr als in der Vergangenheit die Furcht um, daß Frauen das Gebären und die Erziehung der Kinder an harte gesellschaftliche Bedingungen knüpfen könnten. Es wird befürchtet, daß das, was als »Naturhaftigkeit des weiblichen Kinderwunsches und des Mutterns« über lange Zeiten erfolgreich phantasiert wurde, in der gesellschaftlichen Wirklichkeit säkularisierter Ideologien der Postmoderne und des ethischen Utilitarismus sich doch noch unversehens in ein soziales Kalkül der Gebärbereitschaft verwandeln könnte. Frauen würden, das ist die latente Furcht der bedingungslosen Gebärprotagonisten, die erfreulichen und befriedigenden Seiten des Lebens mit Kindern nicht mehr als ausreichende Kompensation für die weitgehende Ausschließung vom öffentlichen Leben und von der gesellschaftlichen Reproduktion jenseits der Kindererziehung akzeptieren.

Mehr denn je besteht heute die Wahrscheinlichkeit, daß die Identifikation der Frauen mit dem Vorbild der eigenen Mutter und dessen väterlichem Erzwinger in der politischen Sphäre zerbrechen könnte. Das Recht des Staates, in die Erziehung einzugreifen, würde von Frauen an substantielle Forderungen geknüpft. Durchaus vorstellbar wären dann Forderungen, die den Staat neben der traditionellen Familienförderung zu umweltpolitischen Entscheidungen zwingen, die mit Kapitalverwertungsinteressen und Prioritäten der gesellschaftlichen Entwicklungsplanung kollidieren. Weiterhin sind Forderungen denkbar, welche die Teilnahme am Berufsleben nach der Phase der Einheit von Mutter und Kind durch Rechtsansprüche garantiert und die summarische Entlohnung für Erziehungsarbeit jenseits symbolischer Anerkennung verankert sehen möchten.

Bislang sind politische Verwerfungen bei der Kinderzeugung durch die weitgehend ungebrochene Identifikation der Töchter mit dem Typus der »alten Mutter« (vgl. Lyon 1990) und der Unterwerfung beider unter den »alten Vater« in größerem Rahmen offenbar noch nicht zu erwarten. Die Ideologie von der »Naturhaftigkeit des weiblichen Kinderwunsches und des Mutterns«, die alle kindlichen Bedürfnisse zu voller Zufriedenheit abdecken soll, ließ alle anderen Voraussetzungen des »Mutterns« als materiell begründet erscheinen. Nicht Kinderwunsch und »Muttern« wurden als von widerstreitenden Gefühlen geprägt dargestellt, sondern allenfalls die gesellschaftlichen Randbedingungen als abträglich aufgefaßt, in denen »gemuttert« werden sollte.

Der Wunsch der Frauen, ungeplante Schwangerschaften nicht auszutragen, trifft noch heute auf Unverständnis, weil die Verweigerung des »Mutterns« Männern und Frauen nur schwer vorstellbar ist; es sei denn, es geschähe als Ausdruck finanzieller Not. Dieses Denken prägt die strafrechtliche Handhabung der Abtreibung und den »materiellen Hilfecharakter« von Unterstützungen für ungewollt schwangere Frauen. Dieses naturalistische Mißverständnis von der Psycho- und Kulturgenese des Kinderwunsches (übrigens beider Geschlechter) verschleiert, daß die gefühlsmäßige Annahme der Kinder durch materielle Leistungen nicht zustande gebracht werden kann.

Die wichtigste Voraussetzung für den gelingenden Weg der Kinder ins Leben entzieht sich der direkten staatlichen Steuerung, wie sie zum Beispiel in der Abtreibungsfrage praktiziert wird.

Es stimmt mit der staatlichen Zweckorientierung an den Kindern überein, daß die Tradition der verwertungslogischen »Kinderschutzpolitik«, wie sie im Gesetz über die Abtreibung nach § 218 StGB von 1976 zum Ausdruck kommt, Frauen und Männern grundsätzlich das Recht aberkennt, über die Zeugung ihrer Kinder selbst zu entscheiden (Amendt 1988a, S. 109f.). Ob Frauen gegen ihren Willen zu Müttern und Männer zu Vätern unerwünschter Kinder werden, legt nach den Bestimmungen des § 218 StGB ein Arzt oder eine Ärztin fest. Sehr treffend ist die Aussage, daß der:

»...Fetus, das ungeborene Kind... stets mehr ein Zweckobjekt gewesen als ein eigentliches Schutzobjekt (war)« (Pfeil 1979, S. 17; vgl. ebd., S. 51).

Immer dann, wenn das »Zweckobjekt Kind« durch seine Erziehung innerhalb der Familie sich nicht mehr für gesellschaftliche Zwecke ausreichend verwertbar, sondern als verwertungsuntauglich entpuppte, geriet die Politik der mengenmäßigen Geburtenförderung in Widerspruch zur erwarteten Qualität der »Erziehungsprodukte«.

Signalgeber solcher Fehlentwicklungen waren in aller Regel die unteren sozialen Klassen und Schichten, in denen Entwicklungs- und Anpassungsprobleme in größerer Zahl aufgrund kumulierender Belastungen zuerst auftraten. Für moderne Störungssymptome, wie den Drogenmißbrauch von Jugendlichen und Kindern, scheint das allerdings nicht mehr zuzutreffen.

Untaugliche »Erziehungsprodukte«, die den Verwertungsansprüchen des Arbeitsprozesses nur begrenzt entsprechen, führen in sozialstaatlich verfaßten Industriegesellschaften in aller Regel zu Erziehungshilfen, wenn der Umfang des Problems »kritisch« ist.

Ich hege jedoch den grundsätzlichen Zweifel, daß materielle Hilfen ein angemessenes Instrumentarium bieten, psychische Beziehungsstörungen, die sich zu sozialen Problemen entwickeln, zu verhindern oder zu korrigieren. Ich gehe vielmehr davon aus, daß erst die Kombination von materieller Hilfe und kinderfreundlicher Lebenskultur entwicklungsfördernd für die Kinder und von daher auch gesellschaftlich sinnvoll ist. Vorausgesetzt, daß sie von ihren Eltern gefühlsmäßig angenommen wurden und nicht dem »sanften Tod der Aussetzung« preisgegeben werden.

Davon hängt es auch ab, ob Familien bzw. Alleinerziehende den Anforderungen an die Kindererziehung entsprechen können, die sich ständig ändern. Die erzieherische Lebenskultur muß heute eine gleichgewichtige Entwicklung von individuellen und gesellschaftlichen Fähigkeiten zustande bringen, die in der Vergangenheit nicht unbekannt war, aber doch eher unsystematisch sich einstellte. Die wesentlich engere Verknüpfung von individuellen und gesellschaftlichen Fähigkeiten hängt trotz bemerkenswerter Unterschiede zwischen oberen und unteren Gesellschaftsschichten mit den sublimer gewordenen Anforderungen an die Beschaffenheit der Arbeitskraft zusammen. Diese ist in einer symbiotischen Weise mit allgemeinen Intelligenz-, Kreativitäts- und Anpassungsleistungen verzahnt, so daß allgemeine Individuation und Arbeitsfähigkeit zumindest der Tendenz nach sich nicht mehr als separate Lebenstugenden oder Lebenswelten darstellen lassen.

Tugenden wie Kreativität und Phantasie sind aber die Ergebnisse von emotionalen Beziehungsdynamiken zwischen dem Kind und seinen Eltern, die durch schulische Ausbildung nicht geschaffen, sondern bestenfalls entfaltet werden können. Verwertbare Beziehungsfähigkeiten, die traditionell als extrafunktionale Qualitäten bezeichnet werden, gewinnen immer größere Bedeutung. Sie entstehen nicht durch familiären Wohlstand, sondern durch langfristige Veränderungen der affektiven Familienkultur, in der Kinder ihre Gefühle und kommunikativen Beziehungsfähigkeiten entwickeln können. Sie werden in Zukunft über Lebenschancen und Lebensqualität von Männern und Frauen noch stärker entscheiden als in der Vergangenheit.

Viele Aspekte des Familienlebens werden im Prozeß der individualisierten Lebenskultur eine Rolle spielen. Eines der größten Hindernisse für eine solche Entwicklung sehe ich in der emotionalen Ablehnung von Kindern. Aus der Sicht der Kinder gesehen, ist es dabei völlig unerheblich, ob sie bewußt oder unbewußt geschieht. Die Kindesablehnung ist die denkbar abträglichste Affekteinfärbung der Erziehungskultur, sei sie in Familienstrukturen, alleinerziehende oder gesellschaftliche Milieus eingebettet. Die emotionale Kindesablehnung steht der kindlichen Individuation und Lebensfähigkeit nach allem, was wir heute wissen, im Wege.

Den familienkulturellen Besonderheiten, unter denen der Eintritt ins Leben beginnt, kommt nicht nur für die individuelle Entwicklung, sondern auch für den gesellschaftlich sensiblen Umgang mit der Welt, in der wir leben, eine immer größere Bedeutung zu. Die emotionalen Erfahrungen des einzelnen in seiner frühen Kindheit legen die Art und Weise fest, wie die Menschen untereinander und gemeinsam mit ihren äußeren Lebensbedingungen in Beziehung treten. Obwohl die besondere Verletzbarkeit der kindlichen Entwicklung in den frühen Lebensphasen zusehends Anerkennung findet, werden für die Kinderplanung daraus generell keine Konsequenzen gezogen.

Die emotionalen Weichenstellungen für die Eltern-Kind-Beziehung werden in den politischen Debatten über die Abtreibung noch immer weitgehend ausgeblendet. Die Kirchen haben sich durch dogmatische Selbstisolation vom Prozeß der möglichen Selbstaufklärung über eine humane Kinderentwicklung vollständig ausgeschlossen. Sie wirken schuldzuweisend oder Schuldgefühle verstärkend, aber nicht konfliktlösend und Einsicht vermittelnd. An der Humanisierung der Eltern-Kind-Beziehung sind sie nicht beteiligt. Die Fähigkeit zur empathischen Identifizierung mit dem Neugeborenen, und damit den eigenen Kindheitserlebnissen, ist die unverzichtbare Voraussetzung dafür, daß in der Mutter-Kind-Beziehung Vertrauen entstehen kann. Jede gelingende psychische und kognitive Entwicklung, ja sogar jede Form der Kulturfähigkeit hängt davon ab, ob Eltern diese Voraussetzung erfüllen.

Da Familienpolitik mehrheitlich von Männern oder männlich identifizierten Frauen festgelegt wird, besteht nur geringe Hoffnung, daß die subtilen Anforderungen der Kindererziehung auf dem Wege parlamentarischer Entscheidungen anerkannt werden.

Andererseits gewinnt jenseits parlamentarischer Entwicklung die Praxis privater Kinderplanung immer größere Bedeutung für die Verhinderung unerwünschter Geburten. In der Vergangenheit, aber auch noch in der Gegenwart, war sie trotz klassenspezifischer Ausprägungen (Oeter/Wilken 1981, S. 35f.) zunächst auf die Geburtenregelung gerichtet. Es war Geburtenregelung im traditionellen Sinne.

Unter veränderten Lebensbedingungen, bei größerem materiellen Reichtum und einem sich wandelnden Selbstbewußtsein von Frauen, das sich von einem biologisch imaginierten Beitrag zur gesellschaftlichen Reproduktion zusehends drastischer befreit, hat sich auch die Zielorientierung der Kinderplanung verändert. Die Lebensperspektiven des Kindes, seien sie auf Bildung, emotionale Beziehungsfähigkeit oder Umwelt gerichtet, treten jenseits der Schwangerschaft nachdrücklicher denn je ins Blickfeld. Auch aus diesen Gründen sehen die Traditionsparteien die naturhaft sich gebende Kinderwunsch- und Mutterdisposition zur weitgehend »selbstgenügsamen Gebärbereitschaft« gefährdet. Die emotionale Annahme des Kindes setzt voraus, daß es erwünscht ist. Weil zwischen der zutiefst humanen Einsicht, daß Kinder erwünscht sein sollten, und den Naturhaftigkeitsideologien von Mutterschaft eine unüberbrückbare Kluft besteht, kommt es zu Auseinandersetzungen, die sich zu Massenverfolgungen wie in Memmingen ausweiten. Ohne daß es vermeidbar wäre, führt die obrigkeitliche Herrschaft über die private Abtreibung dazu, daß individuelle und gesellschaftliche Auswirkungen unerwünschter Geburten vernachlässigt werden. Die strafgesetzliche Reglementierung der Kinderplanung läßt sich mit einer aufgeklärten, an Menschenrechten orientierten Kinderschutzpolitik nun einmal nicht vereinbaren.

Der ungeschlichtete Widerspruch, der zwischen den zerstörerischen Auswirkungen der Unerwünschtheit von Kindern und dem Anspruch einer humanen Kinderschutzpolitik besteht, läßt sich nur versöhnen, wenn der Kinderwunsch radikal privatisiert und von Staatseingriffen befreit wird. Ein aufgeklärtes Verständnis von Kinderplanung kann sich nicht darüber hinwegsetzen, daß unerwünscht eingetretene Schwangerschaften nicht nur den Interessen erwachsener Menschen entgegenstehen, sondern auch dem zukünftigen Kind, der Partnerschaft und letztlich der Gesellschaft, ohne ihr deshalb ein anderes Recht als das der passiven Kindeswohlgestaltung zuzugestehen.

Nach meinem Verständnis gehören zur Kinderplanung jenseits der autonomen Festlegung, wann Kinder geboren werden sollen, auch vorausschauende Überlegungen zur Kindererziehung, zu kinderfreundlichen

Wohn- und Umweltbedingungen, zu Lebensperspektiven von Frauen, Partnerschaftsperspektiven sowie Berufsqualifikationen.

In dem Maße, wie sich die individualisierte Lebensgestaltung weiterhin ausbreiten wird, wird sie mit Gewißheit die individuellen Zumutbarkeitskriterien verändern, unter denen Frauen bereit sind zu gebären – und Männer willens, die alleinige Versorgung zu übernehmen.

Eine individualisierte Lebensgestaltung schließt nämlich ebenso ein, daß Männer die abgespaltenen emotionalen Seiten ihres reproduktiven Verhaltens neu entdecken (Amendt 1988a, S. 75f.). Durch die mütterliche Erziehung zum »außenorientierten Mann« und die gesellschaftliche Ausrichtung auf Erwerbstätigkeit und Familienversorgung sowie die ungebrochene Identifizierung mit diesen Anforderungen haben Männer ihre affektiven Möglichkeiten einseitig festgelegt und andere Beziehungsmöglichkeiten abgespalten. Die empathische Beziehungsfähigkeit zu Kindern ist vielen Männern verlorengegangen, weil sie ihnen angst macht – aus Gründen, die ich hier nicht darlegen kann.

Eine Neuorientierung hätte zur Folge, daß Männer die eindimensionale Lebensorientierung auf beruflichen Status- und Machterwerb eingrenzen, sie als einzige Identitätsstiftung aufgeben, die materielle Reproduktion der Familie mit Frauen teilen können und sie nicht nur deshalb dulden, weil sie die Grenzen der eigenen Leistungsfähigkeit erreicht haben.

Meine Vorstellung von Kinderplanung ist sehr umfassend und überschreitet die üblichen Planspiele, die sie bislang charakterisieren. Anders als im herkömmlichen Kinderplanungsmodell ist das primäre Ziel nicht mehr nur die Geburt physisch gesunder Kinder, obwohl dieses Ziel keineswegs erreicht ist. Sie umfaßt darüber hinaus die Vorstellung, daß die Grundeinstellung der Mutter und des Vaters zum Kind möglichst frei von schweren Gefühlsambivalenzen ist.

Unter massiver Gefühlsambivalenz verstehe ich die Gleichzeitigkeit von starken zärtlichen wie aggressiven, eben von lebensfördernden wie lebenstötenden Gefühlen im elterlichen Verhalten. Typisch für diese Ambivalenz ist ihre Unversöhnlichkeit und Unberechenbarkeit, die dem Kind als existentielle Unsicherheit entgegentritt.

Vor allem die Gefühlsambivalenz der Mutter kann das Kind in den frühen Phasen der Einheit mit ihr nur schwer integrieren. Gegenteilige Vorstellungen, daß das Kind »irgendwie durchzubringen« sei und die Mutterliebe sich mit der Geburt von selbst einstelle, sind zwar durchaus noch verbreitet, aber sie gelten mehr denn je als das Negativ einsichtiger Vorstellungen von einem annehmbaren Lebensbeginn.

Zukünftige staatliche Familien- und Kinderschutzpolitik sollte sich darauf beschränken, gesellschaftliche Rahmenbedingungen zu schaffen, die Kindern die affektive Annahme durch ihre Eltern und eine zufriedenstellende soziale und ökologische Lebenswelt erleichtert. Selbstverständlich sollte sie gewährleisten, daß potentielle Eltern nicht aus ökonomischer Not oder durch radioaktive Umweltzerstörung wie z. B. in Harrisburg (USA) und Tschernobyl (UdSSR), zur Abtreibung gezwungen werden.

Die Erforschung der emotionalen Kindesablehnung während der vergangenen Jahrzehnte hat unbesehen von den theoretischen und politischen Positionen der Wissenschaftler eine zentrale Erkenntnis immer wieder bestätigt. Die Unerwünschtheit von Kindern bildet den Ausgangspunkt für viele Leidens- und Krankheitszustände sowie einen nicht unerheblichen Teil des allgemeinen Unglücks in unserer Gesellschaft.

Eigentlich sollte sich der Hinweis erübrigen, daß die Erwünschtheit eines Kindes keine Garantie für ein glückliches und erfolgreiches Leben ist. Ich will aber auf diesen Hinweis nicht verzichten, weil die Erwünschtheit des öfteren mit dem Hinweis bagatellisiert wird, daß auch die geplanten und erwünschten Kinder kein Leben in schierem Glück führten.

Wie die Beratungs- und Therapiearbeit mit Kindern täglich zeigt, führen auch erwünschte Kinder nur allzuoft ein leidvolles Leben. Diese Einsicht ist nicht neu. Sie ist Ausdruck einer Illusionsbildung, einer unerfüllten Harmoniesehnsucht, die Erwünschtheit als »Schlüssel zu lebenslangem Glück« zu sehen.

Aber im Lebenslauf der erwünschten und unerwünschten Kinder gibt es unübersehbare Unterschiede. Im Gegensatz zu den vorherrschenden ablehnenden Gefühlserfahrungen der unerwünschten Kinder bietet die Erwünschtheit eine Eltern-Kind-Beziehung, die Krankheit und Lebenserschwernisse nicht selbstverständlich einschließt, die mit der Unerwünschtheit – wie wir heute wissen – zwangsläufig einhergehen.

Heute wissen wir, daß die emotionale Zurückweisung der unerwünschten Schwangerschaft in vielen Fällen Verhaltensweisen von Frauen fördert, die zu fötusschädigendem Gesundheitsverhalten, erhöhter Säuglingssterblichkeit, erhöhten Mißbildungen sowie später zu Gewaltepisoden, Verhaltensauffälligkeiten, psychosomatischen Leiden und sozialen Anpassungsschwierigkeiten der Kinder führen. Vieles deutet auf Autoaggression und Aggression gegen den Fötus und das Kind hin.

Bevölkerungspolitisch orientierte Kinderpolitik und frauenbildlich festgelegte Frauenheilkunde fördern oder dulden Bedingungen, die Schädigungen programmieren, die unter vergleichbaren sozialen Lebensumständen nur oder vorwiegend die unerwünschten Kinder treffen. Im Interesse zukünftiger Kinder und einer humanen Kinderschutzpolitik sollte die Verhütung unerwünschter Schwangerschaften zugelassen werden, denn sie ist im besten Sinne eine erfolgversprechende Form, Krankheiten vorzubeugen und Anpassungsschwierigkeiten an die Gesellschaft zu verhindern.

Neben dem fundamentalen Recht, über Austragung und Abtreibung von

Schwangerschaften autonom zu entscheiden, sind vielfältige Maßnahmen denkbar, die das Kindeswohl fördern. Ich möchte einige nennen, denen große Bedeutung zukommt und von denen ich annehme, daß sie in Zukunft zuerst von Frauen aggressiver als bislang eingefordert werden.

Bei aller Beschränkung, die materiellen Hilfen für die emotionale Annahme von Kindern zukommt, gibt es doch eine besondere Situation, in der sie eine höchst förderliche Wirkung haben können und die nachgeburtliche Ablehnung des Kindes verhindern.

Ich bezeichne diese Situation als sekundäre Kindesablehnung. Sie wird immer dann eintreten, wenn die Geburt eines Kindes zu Krisen und schwerwiegenden Einschränkungen des familiär-partnerschaftlichen Lebens führt. Verarbeiten Eltern die neuen Probleme durch eine psychische Verschiebung der Verantwortlichkeit, indem sie das Kind zur »Ursache allen Elends« erheben und Schuld auf es projizieren, so kann es zur nachträglichen Kindesablehnung kommen. Daß es in diesen Situationen nicht zu Kindestötungen kommt, die unseren traditionellen Vorstellungen entsprechen, hängt mit kulturellen Arrangements zusammen, die die »emotionale Aussetzung« des Kindes in straffreier Form möglich und die strafbare Kindestötung überflüssig machen.

Ein solches Arrangement – unter vielen denkbaren – ist z. B. das überbehütende mütterliche Verhalten gegenüber abgelehnten Kindern. Alltagssprachlich wird es als »Affenliebe«, also eine eher mechanische Besorgtheit ohne affektive Ernsthaftigkeit und Einfühlungsfähigkeit bezeichnet. Sie macht die Kindestötung überflüssig und enthält zugleich den symbolischen Tod in Permanenz.

Das Arrangement der indirekten Kindestötung setzt sich aus zwei höchst widersprüchlichen Motiven zusammen, die in eigenartiger Weise sich für den ungeschulten Blick zuerst einmal zu unbeanstandbarem Elternverhalten bündeln:

Das eine Motiv ist die Ablehnung des Kindes, eingebunden in die elterliche Aggression und Wut über den Verlust von Lebensperspektiven, die Unterwerfung unter das staatliche Abtreibungsverbot und die Aberkennung der Gewissensfähigkeit (Amendt 1991a, 1991b). Das andere Motiv ist der Wunsch, der gesellschaftlich geforderten Fürsorglichkeit und Liebe gegenüber Kindern zu entsprechen und sich keiner Gewalttätigkeit schuldig zu machen.

Die gesellschaftliche Erwartung, die scheinbar zufriedenstellend in »atemraubender« Überfürsorglichkeit eingelöst wird, ist die unbeanstandbare Hülle, in der, den Blicken der Öffentlichkeit und der elterlichen Selbstwahrnehmung verborgen, die Destruktivität gegen das Kind unbewußt in Szene gesetzt wird. Überfürsorglichkeit ist ein familiendynamisches Krankheitssymptom, in dessen Schatten sich die emotionale Ablehnung und Aussetzung des unerwünschten Kindes vollzieht.

Für die Beziehung der Eltern zu ihrem Kind wirkt es sich verhängnisvoll aus, wenn Familien- und Strafrechtspolitik (§ 218 StGB) die subtilen elterlichen Gewalttätigkeiten verleugnen und die Ablehnung von Schwangerschaften ausschließlich als Funktion materieller Not begreifen. Materielle Hilfen zur Lösung nicht-materieller Konflikte sind subjektfeindlich und im Kern repressiv. »Gebärprämien« sind deshalb nur unter bevölkerungspolitischen Zielvorstellungen »funktional«. Mit dem Wohl des Kindes und den Bedürfnissen der Eltern sind sie unvereinbar. Eine ökonomisch »motivierte« Gefühlszuneigung zum Kind würde mit dem Wegfall von Geldleistungen enden. Sie kann aber, und darin besteht ihr begrenzter Sinn, von sozialen Problemen, wie im Fall der sekundären Kindesablehnung, befreien (vgl. Carr-Hill/Thalin/Johansson 1983, S. 343–347).

Die Forschungsergebnisse zum Schicksal unerwünschter Kinder sind für eine aufgeklärte Kinderschutzpolitik verfügbar. Es geht darum, sie in den öffentlichen Diskurs einzuführen. Zum Wohl der Kinder und der Gesellschaft sollten die Ergebnisse der internationalen Forschung aus dem Expertengetto der Fachzeitschriften und -kongresse befreit und für die praktische Arbeit der Professionen und die allgemeine Erziehungsdebatte erschlossen werden (vgl. zur Wirkung von Familienplanung Forrest 1984, S. 461–465).

Unter den vielen Anwendungsmöglichkeiten, die sich daraus für die professionelle Arbeit von Psychologen, Pädagogen, Sexualberatern und Ärzten ergeben, scheint mir die Sexualpädagogik bemerkenswert, da sie Lebensplanung und Lebensrückblick über Generationengrenzen hinaus miteinander verschränken kann.

Die sexualpädagogische Arbeit, gleich für welche Altersgruppe, kann die Erkenntnisse zum Lebensschicksal unerwünschter Kinder höchst sinnvoll verwenden. Da beinahe jedes zweite Kind unerwünscht ist, werden Jugendliche, aber auch Erwachsene darüber reden wollen, ob sie unerwünscht waren oder nicht und welche Phantasien und Erinnerungen sie damit verbinden. Damit eröffnet sich eine verspätete Möglichkeit, eine verleugnete Dimension ihres Verhältnisses zu den Eltern zu klären; vorausgesetzt, daß ihre Äußerungen von Sexualpädagogen und Erziehern unbefangen aufgenommen werden können. Sexualpädagogik kann damit jenseits von Informationsvermittlung Jugendlichen eine lebenspraktische Möglichkeit zum befreienden Abschied von den Eltern bieten.

Die Kindesablehnung ist eine Folge der Beziehungslosigkeit von Eltern, die zum Schicksal der Kinder wird. Über beides zu reden ist schwer, weil es persönliche Kritik und gesellschaftliche Entidealisierung von Eltern, hauptsächlich aber der Mutter, einschließt. Kindesablehnung ist nun einmal mit Schamgefühlen und realer Schuld verbunden. Es ist ein Moment der Befreiung für Kinder, auch wenn sie erwachsen sind, über Kränkungen und Verletzungen der elterlichen Ablehnung reden zu können, um unbewußte Wut und Enttäuschung bewußt zu machen. Damit eröffnet sich erstmals die Möglichkeit eines gelingenden Abschieds von den Eltern.

Die Absicht, Vater oder Mutter zu werden, ist gesellschaftlich fast vorbehaltlos positiv bestimmt, so daß die Frage nach den Motiven, warum ein Kind geboren werden soll, sich wie ein Sakrileg ausnimmt. Das Leben mit Kindern stellt hohe Erwartungen an Erwachsene und schränkt ihr Leben in vieler Hinsicht ein. Zur Elternschaft gehören deshalb Überlegungen, warum ein Kind in einer bestimmten Situation geboren werden soll und warum die unmittelbaren Opfer, die damit verbunden sind, bislang hauptsächlich von Frauen übernommen werden. Weder aus einem bevölkerungspolitischen Interesse noch einem Mütterlichkeitsmythos (vgl. z. B. *Die Grünen*: o. J.) gibt es einen Grund, die Kinderwunschäußerung auf ihre Motive oder ihre partnerschaftliche Funktion zu befragen. Sie ist »als solche« gut.

Jenseits der gesellschaftlich wie individuell begründeten Idealisierung von Mutterschaft ist die Entscheidung für ein Kind jedoch keineswegs selbstverständlich. Sie kennt höchst komplexe Motive und viele gesellschaftskritische Einwände. Sie sind nicht nur sehr vielfältig, sondern zum Teil höchst widersprüchlich miteinander verschränkt. Kinder haben im Leben von Erwachsenen eine Bedeutung, die dechiffriert werden kann und die sich nicht in einem »naturhaften Wunsch« nach einem Kind erschöpft.

Ich will aus den zahllosen Motivbündelungen lediglich ein augenfälliges Beispiel konstruieren, an dem sichtbar wird, wie die tragende psychische Komponente des Kinderwunsches durch vielfältige partnerschaftliche, soziale und kulturelle Einflüsse sich zu dem Entschluß verdichten kann, zu einem bestimmten Zeitpunkt ein Kind bewußt zu zeugen oder die »Verhütung unbewußt versagen zu lassen«:

In sozialen Schichten, in denen die berufliche Tätigkeit von Frauen im Gegensatz zu den gehobenen Mittelschichten nur wenig befriedigend und kaum aufstiegsorientiert verläuft, läßt sich nachvollziehen, daß die Kinderwunscherfüllung Frauen für entgangene oder unerreichbare Berufswünsche entschädigen soll. Das Leben mit einem Kind, das unter dieser Perspektive gezeugt wird, hat eine kompensatorische Funktion. Frauen, die sich unter diesen Bedingungen, in dieser oder ähnlicher Form zur Mutterschaft als Lebensaufgabe oder als vorläufig einziger Lebensperspektive entscheiden, finden sich mitunter nachhaltig von ihrem Partner unterstützt. Das wird dann der Fall sein, wenn er die resignative Haltung der Partnerin dazu nutzt, seine eigene zwanghafte Lebensperspektive als »Ernährer der Familie« unwidersprochen außerhalb partnerschaftlicher Konkurrenz zu festigen.

Kindern kommt in diesem Beziehungsmodell eine Entschädigungsfunktion zu, die für unerreichte soziale Betätigungen der Frau und abgespaltene Gefühlswelten der Männer kompensieren sollen. Der Rückzug der Partnerin ins Kindererziehen stärkt die männliche Rolle des sozial Mächtigen. Die affektive Distanz des Vaters zum Kind und die Delegation der Erziehung an die »Mutter« ist in aller Regel Teil dieses »Arrangements der Geschlechter«. Die Ideologie vom »naturhaften Drang zur Mutterschaft« befreit davon, die mannigfaltigen Modifikationen der Kinderwunscherfüllung unter Aspekten zu erörtern, die ich modellhaft skizziert habe.

Andererseits ist es aber auch denkbar, daß Frauen den Schritt ins Berufsleben fürchten und deshalb das gesellschaftlich hoch geschätzte »Muttern« als unauffälligen Ausweg aus ihrer Angst vor Autonomie wählen – und Männer die Nähe fürchten, die ihnen aus der Wiederkehr ihrer eigenen Kindheit in unmittelbaren Beziehungen zu ihren Kindern erwächst.

»Es ist unbestreitbar wichtig, daß eine Frau, die an Schwangerschaftsabbruch denkt, die richtige Entscheidung trifft. Noch wichtiger aber ist es, daß sie die richtige Entscheidung fällt, wenn sie das Kind austragen will. Ein falscher Entschluß zum Kind kann nachhaltige verheerende Folgen für die ganze Familie haben« (Simms 1978, S. 179; vgl. Luker 1984).

Nicht minder bedeutsam sind die Entscheidungen von Männern. Sie sollten nicht nur der Frau »Unterstützung« bieten und damit ihre alte Versorgerposition fortschreiben, sondern sie sollten ihr eigenes Bedürfnis nach einem Kind ergründen. Die Gesellschaft braucht keine neuen Männer, sondern solche, die auch Väter sein können, und Frauen, die sich ebenfalls vorbehaltlos »außen« orientieren.

Literaturverzeichnis

Die Verfasser haben die Bibliographie zur besseren Übersicht nach den Kapiteln
des Buches gegliedert

Einleitung

Akademie für ärztliche Fortbildung der DDR: Auswahlbiographie »Geburtenregelung und Kinderwunsch«, Berlin (DDR) 1975.

Amendt, G.: Der Neue Klapperstorch. Die psychischen und sozialen Folgen der
Reproduktionsmedizin, Bremen (2. überarb. Auflage) 1988b, S. 45.

Amendt, G.: Die bestrafte Abtreibung, Bremen 1988a, S. 28.

Bundesministerium für Jugend, Familie und Gesundheit (Hg.): Dokumentation
zum legalen Schwangerschaftsabbruch in der Diskussion über die Neufassung
des § 218 StGB, Bonn 1976.

Declaration of the rights of the child. In: Resolutionen der Generalversammlung
der UNO. Eine Auswahl der wichtigsten Resolutionen aus den Jahren
1949–1974 (I–XXVIII. Sitzungsperiode), Frankfurt/M. 1975, S. 246f.

Gesellschaft für Grundlagenforschung und Bundeszentrale für gesundheitliche
Aufklärung: Die Situation der werdenden Mütter – Bericht über eine Repräsen-
tativfrage in der BRD, Köln 1970.

Heinsohn, G./Knieper, B. M. C.: Theorie des Kindergartens und der Spielpäd-
agogik, Frankfurt/M. 1975.

Heinsohn, G./Knieper, R.: Sexualität und Familie. In: Neue Praxis 7/1977.

Heinsohn, G.: Vorschulerziehung in der bürgerlichen Gesellschaft (1971), Frank-
furt/M. 1974.

Knieper, B. M. C.: »Die natürlichste Sache der Welt« – Familienpolitik seit ein-
hundert Jahren. In: Silkenblumer, R. (Hg.): Geburtrückgang. Risiko oder
Chance, Hannover 1979, S. 84–96.

Die Erfüllung des Kinderwunsches

Beck, M. B.: The destiny of the unwanted child: the issue of compulsory pregnancy. In: Reiterman, C. (Hg.) 1971, S. 59–71.

Bönitz, D.: Zur Psychologie der Abtreibung. Legale und illegale Schwangerschaftsabbrüche im Vergleich. Göttingen 1979.

Hurrelmann, K. (Hg.): Sozialisation und Lebenslauf. Empirie und Methodik sozialwissenschaftlicher Persönlichkeitsforschung. Reinbek 1976.

Koch, J. J.: Lehrer-Studium und Beruf. Ulm 1976, 1972.

Lukesch, H./Lukesch, M. (Hg.): S–S–G. Ein Fragebogen zur Messung von Einstellungen zu Schwangerschaft, Sexualität und Geburt. Handanweisung. Göttingen 1976.

Shaw, M. E./Wright, J. M.: Scales for the measurement of attitudes. New York
1967.

Soddy, K.: The unwanted child. In: Journal of Family Welfare 11/1964/
S. 39–52.

Stadler, H.: Zum pädagogischen Selbstverständnis von Sonderschullehrern.
Rheinstetten 1975.

Stosberg, M.: Analyse der Massenkommunikation – Einstellungsmessung. Düsseldorf 1972.

Triandis, H. C.: Attitude and attitude change. New York 1971.

Westoff, C. F./Jones, E. F.: The secularization of U. S. catholic birth control prac-
tices. In: Family Planning Perspectives, 9/1977/S. 203–207.

Schwangerschaften, die unerwünscht sind

Amendt, G.: Die Bestrafte Abtreibung. Argumente zum Tötungsvorwurf, Bremen 1988a.

Bundeszentrale für gesundheitliche Aufklärung (Hg.): Die Situation der werdenden Mutter. Köln 1970.

Cartwright, A.: Parents and Family Planning Services. London: Routledge
1970.

Cobliner, W. G.: Some maternal attitudes towards conception. In: Mental Hygiene 49/1965/S. 550–557.

Diggory, P.: The unwanted pregnancy. In: Journal of Biosocial Science Supplementum 1971/S. 127–132.

Ferreira, A. J.: The pregnant mothers's emotional attitude and its reflection upon
the newborn. In: American Journal of Orthopsychiatry 30/1960/S. 553–561.

Franke, L./Jürgens, H. W. (Hg.): Keine Kinder – keine Zukunft? Zum Stand der
Bevölkerungsforschung in Europa. Boppard 1978.

Gebhard, P. H. et al.: Schwangerschaft, Geburt, Abtreibung. Reinbek 1969.

Lambert, J.: Survey of 3000 unwanted pregnancies. In: British Medical Journal.
197/S. 156–160.

Leeton, J.: The incidence of unwanted pregnancy in Australia. In: Medical Journal
of Australia 1/1975/S. 821–824.

Lukesch, M.: Psychogene Faktoren der Schwangerschaft. Mit einer empirischen
Untersuchung über die Bedeutung der Partnerbeziehung für die Einstellung der
Mutter zur Schwangerschaft. Salzburg: Diss., 1975.

Mehlan, K. H./Geissler, A.: Familienplanung in der DDR. In: Das Deutsche Gesundheitswesen 28/1973/S. 1136–1140.

Miller, W. B.: Relationship between the intedendness of conception and the want-
edness of pregnancy. In: Journal of Nervous and Mental Diseases 159/1974
S. 396–406.

Nilsson, A./Almgren, P. E.: Paranatal emotional adjustment. A prospective investigation of 165 women. In: Acta Psychiatrica Scandinavica Supplementum
220/1970.

Petros-Barvazian, A.: Some priority problems in maternal and child health –
psychosocial aspects and preventive measures. In: Levi, L. (Hg.), 1975,
S. 442–458.

Wolff, U.: Mehr Särge als Wiegen. Geburtenrückgang und Familienplanung in der
Bundesrepublik Deutschland. In: Sexualmedizin 8/1979/S. 193–199.

Arasteh, J. D.: Parenthood: Some antecedents and consequences: a review of the mental health literature. In: Journal of Genetic Psychology 118/1971/ S. 179–202.

Beazley, J. M./Haeri, A. D.: Termination of pregnancy refused. In: Lancet 22.05.1971/S. 1059–1061.

Binder, H.: Die uneheliche Mutterschaft. Ihre psychologischen, psychiatrischen, sozialen und rechtlichen Probleme. Für Ärzte, Juristen und Fürsorgebeamte. Bern 1941.

Bönitz, D.: Zur Psychologie der Abtreibung. Legale und illegale Schwangerschaftsabbrüche im Vergleich. Göttingen 1979.

Bundesministerium für Jugend, Familie und Gesundheit (Hg.): Bericht des Ausschusses über die Auswirkungen des Gesetzes über den Schwangerschaftsabbruch in England (Lane-Report). Stuttgart 1975.

Buser-Wildi, R.: Über die uneheliche Schwangerschaft und deren Unterbrechung aus psychiatrischer Indikation. Zürich: Diss. 1948.

Chudzicki, R.: Das Schicksal abgelehnter Schwangerschaftsunterbrechungen. Halle: Diss., 1953.

Dellien, J. F.: Das Schicksal abgelehnter Schwangerschaftsunterbrechungen in Erfurt. Erfurt: Diss., 1966.

Fritsch, K.: Das spätere Schicksal der Frauen nach ausgeführter und abgelehnter Schwangerschaftsunterbrechung. Frankfurt/M., Diss., 1952.

Hohlbein, R.: Das weitere Schicksal von Mutter und Kind nach abgelehnter Schwangerschaftsunterbrechung. In: Das Deutsche Gesundheitswesen 15/ 1960/S. 1884–1888.

Jacobs, P.: Über Erfahrungen mit abgelehnten Anträgen auf Unterbrechung der Schwangerschaft. Münster: Diss., 1952.

Köhler, E.: Untersuchungen über die Auswirkungen der in den Jahren 1954–1958 in Dresden erfolgten Ablehnungen von beantragten Schwangerschaftsunterbrechungen in bezug auf den Ausgang der Schwangerschaft und das Ergehen der antragstellenden Frauen. Dresden: Diss., 1961.

Lautmann, R. (Hg.): Gesellschaft und Homosexualität. Frankfurt/M. 1977.

Naujoks, J./Fritsch, K.: Das spätere Schicksal der Frauen nach ausgeführter und abgelehnter Schwangerschaftsunterbrechung. In: Medizinische Welt. 1952/ S. 1247–1249.

Nilsson, A./Almgren, P. E.: Paranatal emotional adjustment. A prospective investigation of 165 women. In: Acta Psychiatrica Scandinavica Supplementum 220/1970.

Nilsson, A./Kaij, L./Jacobson, L.: Post-partum mental disorder in an unselected sample. The importance of the unplanned pregnancy. In: Journal of Psychosomatic Research 10/1967/S. 341–347.

Noack, H.: Nachbeobachtungen nach abgelehnter Schwangerschaftsunterbrechung, die wegen Tuberkulose beantragt war. In: Das Deutsche Gesundheitswesen 9/1954/S. 713–716.

Pare, C. M./Raven, H.: Follow-up of patients referred for termination of pregnancy. In: Lancet 28.03 1970/S. 635–638.

Puorger, G.: Das somatische Schicksal von Frauen, bei denen in den Jahren 1930 und 1931 eine Unterbrechung der Schwangerschaft abgelehnt wurde. Zürich: Diss., 1933.

Recklies, E.: Das Schicksal abgelehnter Schwangerschaftsunterbrechungen. Dresden. Diss., 1961.

Rumpf, E./Noell, W.: Über abgelehnte Anträge auf Schwangerschaftsunterbrechung. In: Münchener Medizinische Wochenschrift 92/1950/S. 947–950.

Schache, U.: Das Schicksal von Mutter und Kind nach abgelehnter Schwangerschaftsunterbrechung. Berlin (DDR) 1967.

Scheller, M.: Untersuchungen über den Verlauf und Ausgang von Schwangerschaften nach abgelehntem Antrag auf Unterbrechung. Hamburg. Diss., 1952.

Vosskühler: Über das weitere Ergehen von Frauen, bei denen eine Schwangerschaftsunterbrechung abgelehnt war. Würzburg: Diss., 1931.

Emotionale Belastungen der Schwangerschaft

Familienstand

Binder, H.: Die uneheliche Mutterschaft. Ihre psychologischen, psychiatrischen, sozialen und rechtlichen Probleme. Für Ärzte, Juristen und Fürsorgebeamte. Bern 1941.

Blüml, H. et al.: Tagesmütter. Notlösung oder Dauerlösung? In: betrifft: erziehung 1977/Heft 8/S. 29–52.

Bundeszentrale für gesundheitliche Aufklärung (Hg.): Die Situation der werdenden Mutter. Köln 1970.

Forschungsinstitut für Soziologie der Universität Köln (R. Künzel): Die Situation der geschiedenen Frau in der Bundesrepublik Deutschland. Tabellenband. Köln 1975.

Gebhard, P. H. et al.: Schwangerschaft, Geburt, Abtreibung. Reinbek 1969.

Hassenstein, B.: Kritik an der wissenschaftlichen Begründung des Tagesmütter-Projektes. In: Zeitschrift für Pädagogik 20/1974/S. 929–945.

Juhasz, A. M.: The unmarried adolescent parent. In: Adolescence 9/1974/ S. 263–272.

Leeton, J.: The incidence of unwanted pregnancy in Australia. In: Medical Journal of Australia 1/1975/S. 821–824.

Nitsch, K. (Hg.): Was wird aus unseren Kindern? Gesellschaftspolitische Folgen frühkindlicher Vernachlässigung. Heidelberg 1978.

Pringle, M. K.: Born illegitimate – born at risk. In: Journal of Psychosomatic Research 18/1974/S. 229–231.

Sarrel, P. M.: Out-of-wedlock pregnancy in poor teenagers: an approach to understanding and management. In: Advances in planned parenthood Vol. IV, Amsterdam 1969.

Shanmugan, N./Wood, C.: Unwed mothers: a study of 100 girls in Melbourne, Victoria. In: Australian and New Zealand Journal of Sociology 6/1970/ S. 51–55.

Sloane, R. B.: The unwanted pregnancy. In: New England Journal of Medicine 280/1969/S. 1206–1213.

Stone, S. H./Scott, K. E.: The unwanted pregnancy. In: Canadian Medical Association Journal 111/1974/S. 1093–1097.

Bundeszentrale für gesundheitliche Aufklärung (Hg.): Die Situation der werdenden Mutter. Köln 1970.

Dolberg, G.: Wohnungsgröße und Kinderwunsch. In: Zeitschrift für die gesamte Hygiene und ihre Grenzgebiete 13/1967/S. 573–574.

Gränacher, M.: Das Schicksal von Mutter und Kind bei unerwünschter Schwangerschaft. In: Zeitschrift für Präventivmedizin 1/1956/S. 404–424.

Lukesch, H./Rottmann, G.: Die Bedeutung sozio-familiärer Faktoren für die Einstellung der Mutter zur Schwangerschaft. In: Psychologie und Praxis 20/1976/S. 4–18.

Nilsson, A./Kaij, L./Jacobson, L.: Post-partum mental disorder in an unselected sample. The importance of the unplanned pregnancy. In: Journal of Psychosomatic Research 10/1967/S. 341–347.

Rottmann, G.: Die vorgeburtliche Mutter-Kind-Beziehung. Salzburg: Diss., 1974.

»Mußehen«

Anastasiow, N. J. et al.: Improving teenage attitudes towards children, child handicaps, and hospital settings: a child development curriculum for potential parents. In: American Journal of Orthopsychiatry 48/1978/S. 663–672.

Arasteh, J. D.: Parenthood: Some antecedents and consequences: a review of the mental health literature. In: Journal of Genetic Psychology 118/1971/S. 179–202.

Bundeszentrale für gesundheitliche Aufklärung (Hg.): Die Situation der werdenden Mutter. Köln 1970.

Christensen, H. T./Meissner, H. H.: Studies in child spacing: III. Premarital pregnancy as a factor in divorce. In: American Sociological Review. 18/1953/S. 641–644.

Erkrath, F. A.: Jugendliche Mütter unter 18 Jahre und deren weitere Entwicklung. In: Zeitschrift für ärztliche Fortbildung. 61/1967/S. 36–44.

Freedman, D. S./Thornton, A.: The long-term impact of pregnancy at marriage on the family's economic circumstances. In: Family Planning Perspectives 11/1979/S. 6–21.

Gebhard, P. H. et al.: Schwangerschaft, Geburt, Abtreibung. Reinbek 1969.

Hunt, W.: Adolescent fertility: risk and consequences. In: Population Reports Series J. 70/1976/S. 157–175.

Issel, E. P./Eggers, H./Töwe, J.: Berufliche und außerberufliche Arbeitsbelastungen während der Gravidität aus subjektiver Sicht der Schwangeren und ihr Stellenwert zu anderen perinatalen Risiken für das Neugeborene. In: Zentralblatt für Gynäkologie 99/1977/S. 833–842.

Lorenzi, E. et al.: School-age parents: how permanent a relationship? In: Adolescence 12/1977/S. 13–22.

Moore, K./Caldwell, S.: The effect of government policies on out-of-wedlock sex and pregnancy. In: Family Planning Perspectives 9/1977/S. 164–169.

National center for health statistics hew: Teenage childbearing: United States 1966–1975. In: Monthly Vital Statistics Rep. 26/1977/S. 1–15.

Reed, R. B.: Social and psychological factors affecting fertility. VIII. The interrelationship of marital adjustment, fertility control and size of family. In: Milbank Memorial Fund Quarterly. 25/1947/S. 383–425.

Schinke, S. P. et al.: Preventing unwanted adolescent pregnancy: a cognitive-behavioral approach. In: American Journal of Orthopsychiatry 49/1979/S. 81–88.

Smith, M.: A young pregnant girl tells her story. In: The Canadian Nurse 71/1975/S. 31–35.

Staemmler, H. J. et al.: Familienplanung. Eine statistische Studie über individuelle Vorstellungen und Abhängigkeiten sowie sozioökonomische Einflüsse. In: ders. (Hg.): Geburtenplanung. Statistik, Erfahrungen und Konsequenzen. Stuttgart 1974, S. 1–78.

Trussel, T.: Economic consequences of teenage childbearing. In: Family Planning Perspectives 9/1977/S. 184–190.

Wenderlein, J. M.: Die Schwangerschaft bei Jugendlichen. In: Münchener Medizinische Wochenschrift 119/1977/S. 1543–1546.

Widholm, O. et al.: Medical and social aspects of adolescent pregnancies. I. Adolescents applying for termination of an illegitimate pregnancy. In: Acta Obstetrica et Gynecologica Scandinavica 53/1974/S. 347–353.

Perspektiven unerwünscht schwangerer Frauen

Akademie für ärztliche Fortbildung der DDR (Hg.): Auswahlbibliographie »Geburtenregelung und Kinderwunsch«. Berlin 1975.

Amendt, G.: Der Neue Klapperstorch. Die psychischen und sozialen Folgen der Reproduktionsmedizin, Bremen 1988b.

Amendt, G.: Die bestrafte Abtreibung. Bremen 1988a.

Butts, R./Sporakowski, M. J.: Unwed pregnancy decisions: some background factors. In: Journal of Sex Research 10/1974/S. 110–117.

Clausen, J. A.: Die gesellschaftliche Konstitution individueller Lebensläufe. In: Hurrelmann, K. (Hg.), 1976, S. 203–220.

Cowell, C. A.: Wilful exposure to unwanted pregnancy. In: Canadian Medical Association Journal 111/1974/S. 1045–1047.

Davids, A.: A research design for studying maternal emotionality before childbirth and after social interaction with the child. In: Merrill-Palmer Quarterly of Behavior and Development 14/1968/S. 345–354.

Devereux, G.: A Study of Abortion in Primitive Society, New York 1976.

Dietz, K.: Wirkung und Nebenwirkung. Geburtenplanung, Schwangerschaftsunterbrechung oder Schwangerschaftsverhütung? Berlin (DDR) 1973.

Friday, N.: Wie meine Mutter. Frankfurt/M. 1979 (2.).

Heinsohn, G./Knieper, R.: Die Baby-Baisse. Texte und Thesen zur systematischen Erklärung der Kindesvernachlässigung in der bürgerlichen Gesellschaft. In: Päd. extra, 17/1974/S. 9–20.

Herlth, A. et al.: Öffentliche Sozialleistungen und familiale Sozialisation. Zur Analyse der Wirkungen familienpolitischer Maßnahmen. In: Hurrelmann, K. (Hg.): 1976, S. 243–259.

Hofe, E.-H./Grüneisen, V.: »Warum nicht?« »Weil ich es sage!« In: betrifft: erziehung 1977/Heft 7/S. 50–55.

Juhasz, A. M.: To have or not to have – children? That is the question. In: Journal of School Health 43/1973/S. 632–635.

Lehfeldt, H.: Psychology of contraceptive failure. In: Medical Aspects of Human Sexuality 5/1971/S. 68–77.

Lukas 1,39–44. In: Die Bibel nach der deutschen Übersetzung D. Martin Luthers. Neu durchgesehen nach dem vom Deutschen Kirchenausschuß genehmigten Text. Stuttgart. Privileg. Württ. Bibelanstalt, 1917.

Montagu, M. F. A.: Prenatal influences. Springfield 1962 (3.).

Palmer, C. D. et al.: Hygiene and Management of Pregnancy. In: Norris, R. C. (Hg.): Textbook of Obstetrics. Philadelphia 1986.

Peerbolte, M. L.: Träume, die sich auf die Empfängnissituation beziehen. In: Graber, G. H. (Hg.), 1974, S. 117–121.

Petros-Barvazian, A.: Some priority problems in maternal and child health – psychosocial aspects and preventive measures. In: Levi, L. (Hg.), 1975, S. 442–458.

Prevention of perinatal mortality. Report of a WHO Expert Committee. Genf 1970.

Saling, E.: Früherkennung und Diagnose der drohenden Frühgeburt. In: Archiv für Gynäkologie 219/1975/S. 307–315.

Salk, L.: Mother's heartbeat as an imprinting stimulus. In: Transactions of the New York Academy of Science 24/1962/S. 753–763.

Schindler, S.: Methoden der pränatalen und perinatalen Psychologie. In: Graber, G. H./Kruse, F. (Hg.), 1973, S. 98–105.

Simon, W.: Hören – Urphänomen der Weltbewegung. In: Garber, G. H. (Hg.), 1974, S. 110–116.

Sontag, L. W./Wallace, R. F.: Study of fetal activity. In: American Journal of Diseases of Children 48/1934/S. 1050–1057.

Sontag, L. W.: Differences in modifiability of fetal behavior and physiologie. In: Psychosomatic Medicine 6/1944/S. 151–154.

Squier, R./Dunbar, F.: Emotional factors in the course of pregnancy. In: Psychosomatic Medicine 8/1946/S. 161.

Stiftung für das behinderte Kind zur Förderung von Vorsorge und Früherkennung (Hg.): Unser Kind soll gesund sein… Das Vorsorgeprogramm für werdende Eltern. Marburg 1979.

Stott, D. H.: Physical and mental handicaps following a disturbed pregnancy. In: Lancet 18.5.1957/S. 1006–1012.

Thalhammer, O.: Pränatale Erkrankungen des Menschen. Stuttgart 1967.

Tupper, C./Weil, R. J.: The problem of spontaneous abortion: IX: The treatment of habitual aborters by psychotherapy. In: American Journal of Obstetrics and Gynecology 83/1962/S. 421–424.

Zemlick, M. J./Watson, R. I.: Maternal attitudes of acceptance and rejection during and after pregnancy. In: American Journal of Orthopsychiatry 23/1953/S. 570–584.

Zur Orthologie und Pathologie der Perinatalperiode unter Einbeziehung embryologischer Gesichtspunkte. Berlin (DDR) 1971.

Die Angst der Mutter und die vorgeburtlichen Schädigungen

Die Erforschung der vorgeburtlichen Entwicklung

Copans, S.: Human prenatal effects: methodological problems and some suggested solutions. In: Merrill-Palmer Quarterly 20/1974/S. 43–52.

Davids, A.: A research design for studying maternal emotionality before childbirth and after social interaction with the child. In: Merrill-Palmer Quarterly 14/1968/S. 345–354.

Hurrelmann, K. (Hg.): Sozialisation und Lebenslauf. Empirie und Methodik sozialwissenschaftlicher Persönlichkeitsforschung. Reinbek 1976.

Joffe, J. M.: Prenatal determinations of behaviour. Oxford 1969.

Kruse, F.: Frühkindliche Schäden bei ungewollter Schwangerschaft. Pro Familia Arbeitsmaterialien Nr. 1, Frankfurt/M. 1974.

Lorenzer, A.: Die Wahrheit der Psychoanalyse. Frankfurt/M. 1975.

Lorenzer, A.: Konzil der Buchhalter, Fischer Taschenbuch Nr. 7340.

Rank, O.: Das Trauma der Geburt, 1924; Fischer Taschenbuch Nr. 6570.

Rottmann, G.: Die vorgeburtliche Mutter-Kind-Beziehung. Salzburg: Diss., 1974.

Schindler, S.: Methoden der pränatalen und perinatalen Psychologie. In: Graber, G. H./Kruse, F. (Hg.), 1973, S. 98–105.

Standley, K. et al.: Multidimensional sources of infant temperament. In: Genetic Psychology Monographs 98/1978/S. 203–231.

Thalhammer, O.: Pränatale Erkrankungen des Menschen. Stuttgart 1967.

Alkoholmißbrauch während der Schwangerschaft

Bandesman-Dwyer, S./Emanuel, J.: Smoking during pregnancy. In: Teratology 19/1979/S. 119–125.

Beck, M. B.: Abortion, the mental health consequences of unwantedness. In: Seminars in Psychiatry 2/1970/S. 263–274.

Beck, M. B.: The Destiny of the Unwanted Child: The Issue of Compulsory Pregnancy. In: Reiterman, C. (Hg.): Abortion and the Unwanted Child. New York City 1971, S. 59–71.

Caplan, C.: The disturbance of mother-child relationship by unsuccessful attempts at abortion. In: Mental Hygiene 38/1954/S. 67–80.

Eggers, H./Issel, E. P./Wagner, K. D./Wigger, M.: Untersuchungsergebnisse über Spätfolgen bei Kindern mit niedrigem Geburtsgewicht. In: Zentralblatt für Gynäkologie 99/1977/S. 449–460.

Erb, L./Andresen, B. D.: The Fetal Alcohol Syndrome (FAS): A Review of the Impact of Chronic Maternal Alcoholism on the Developing Fetus. In: Clinical Pediatrics 17/1978/S. 644–649.

Fitzhardinge, P. M.: Follow-up Studies on the Low Birth Weight Infant. In: Clinics of Perinatology 3/1976/S. 503–516.

Jones, K. L./Smith, D. W./Hanson, J. W.: The Fetal Alcohol Syndrome: Clinical Delineation. In: Annals of the New York Academy of Science 273/1976/S. 130–137.

Jones, K. L./Smith, D. W./Ulleland, C. N./Streissguth, A. P.: Patterns of Malformation in Offspring of Chronic Alcoholic Mothers. In: Lancet I – 1973/S. 1267–1271.

Kruse, F.: Frühkindliche Schäden bei ungewollter Schwangerschaft. Pro Familia Arbeitsmaterialien Nr. 1, Frankfurt/M. 1974.

Kyllerman, M./Olegard, R./Sabel, K. G.: Fetal Alcohol Syndrome (Letter). In: Developmental Medicine and Child Neurology 19/1977/S. 695.

Primrose, D. A.: Fetal Alcohol Syndrome (Letter). In: Developmental Medicine and Child Neurology 19/1977/S. 695.

Püspöky, G.: Embryopathia alcoholica. In: Orvosi Hetilap 120/1979/ S. 775–777.

Ouellette, E. M./Rosett, H. L.: A Pilot Study of the Fetal Alcohol Syndrome at the Boston City Hospital. Part III: The Infants. In: Annals of the New York Academy of Science 273/1976/S. 123–129.

Reiterman, C. (Hg.): Abortion and the Unwanted Child. New York City 1971.

Robinson, R. O.: Fetal Alcohol Syndrome. In: Developmental Medicine and Child Neurology 19/1977/S. 538–539.

Rosett, H. L./Ouellette, E. M./Weiner, L.: A Pilot Prospective Study of the Fetal Alcohol Syndrome at the Boston City Hospital. Part I: Maternal Drinking. In: Annals of the New York Academy of Science 273/1976/S. 118–122.

Rosett, H. L.: Effects of Maternal Drinking in Child Development: An Introductory Review. In: Annals of the New York Academy of Science 273/1976/ S. 115–117.

Schöne, H.: Gefahren für das ungeborene Kind. In: Deutsche Forschungsgemeinschaft Mitteilungen 1977/S. 8–9/Heft 2.

Schöne, H.: Gesundheitsschutz für das Embryo. Journalisten informieren sich in Berlin. In: Deutsche Forschungsgemeinschaft Mitteilungen 1977/S. 23–25, Heft 1.

Streissguth, A. P.: Psychologic Handicap in Children with the Fetal Alcohol Syndrome. In: Annals of the New York Academy of Science 273/1976/ S. 140–145.

Sullivan, W. C.: A Note of the Influence of Maternal Inebriety on the Offspring. In: Journal of Mental Science 45/1899/S. 489–503.

Thalhammer, O.: Pränatale Erkrankungen des Menschen. Stuttgart 1967.

Warner, R. H./Rosett, H. L.: The Effects of Drinking on Offspring: An Historical Survey of the American and British Literature. In: Journal of Studies on Alcohol, 36/1975/S. 1395–1420.

Psychische Leiden der Mutter und vorgeburtliche Schädigungen

Alvarez, H./Caldeyro-Barcia, R.: In: Proceedings of the First World Congress of Fertility and Sterility (Intern. Fert. Ass.), 1953.

Amendt, G.: Der Neue Klapperstorch. Die psychischen und sozialen Folgen der Reproduktionsmedizin (1986) 2. überarbeitete Auflage, Bremen 1988b.

Amendt, G.: Die bestrafte Abtreibung. Argumente zum Tötungsvorwurf, Bremen 1988a, S. 89f.

Arfwidsson, L./Ottosson, J. O.: Pregnancy and delivery of unwanted children. In: Acta Psychiatrica Scandinavica Supplementum 221/1971/S. 77–84.

Barrett, J. H. W.: Pre-natal environment influences on behaviour. In: Batstone, G. F./Blair, A. W./Slater, J. M. (Hg.): A Handbook of Prenatal Pediatrics of Obstetricians and Paediatricians, 1971, S. 165–206.

187

Batstone, G. F./Blair, A. W./Skater, J. M. (Hg.): A Handbook of Prenatal Pediatrics of Obstetricians and Paediatricians. Aylesbury 1971.

Bickers, W.: Uterine Contraction Patterns. Effects of Psychic Stimuli on Myome-
trium. In: Fertility and Sterility 7/1956/S. 268–275.

Brandes, J. M.: First-trimester nausea and vomiting as related to outcome of pregnancy. In: Obstetrics and Gynecology 30/1967/S. 427–431.

Caruso, I. A.: Die Bedeutung des pränatalen Seelenlebens für die Persönlichkeitsentwicklung. In: Graber, G. H./Kruse, F. (Hg.), 1973, S. 65–72.

Caruso, I. A.: Soziale Aspekte der Psychoanalyse, Reinbek 1972.

Chertok, L./Mondzain, M. L./Bonnand, M.: Vomiting and the wish to have a
child. In: Psychosomatic Medicine 25/1963/S. 13–18.

David, H. P./Dytrich, Z./Matejcek, Z./Scüller, V.: Born Unwanted Developmental Effects of Denied Abortion, New York/Prague 1988.

Davids, A./DeVault, S./Talmadge, M.: Anxiety, pregnancy and childbirth abnor-
malities. In: Journal of Consulting and Clinical Psychology 25/1961/S. 74–77.

Davids, A./DeVault, S.: Maternal anxiety during pregnancy and childbirth abnor-
malities. In: Psychosomatic Medicine 24/1962/S. 464–470.

Davids, A./Holden, R. H./Gray, G. B.: Maternal anxiety during pregnancy and
adequacy of mother and child adjustment light month following child birth. In:
Child Development 34/1963/S. 993–1002.

Davids, A.: A research design for studying maternal emotionality before childbirth
and after social interaction with the child, In: Merrill-Palmer Quarterly 14/1968/
S. 345–354.

Devereux, G.: Angst und Methode in den Verhaltenswissenschaften, München
1973.

Dobbing, J.: Effects of experimental undernutrition in development of nervous
system. In: Scrimshaw, N. S./Gordon, J. E. (Hg.): Malnutrition, Learning and
Behavior. Boston 1968, S. 181.

Dobbing, J.: Vulnerable periods in developing brain. In: Davison, A. N./Dob-
bing, J. (Hg.): Applied Neurochemistry. Oxford 1968, S. 823–828.

Ferreira, A. J.: Emotional factors in prenatal environment: a review. In: Journal
of Nervous and Mental Disease 141/1965/S. 108–118.

Ferreira, A. J.: Emotional factors in the prenatal environment. In: Revue de Me-
decine Psychosomatique 4/1962/S. 16–17.

Ferreira, A. J.: Prenatal Environment. Springfield 1969.

Ferreira, A. J.: The pregnant mother's emotional attitude and its reflection
upon the newborn. In: American Journal of Orthopsychiatry 30/1960/S. 553 bis
561.

Fries, M. E.: Longitudinal Study: Prenatal Period to Parenthood. In: American
Psychoanalytic Association Journal 25/1977/S. 115–132.

Goldstein, H.: Smoking in pregnancy. Some notes on the statistical controversy.
In: British Journal of Preventive and Social Medicine 31/1977/S. 13–17.

Goldstein, K. M. et al.: The effects of prenatal and perinatal complications on
development at one year of age. In: Child Development 1976/Bd. 47/
S. 613–621.

Graber, G. H. (Hg.): Pränatale Psychologie. Die Erforschung vorgeburtlicher
Wahrnehmungen und Empfindungen. München 1974.

Graber, G. H./Kruse, F. (Hg.): Vorgeburtliches Seelenleben: Naturwissenschaftliche Grundlagen – Anfänge der Erfahrungsbildung – Neurosenverhütung von der Zeugung an. München 1973.

Grimm, E. R.: Psychological tension in pregnancy. In: Psychosomatic Medicine 23/1961/S. 520–527.

Haddon, W. et al.: Smoking and pregnancy: carbon monoxide in blood during gestation and at term. In: Obstetrics and Gynecology 18/1961/S. 262.

Hau, T. E.: Peri- und pränatale Faktoren der Neurosenätiologie. In: Graber, G. H./Kruse, F. (Hg.), 1973, S. 129–142.

Hultin, M./Ottosson, J. O.: Pregnancy and perinatal conditions of unwanted children. In: Acta Psychiatrica Scandinavica Supplementum 221/1971/S. 59–76.

James, W. H.: The effect of maternal psychological stress on the foetus. In: British Journal of Psychiatry 115/1969/S. 811–825.

Janov, A.: Anatomie der Neurose. Die wissenschaftliche Grundlegung der Urschrei-Therapie. Frankfurt/M. 1974a.

Janov, A.: Das befreite Kind. Grundsätze einer primärtherapeutischen Erziehung. Frankfurt/M. 1974; Fischer Taschenbuch Nr. 6345.

Joffe, J. M.: Prenatal determinations of behaviour. Oxford 1969.

Kelly, J. V.: Effect of fear upon uterine motility. In: American Journal of Obstetrics and Gynecology 83/1962/S. 576–581.

Knebel, A.: Die werdende Mutter: Zeugung, Schwangerschaft und Geburt. In: Graber, G. H./Kruse, F. (Hg.), 1973, S. 35–43.

Levi, I. (Hg.): Society, Stress and Disease. New York 1975.

Lorenzer, A.: Konzil der Buchhalter, Fischer Taschenbuch Bd. 7340.

Lowe, C. R.: Effects of mother's smoking habits on birth weight of their children. In: British Medical Journal 1959/II/S. 673–676.

Lukesch, H./Rottmann, G.: Die Bedeutung sozio-familiärer Faktoren für die Einstellung der Mutter zur Schwangerschaft. In: Psychologie und Praxis 20/1976/S. 4–18.

Lukesch, H./Schneewind, K. A.: Thesen und Probleme der familiären Sozialisation. In: Schneewind, K. A./Lukesch, H. (Hg.), 1978, S. 11–23.

Lukesch, H.: Sozioökologische Bedingungen im Schwangerschaftserleben und in Erziehungseinstellungen. In: Schneewind, K. A./Lukesch, H. (Hg.), 1978, S. 90–113.

Lukesch, M. (Hg.): S – S – G. Ein Fragebogen zur Messung von Einstellungen zu Schwangerschaft, Sexualität und Geburt. Göttingen 1976.

Lukesch, M.: Psychogene Faktoren der Schwangerschaft. Mit einer empirischen Untersuchung über die Bedeutung der Partnerbeziehung für die Einstellung der Mutter zur Schwangerschaft. Salzburg: Diss., 1975.

Matejcek, Z. et al.: David a. a. O.

McDonald, R. L./Christakos, A. C.: Relationship of emotional adjustment during pregnancy to obstetric complications. In: American Journal of Obstetrics and Gynecology 86/1963/S. 341–347.

McDonald, R. L./Gunther, M. D./Christakos, A. C.: Relations between maternal anxiety and obstetric complications. In: Psychosomatic Medicine 25/1963/S. 357–363.

McDonald, R. L./Parham, K. J.: Relation of emotional changes during pregnancy to obstetric complications on unmarried primigravidas. In: American Journal of Obstetrics and Gynecoloy 90/1964/S. 195–201.

McDonald, R. L.: The role of emotional factors in obstetric complications: a review. In: Psychosomatic Medicine 30/1968/S. 222–243.

McNeil, T. F./Wiegrink, R.: Behavioural patterns and pregnancy and birth complication histories in psychologically disturbed children. In: Journal of Nervous and Mental Disease 152/1971/S. 315–323.

Nilsson, A./Almgren, P. E.: Paranatal emotional adjustment. A prospective investigation of 165 women. In: Acta Psychiatrica Scandinavica Supplement 220/1970.

Ottinger, D. R./Simmons, J. E.: Behavior of human neonates and prenatal maternal anxiety. In: Psychological Reports 14/1964/S. 391–394.

Ottinger, D. R./Simmons, J. E.: Material anxiety during gestation and neonate behavior. In: Recent Advances in Biological Psychiatry 5/1963/S. 7–12.

Patterson, V./Block, J./Jackson, D. D.: The relation between intention to conceive and symptoms during pregnancy: a preliminary report. In: Psychosomatic Medicine 22/1960/S. 373–376.

Rank, O.: Das Trauma der Geburt, 1924; Fischer Taschenbuch 6570.

Rascovski, A. (Hg.): Die vorgeburtliche Entwicklung. Psychoanalytische Untersuchungen zur pränatalen Psychologie. München 1978.

Rottmann, G.: Die vorgeburtliche Mutter-Kind-Beziehung. Salzburg: Diss., 1974.

Rottmann, G.: Untersuchungen über Einstellungen zur Schwangerschaft und zur fötalen Entwicklung. In: Graber, G. H. (Hg.), 1974a, S. 68–87.

Russel, C. S. et al.: Smoking in pregnancy, maternal blood pressure, pregnancy outcome, baby weight and growth, and other related factors. A prospective study. In: British Journal of Preventive und Social Medicine 22/1968/S. 119–126.

Schär, M.: Gesundheitsschäden durch Tabakgenuß. München 1971.

Schwangerschaftsverlauf und Kindesentwicklung. Ergebnisse eines seit 1964 geförderten Schwerpunktprogrammes. Boppard 1977.

Sontag, L. W./Wallace, R. F.: The effect of cigarette smoking during pregnancy upon fetal heart rate. In: American Journal of Obstetrics and Gynecology 26/1953/S. 77.

Sontag, L. W.: The fetal and maternal cardiac responses to environmental stress. In: Human Development 12/1969/S. 1–9.

Sontag, L. W.: Implications of fetal behavior and environment for adult personalities. In: Annals of the New York Academy of Science 134/1966/S. 782–786.

Stott, D. H.: Follow-up study from birth of the effects of prenatal stresses. In: Development Medicine and Child Neurology 15/1973/S. 770–787.

Stott, D. H.: Physical and mental handicaps following a disturbed pregnancy. In: Lancet 18.5.1957/S. 1006–1012.

Turner, E. K.: The syndrome in the infant resulting from maternal emotional tension during pregnancy. In: Medical Journal of Australia 1/1956/S. 221–222.

Wallin, R./Riley, R. P.: Reactions of mothers to pregnancy and adjustment of offspring in infancy. In: American Journal of Orthopsychiatry 20/1950/S. 616–622.

Whitehead, J.: Convulsions in utero. In: British Medical Journal 2/1867/
S. 59–61.
Winokur, G./Werboff, J.: The relationship of conscious maternal attitudes to
certain aspects of pregnancy. In: The Psychiatric Quarterly 30/1956/
S. 61–73.
Zemlick, M. J./Watson, R. I.: Maternal attitudes of acceptance and rejection dur-
ing and after pregnancy. In: American Journal of Orthopsychiatry 23/1953/
S. 570–584.

Unerwünschte Säuglinge sterben häufiger

Akkermann, S./Töwe, J.: Über die Beziehungen zwischen einigen sozialen Fakto-
ren und dem Bedingungsgefüge und der perinatalen Sterblichkeit. In: Zeit-
schrift für die gesamte Hygiene 17/1971/S. 439–444.
Akkermann, S.: Die Säuglingssterblichkeit nach Vollendung des 10. Lebenstages.
Berlin (DDR) 1970.
Bundesministerium für Jugend, Familie und Gesundheit (Hg.): Meldungen über
Todesursachen der Gestorbenen und erkennbare Fehlbildungen bei Gebore-
nen. Bonn 1974.
Bundeszentrale für gesundheitliche Aufklärung: Die Situation der werdenden
Mutter. Köln 1970.
Butler, N. R./Bonham, D. G.: The first report of the 1958 British perinatal morta-
lity auvery. Edinburgh–London 1958.
Enke, H./Werner, K.: Soziologische Aspekte der Säuglingssterblichkeit unter be-
sonderer Berücksichtigung der Legitimität der Geburt des Säuglings. In: Zeit-
schrift für die gesamte Hygiene 13/1967/S. 291–297.
Enke, H./Werner, K.: Zu einigen Faktoren, die die Höhe der Säuglingssterblich-
keit beeinflussen. In: Zeitschrift für die gesamte Hygiene 11/1965/
S. 852–862.
Enke, H./Werner, K.: Zum Einfluß der sozialökonomischen Struktur auf die
Säuglingssterblichkeit. In: Zeitschrift für die gesamte Hygiene 10/1964/
S. 472–482.
Erkillä, S.: Das außereheliche Kind und seine Mutter als sozialmedizinisches Pro-
blem. In: Der öffentliche Gesundheitsdienst 21/1959/S. 45–51.
Fülöp, T./Kovacs, M.: Über die Morbiditätsverhältnisse bei den im Elternhaus
aufwachsenden Säuglingen bis zum Alter von 12 Monaten. In: Acta paidiatrica
Academiae Scientarium Hungaricae 5/1964/S. 171–199.
Fülöp, T./Manyi, G.: Beziehungen zwischen der Säuglingssterblichkeit und
dem hygienischen Niveau. In: Der öffentliche Gesundheitsdienst 26/1964/
S. 165–169.
Gebhard, P. H. et al.: Schwangerschaft, Geburt, Abtreibung. Reinbek 1969.
Gesellschaftliche Daten 1977. Presse- und Informationsamt der Bundesregierung
(Hg.), Bonn 1978 (2).
Gleiss, J.: Biologische und soziale Faktoren bei der Genese der Frühgeburt. In:
Archiv für Kinderheilkunde, Beiheft, 30, 1955.
Gleiss, J.: Die Säuglingssterblichkeit im Ruhrgebiet und Maßnahmen zu ihrer Sen-
kung. In: Gesundheitspolitik 3/1961/S. 284–291.

Gränacher, M.: Das Schicksal von Mutter und Kind bei unerwünschter Schwangerschaft. In: Zeitschrift für Präventivmedizin 1/1956/S. 404–424.

Gunter, L. M.: Psychopathology and stress in the life experience of mothers of premature infants. In: American Journal of Obstetrics and Gynecology 86/1963/S. 333–339.

Hesselbarth, W. et al. (Hg.): Säuglingssterblichkeit – Eine Anleitung zu ihrer Bekämpfung aus internationaler Sicht. Leipzig 1964.

Hobel, C. J.: ABCs of perinatal medicine. In: CIBA Foundation Symposium 59/1978/S. 53–76.

Höhn, C.: Entwicklung der Säuglingssterblichkeit und ihre Einflußgrößen. Ergebnis einer Sonderauszählung für das Jahr 1973. In: Wirtschaft und Statistik 1978/Heft 1/S. 30–37.

James, W. H.: The effect of maternal psychological stress on the foetus. In: British Journal of Psychiatry 115/1969/S. 811–825.

Jantzen, G.: Bedeutung und Inhalt der Gesundheitsfürsorge und -vorsorge für Neugeborene und Säuglinge als Aufgabe des Gesundheitsamtes im zeitlichen Wandel. In: Das öffentliche Gesundheitswesen 40/1978/S. 795–798.

Kruse, F.: Frühkindliche Schäden bei ungewollter Schwangerschaft. Pro Familia Arbeitsmaterialien Nr. 1. Frankfurt/M. 1974.

Lukesch, H./Rottmann, G.: Die Bedeutung sozio-familiärer Faktoren für die Einstellung der Mutter zur Schwangerschaft. In: Psychologie und Praxis 20/1976/S. 4–18.

Maier, E.: Mütter- und Säuglingssterblichkeit. In: Der Kinderarzt 21/1973/S. 166–169.

Maspfuhl, B.: Pilotstudie zur Intervallskalierung über die Bewertung von Bedingungen, die im Zusammenhang mit der Verwirklichung eines Kinderwunsches stehen. In: Zentralblatt für Gynäkologie 77/1977/S. 866–871.

Mau, G./Netter, P.: Sozio-ökonomische Faktoren. In: Archiv für Gynäkologie 219/1975/S. 267–269.

McWeeny, P. M./Emery, J. L.: Unexpected postneonatal death (cot death) due to recognizable disease. In: Archives of diseases in childhood 50/1975/S. 191–196.

Mehlan, K. H.: Zur Statistik und Soziologie der perinatalen Sterblichkeit in der DDR. In: Zentralblatt für Gynäkologie 87/1965/S. 385–394.

Müller, C. K.: Die Säuglingssterblichkeit in der Bundesrepublik Deutschland und in der Deutschen Demokratischen Republik. Bonn: Diss. med., 1977.

Münchener Perinatal-Studie 1975. Köln 1977.

Nissler: Erfahrungen der Fachkommission zur Senkung der Säuglingssterblichkeit des Bereiches Magdeburg. Vortrag auf dem Fortbildungslehrgang über wiss. und organis. Maßnahmen zur Bekämpfung der Mütter- und Säuglingssterblichkeit. Berlin (DDR), 28.–30.11.1966.

Paavola, A.: The illegitimacy rate and factors influencing the pregnancy and delivery of unmarried mothers. In: Acta obstetrica et gynecologica Scandinavica XLVII, Suppl. 3, 1968/S. 1–98.

Parnitzke, K. H./Prüssing, G. O.: Kinder alkoholsüchtiger Eltern. In: Psychiatrie, Neurologie und medizinische Psychologie 19/1966/S. 1–5.

Rank, Otto: Das Trauma der Geburt, 1924; Fischer Taschenbuch Nr. 6570.

Sarvan, M.: Die Bedeutung der sozialpädiatrischen Faktoren für die Säuglingsmortalität. In: Monatszeitschrift für Kinderheilkunde 119/1971/S. 85 bis 87.

Scheibe, F. W./Vogel, C.: Zur Frage der »unvermeidbaren« Säuglingssterblichkeit. In: Kinderärztliche Praxis 41/1973/S. 454.

Schmidt, E. et al.: Säuglingssterblichkeit 1973. Prospektive Einzelfallanalyse im Stadtgebiet von Düsseldorf. München–Berlin 1974.

Schneider, H.: Chancen einer weiteren Senkung der Säuglingssterblichkeit. In: Das öffentliche Gesundheitswesen 39/1977/S. 642–649.

Schorr, R.: Soziologische Aspekte der Säuglingssterblichkeit. In: Zeitschrift für ärztliche Fortbildung 58/1964/S. 1081–1089.

Schröder, A.: Sozialhygienische Folgerungen aus dem Überwiegen der Säuglingssterblichkeit und Totgeburtenziffer bei Unehelichen. Hamburg: Diss. med., 1968.

Schulze, K. W./Felsch, J.: Die Frühgeburt als soziales Problem. In: Geburtshilfe und Frauenheilkunde 21/1961/S. 782–791.

Schwarz, K.: Säuglingssterblichkeit in der Bundesrepublik Deutschland. In: Fortschritte der Medizin 87/1969/S. 539–542.

Seelemann, K.: Der Verlauf der wichtigsten Infektionskrankheiten in Hamburg zwischen 1870 und 1964. In: Münchener Medizinische Wochenzeitschrift 108/1966/S. 144–150.

Spielmann, W. et al.: Der Einfluß sozialer Faktoren auf die perinatale Mortalität. In: Wiener Klinische Wochenschrift 364/1961/S. 364–368.

Tulzer, W./Wancura, J.: Beeinflussung der Frühgeburtlichkeit durch soziale Faktoren. In: Archiv für Kinderheilkunde 183/1971/S. 338–347.

Untersuchung zur Entwicklung der Säuglingssterblichkeit. In: Wirtschaft und Statistik 1972/S. 168–171.

Wallner, H. J. et al.: Pränatale Faktoren für die perinatale Mortalität. In: Medizinische Klinik 66/1971/S. 1421–1428.

Wallner, H. J. et al.: Subnatale und postnatale Faktoren für die perinatale Mortalität. In: Medizinische Klinik 67/1972/S. 93–101.

World Health Organization (Hg.): The Prevention of Perinatale Mortality. Genf 1970.

Wie Eltern unerwünschte Kinder sehen

Die Gefühle der Eltern und die Zukunft des Kindes

Blüml, H. et al.: Tagesmütter. Notlösung oder Dauerlösung? In: betrifft: erziehung 1977/Heft 8/S. 29–52.

Busch, F. W.: Probleme der Familienerziehung in der DDR. Teil 1 und 2. In: Pädagogik und Schule in Ost und West 17/1969/S. 270–274, 296–299.

Clausen, J. A.: Die gesellschaftliche Konstitution individueller Lebensläufe. In: Hurrelmann, K. (Hg.): Sozialisation und Lebenslauf, Reinbek, 1976.

Finkelstein, H.: Säuglingskrankheiten. Amsterdam 1938.

Hassenstein, B.: Kritik an der wissenschaftlichen Begründung des Tagesmütter-Projekts. In: Zeitschrift für Pädagogik 20/1974/S. 929–945.

Issel, E. P./Eggers, H./Töwe, J.: Berufliche und außerberufliche Arbeitsbelastungen während der Gravidität aus subjektiver Sicht der Schwangeren und ihr

Stellenwert zu anderen perinatalen Risiken für das Neugeborene. In: Zentralblatt für Gynäkologie 99/1977/S. 833–842.

Koch, R.: Berufstätigkeit der Mutter und Persönlichkeitsentwicklung des Kindes. Köln 1975.

Milhoffer, P.: Familiale Sozialisation. Päd. extra (Lexikon), 16.5.1978.

Schwidder, W.: Die Bedeutung der frühen Kindheit für die Persönlichkeitsentwicklung. In: ders. (Hg.): Die Bedeutung der frühen Kindheit für die Persönlichkeitsentwicklung. Göttingen 1975 (3.), S. 7–24.

Thalhammer, O.: Pränatale Erkrankungen des Menschen. Stuttgart 1967.

Die frühen Mutter-Kind-Beziehungen

Alarcon, A. G.: Dyspepsie des Nourrissons. Paris 1929.

Anthony, E. J.: The behavior disorders of childhood. In: Carmichaels Manual of Child Psychology 3/1970/S. 667–764.

Atkin, S.: A Borderline-Case: Ego synthesis and cognition: a reply of the discussion by Janice de Saussure. In: International Psychoanal. 56/1975.

Bartl, G.: Über Verhaltensauffälligkeiten im Vorschulalter. Eine epidemiologische Untersuchung an 329 Kindern mit einer besonderen Berücksichtigung des Geschlechts und der sozialen Situation der Kinder sowie des Zusammenhangs der einzelnen Störungen. München: Diss., 1975.

Beck, M. B.: The destiny of the unwanted child: the issue of compulsory pregnancy. In: Reiterman, C. (Hg.), 1971, S. 59–71.

Beck, M. B.: Abortion: the mental health consequences of unwantedness. In: Seminars in Psychiatry 2/1970/S. 263–274.

Becker, W. C.: Consequences of different kinds of parental discipline. In: Hoffman, L. W./Hoffman, M. L. (Hg.): Review of child development research 1/1964/S. 169–208.

Bowlby, J.: Maternal care and mental health. WHO Monographs Series 2/1952 (Genf).

Caplan, G.: The disturbance of mother-child-relationship by unsuccessful attempts at abortion. In: Mental Hygiene 38/1954/S. 67–80.

Elmer, E./Gregg, G. S.: Developmental characteristics of abused children. In: Pediatrics 40/1967/S. 440–457.

Fries, M. E.: The Child's Ego development a. s. o. The psychoanalytic Study of the Child II, 1946.

Gerhart, U. C./Geismer, L. L.: The PARI as a predictor of parental behavior. In: Child Welfare 48/1969/S. 602–605.

Goldfarb, W.: Factors in the development of schizophrenic children: an approach to sub-classification. In: Romano, J. D. (Hg.): The origins of Schizophrenia. Den Haag 1967, S. 84 ff.

Hoag, J. M. et al.: The encopretic child and his family. In: Journal of the American Academy of Child Psychiatry 10/1971/S. 242–256.

Hofer, M.: Die Schülerpersönlichkeit im Urteil des Lehrers. Eine dimensionsanalytische Untersuchung zur implizierten Persönlichkeitstheorie. Weinheim 1974 (3.).

Hofer, M.: Zur impliziten Persönlichkeitstheorie von Lehrern. In: Zeitschrift für Entwicklungspsychologie und Pädagogische Psychologie 2/1970/S. 197 bis 209.

Jenkins, R. L.: The significance of maternal rejection of pregnancy for future development of the child. In: Rosen, H. (Hg.): Therapeutic Abortion. New York 1954, S. 269–275.

Jenkins, R. L.: Psychiatric syndromes in children and their relation to family background. In: American Journal of Orthopsychiatry 36/1966/S. 450.

Jonsson, G.: Delinquent boys, their parents and grandparents. In: Acta Psychiatrica Scandinavica Supplementum 43/1967.

Jonsson, G./Kälvesten, A.-L.: 222 Stockholms pojkar; en socialpsychiatrish undersökning av pojkar i skolaldern. Stockholm 1964 (3.).

Kennel, J. H./Trause, M. A./Klaus, M. H.: Evidance for a sensitive period in the human mother. In: CIBA Foundation Symposium 33/1975/S. 87–101.

Klaus, M. H./Kennell, H.: Maternal-Infant Bonding. St. Louis 1976.

Kruse, F.: Frühkindliche Schäden bei ungewollter Schwangerschaft. Pro Familia Arbeitsmaterialien No. 1. Frankfurt/M. 1974.

Kummer, K.-R.: Die Häufigkeit von Erkrankungen im Säuglingsalter und ihre Abhängigkeit von den sozialen Lebensverhältnissen der Familie. Berlin: Diss., 1976.

Lehr, U.: Eltern-Kind-Beziehung in der ersten Lebenszeit. In: Zeitschrift für Geburtshilfe und Perinatologie 182/1978/S. 317–330.

Levi, L. (Hg.): Society, Stress and Desease. New York 1975.

Levine, M. I./Bell, A.: The treatment of colic in infancy by use of the pacifier. In: Journal of Pediatrics 37/1950.

Lewis, H.: Unsatisfactory parents and psychological disorders in their children. In: The Eugenics Review 60/1968/S. 129–139.

Lukesch, M.: Psychogene Faktoren der Schwangerschaft. Mit einer empirischen Untersuchung über die Bedeutung der Partnerbeziehung für die Einstellung der Mutter zur Schwangerschaft. Salzburg: Diss., 1975.

Masterson, J. F./Rinsley, D. B.: The Borderline syndrome: the role of the mother in the genesis and psychic structure of the Borderline personality. In: International Journal Psychoanal. 56/1975/S. 163–177.

Moss, H. A.: Sex, age and state as determinants of mother-infant interaction. In: Merrill-Palmer Quarterly 13/1967/S. 19–36.

Müller, H.: Die ersten Lebenswochen prägen Mutter und Kind. In: Therapie der Gegenwart 116/1977/S. 1263–1280.

Münchener Perinatal-Studie 1975. Köln 1977.

Nilsson, A./Almgren, P. E.: Paranatal emotional adjustment. A prospective investigation of 165 women. In: Acta Psychiatrica Scandinavica Suppl. 220/1970.

Nilsson, A./Almgren, P. E./Köhler, E. M./Köhler, L.: Enuresis: The importance of maternal attitudes and personality. In: Acta Psychiatrica Scandinavica 49/1973/S. 114–130.

Nilsson, A./Kaij, L./Jacobson, L.: Post-partum mental disorder in an unselected sample. The importance of the unplanned pregnancy. In: Journal of Psychosomatic Research 10/1967/S. 341.

Ockel, A.: Zur Clownerie im Kindesalter. In: Praxis der Kinderpsychologie und Kinderpsychiatrie 16/1967/S. 41–51.

Pierce, C. M./Mangelsdorf, T. K./Whitman, R. M.: Mothers of enuretic boys. In: American Journal of Psychotherapy 23/1969/S. 283–292.

Renggli, F.: Angst und Geborgenheit. Soziokulturelle Folgen der Mutter-Kind-

Beziehung im ersten Lebensjahr. Ergebnisse aus Verhaltensforschung, Psychoanalyse und Ethnologie. Reinbek 1974.

Ribble, M. A.: Clinical studies of instinctive reactions in newborn babies. In: American Journal of Psychiatry 95/1938/149–160.

Ribble, M. A.: The rights of infants: early psychological needs and their satisfaction. New York 1943.

Rieder, R. O./Nichols, P. L.: Offspring of Schizophrenics III. Hyperactivity and Neurological Soft Signs. In: Archives of General Psychiatry 36/1979/ S. 665–674.

Robertson, J.: Mothering as an influence on early development: a study of well-baby clinic records. In: Psychoanalytic Study of the child 17/1962/S. 245–264.

Rösler, H.-D.: Leistungshemmende Faktoren in der Umwelt des Kindes. Vergleichende Untersuchung zum Problem des Schulversagens. Leipzig 1967 (2.).

Rosenthal, M. J.: Neuropsychiatric aspects of infantile eczema (special references to the role of cutaneous pain receptors). In: Archives of Neurology and Psychiatry 70/1953/S. 428–451.

Rosenthal, M. J.: A psychosomatic study of infantile eczema, I. The mother-child relationship. In: Pediatrics 10/1952/S. 581–591.

Rottmann, G.: Untersuchungen über Einstellungen zur Schwangerschaft und zur fötalen Entwicklung. In: Graber, G. H. (Hg.): Pränatale Psychologie..., München 1974, S. 68–87.

Ruffing, M. A.: Mothering and early infant stimulation. In: Nursing Forum 18/ 1979/S. 69–79.

Schaefer, E. S./Bell, R. Q.: Development of a Parental Attitude Research Instrument. In: Child Development 29/1958/S. 339–361.

Schaefer, H.: Kind–Familie–Gesellschaft. Berlin/Heidelberg/New York 1977.

Schaefer, H. R. (Hg.): Studies in mother-infant interaction (Proceedings of the Loch Lomond Symposium).

Scheu, U.: Wir werden nicht als Mädchen geboren, wir werden dazu gemacht. Zur frühkindlichen Erziehung in unserer Gesellschaft. Frankfurt/M. 1977.

Schneewind, K. A.: Erziehungsstil und kindliches Verhalten. In: Medizinische Klinik 71/1976/S. 133–142.

Shaheen, E. et al.: Failure to thrieve: a retrospective profile. In: Clinical Pediatrics 7/1968/S. 255–261.

Skinner, A. E./Castle, R. L.: 78 battered children: a retrospective study. Nat. Society for the Prevention of Cruelty to Children. London 1969.

Spitz, R. A.: Vom Säugling zum Kleinkind. Naturgeschichte der Mutter-Kind-Beziehung im ersten Lebensjahr, Stuttgart 1974 (4.).

Spitz, R. A.: Unhappy and fatal outcomes of emotional deprivation and stress in infancy. In: Galdston, J. (Hg.): Beyond the germ theory. New York 1954, S. 120–131.

Taft, L. T.: Child Development: Prenatal to early childhood. In: Journal of School Health 48/1978/S. 281–287.

Thalmann, H. C.: Verhaltensstörungen bei Kindern im Grundschulalter. Eine Untersuchung über die Verbreitung und die sozialen und emotionalen Hintergrundfaktoren. Stuttgart 1974 (2.).

Weil, E./Pehn, M.: Un syndrome gastrique particulier chez le nourrisson. In: Gazette medical de Lyon. 95/1900.

Williams, D. H.: Management of Atopic Dermatitis in children. Control of the maternal rejection factors. In: Archives of Dermatology and Syphilogy 63/1951/ S. 545–560.

Schädigungen durch emotionale Verarmung

Ainsworth, M. D.: Infancy in Uganda, Baltimore 1967.
Beach, F. A./Jaynes, J.: Effects of early experience upon the behaviour of animals. In: Psychological Bulletin 51/1954/S. 239–263.
Beach, F. A.: Current concept of play in animals. In: American Naturalist, 79/ 1945/S. 523–541.
Beres, D./Obert, S. J.: The effects of extreme deprivation in infancy on psychic structure in adolescence: a study in ego development. In: Psychoanalytic Study of the Child 5/1950/S. 212–235.
Bernstein, B.: A socio-linguistic approach to social learning. Harmondsworth 1965.
Butler, R. A.: The effect of deprivation of visual incentives on visual exploration motivation in monkeys. In: Journal of Comparative and Physiological Psychology 50/1957/S. 174–179.
Bühler, C.: Psychologie im Leben unserer Zeit. München 1962.
David, M./Appell, G.: Observation et traitement d'un cas d'arrieration psychogene. In: Zeitschrift für Kinderpsychiatrie 18/1951/205–215.
Dytrych, Z./Matejcek, Z./Schüller, V./David, H. P./Friedman, H. L.: Children born to women denied abortion. In: Family Planning.
Flint, B. M.: The child and the institution; a study of deprivation and recovery. Toronto 1966.
Forssman, H./Thuwe, I.: One hundred and twenty children born after application for therapeutic abortion refused. In: Acta Psychiatrica Scandinavica 42/1966/ S. 71–88.
Foss, B. M. (Hg.): Determinants of Infant Behaviour. Vol. I–IV. London 1961–1969.
French, J. D.: Brain physiology and mother medicine. In: Postgraduate Medicine. 27/1960/S. 559–568.
Gewirtz, J. L./Baer, D. D.: The effects of brief social deprivation on behaviors for a social reinforcer. In: Journal of abnormal and social psychology 56/1958/ S. 49–56.
Gewirtz, J. L./Gewirtz, H. B.: Stimulus conditions, infant behaviors, and social learning in four Israeli childrearing environments. In: Foss, B. M. (Hg.), Vol. III, S. 161–184.
Goldfarb, W.: Effects of early institutional care on adolescent personality. In: American Journal of Orthopsychiatry 14/1944/S. 441–447.
Goldfarb, W.: Effects of psychological deprivation in infancy and subsequent stimulation. In: American Journal of Psychiatry 102/1945/S. 18–33.
Hetzler, H.: Kindheit und Armut. Leipzig 1929.
Howells, J. G.: Monkey therapists. In: American Journal of Psychiatry 129/1972/ S. 485–486.
Höök, K.: Depression in unwanted children. In: Annell, A. L. (Hg.), 1971, S. 116–125.
Höök, K.: Refused abortion. A follow-up study of 249 women whose applications

were refused by the National Board of Health in Sweden. In: Acta Psychiatrica Scandinavica Supplementum 168/1963.

Höök, K.: The unwanted child – effects on mother and children of refused applications for abortion. In: Levi, L. (Hg.), 1975, S. 187–192.

King, J. A.: Parameters relevant to determining the effects of early experiences upon the adult behavior of animals. In: Psychological Bulletin 55/1958/ S. 44–58.

Klackenberg, G.: Studies in mental deprivation in infants' home. In: Acta Paediatrica 45/1956/S. 1–13.

Klackenberg, G.: A prospective longitudinal study of children. Data on psychic health and development up to 8 years of age. In: Acta Psychiatrica Scandinavica Supplementum 224/1971.

Langmeier, H./Matejcek, Z.: Psychische Deprivation im Kindesalter. Kinder ohne Liebe. München 1977.

Langmeier, H./Matejcek, Z.: Psychological Deprivation in Childhood. St. Lucia 1975 (3.).

Lewis, H.: Deprived children: the Merskam experiment. New York 1954.

Liddell, H. S.: Conditioning and emotions. In: Scientific American 190/ 1954.

Lorenz, K.: Der Kumoan in der Umwelt des Vogels. In: Journal für Ornithologie. 83/1935/S. 137–213, 289–413.

Luria, A. R./Yudkovitch, F. Y.: Speech and the development of mental processes. London 1959.

Magoun, H. W.: The waking brain. Springfield (III.) 1958.

Matejcek, Z./Dytrych, Z./Schüller, V.: Children from unwanted pregnancies. In: Acta Psychiatrica Scandinavica 57/1978/S. 67–90.

Matejcek, Z./Dytrych, Z./Schüller, V.: Deti chtene a nechtene. In: Ceskoslovenska Pediatrie 31/1976/S. 177–181.

Matejcek, Z./Dytrych, Z./Schüller, V.: Prazska Studie o detech narozenych z nechteneho tehotenstvi. 1. Psychilogicke nalezy. In: Psychologia a Patapsychologia dietaba 10/1975/S. 229–246.

Matejcek, Z./Dytrych, Z./Schüller, V.: S. o. 2. Divky a chlapci. 10/1975/ S. 291–306.

Matejcek, Z./Dytrych, Z./Schüller, V.: S. o. 3. Skor maladaptace 11/1976/ S. 99–112.

McDonald, R. L./Gynther, M. D./Christakos, A. C.: Relations between maternal anxiety and obstetric complications. In: Psychosomatic Medicine 25/1963/ S. 357–363.

Moltz, H./Rosenblum, L./Stettner, L. J.: Some parameters of imprinting effectiveness. In: Journal of comparative and psychological psychology 53/1960/ S. 297–301.

Moog, W./Moog, E. S.: Die entwicklungspsychologische Bedeutung von Umweltbedingungen im Säuglings- und Kleinkindalter. Neuere psychologische Beiträge zur Deprivationsforschung. Berlin 1979 (4.).

Nigro, S. A.: Letter: Unwanted children. In: Family Planning Perspectives 8/ 1976/S. 51.

Nitsch, K.: Die Bedeutung der frühen Kindheit für das Schicksal des Menschen. In: Universitas 33/1978/S. 709–716.

Nitsch, K.: Sozialpädiatrische Aspekte der frühen Kindheit. In: Nitsch, K. (Hg.), 1978, S. 57–64.

Pan, R. M. du/Roth, S.: The psychologic development of a group of children brought up in a hospital type residential nursery. In: Journal of Pediatrics 47/1955/S. 124–129.

Papez, J. A.: A proposed mechanism of emotion. In: Archives of Neurology and Psychiatry 38/1937/S. 725–743.

Penfield, W./Roberts, L.: Speech and brain mechanism. Princeton 1959.

Pollak, M.: Housing and mothering. Their effects upon the developmental levels of 3-year-old children. In: Archives of Diseases in Childhood 54/1979/S. 54–58.

Robertson, J.: Der Verlust mütterlicher Fürsorge in früher Kindheit und einige Auswirkungen auf die Entwicklung der Persönlichkeit. In: Zeitschrift für ärztliche Fortbildung 51/1957/S. 899–903.

Robertson, J.: Some responses of young children to the loss of maternal care. In: Nursing Times 49/1953/S. 382–386.

Serr, D. M./Ismajovich, B.: Determination of the primary sex ratio from human abortion. In: American Journal of Obstetrics and Gynecology 87/1963/S. 63–65.

Singer, K./Ney, Lieh-Mak, F.: A cultural perspective on child psychiatric disorders. In: Comprehensive psychiatry 19/1978/S. 533–540.

Stechler, G.: A longitudinal follow-up of neonatal apnea. In: Child Development 35/1964/S. 333–348.

Walter, W. G.: The living brain. London 1953.

Wootton, B.: A social scientist's approach to maternal deprivation. In: WHO (Hg.): Deprivation of maternal care, 1962, S. 63–74.

World Health Organization (Hg.): Deprivation of maternal care. Genf 1962.

Unerwünscht und mißhandelt

Historische Anmerkungen/Kindesmißhandlungen in der Bundesrepublik

Aktion Gemeinsinn (Hg.): Macht den Kindern nicht das Leben schwer. Was Erwachsene tun können, um unsere Welt kinderfreundlicher zu machen. Bonn 1974 (2.).

Aktion Jugendschutz (Hg.): Kindesmißhandlung. Information – Aktion. München o. Jg.

Asperger, H.: Diskussionsbemerkung: Zur Problematik der Kindesmißhandlung. In: Monatszeitschrift für Kinderheilkunde 115/1967/S. 194.

Bast, H.: Zur Lage der Kinder in der Bundesrepublik Deutschland. In: Bast, H. et al. (Hg.), 1975, S. 45–98.

Bast, H. et al. (Hg.): Gewalt gegen Kinder. Kindesmißhandlungen und ihre Ursachen. Reinbek 1975.

Becker, W.: Zum Problem der Kindesmißhandlungen. In: Therapie der Gegenwart 107.1/1968/S. 135–149.

Becker, W.: Zum Thema Kindesmißhandlung. In: Jugendwohl 35/1954.

Biermann, G.: Kindeszüchtigung und Kindesmißhandlung. München–Basel 1969.

Bleuel, H. P.: Kinder in Deutschland. München 1971.

Bonn, R.: Gerichtsmedizinische Beobachtungen bei Kindesmißhandlungen. Münster: Diss., 1963.

Bremner, R. H.: Children and youth in America: A documentary history (Vol. I, 1600–1865) Cambridge, MA: Harvard University, 1970.

Bundesvereinigung für Gesundheitserziehung e. V. (Hg.): Gesunde Kinder – unsere Verantwortung. Bonn 1979.

Caffey, J.: Multiple fractures in the long bones of infants suffering from chronic subdural hematoma. In: American Journal of Roentgenology 56/1946/ S. 163–171.

Children's Employment Commission: Report V., 1866. Zit. nach: Marx, K.: Das Kapital Bd. 1, Marx-Engels-Werke 23. Berlin (DDR) 1974, S. 513f.

Dahlmann, C.: Milde Strafen für harte Prügel. Kindesmißhandlungen in Deutschland. Gesetze erschweren Aufklärung und Ahndung. In: Ärztliche Praxis 25/ 1973/S. 2719–2720.

Doormann, L.: Zur sozialen Lage der Kinder in der Bundesrepublik. In: Demokratische Erziehung 4/1978/S. 404–428.

Duensing, F.: Verletzung der Fürsorgepflicht gegenüber Minderjährigen. Zürich: Diss., 1903.

Fontana, V. J.: Child abuse; cases reported are the »tip of the iceberg«. (Roche-Report). In: Frontiers of Psychiatry 5/1975/S. 3.

Fontana, V. J.: The maltreated child. The maltreatment syndrome in children. Springfield 1971 (2).

Gil, D. G.: Gewalt gegen Kinder. In: Bast, H. et al. (Hg.), 1975, S. 241–263.

Gil, D. G.: Violence against children: physical child abuse in the United States. Cambridge 1970.

Gil, D. G.: Physical abuse of children. Findings and implications of a nationwide survey. In: Pediatrics 44/1969/S. 857–864.

Gil, D. G.: Incidence of child abuse and demographic characteristics of persons involved. In: Helfer, R. E./Kempe, H. C. (Hg.), 1974, S. 19–40.

Haberda, K.: Kindesmißhandlungen. In: Schriften des Österreichischen Kinderschutzkongresses 2/1970/S. 27–36.

Heinsohn, G./Knieper, R.: Theorie des Familienrechts. Geschlechtsrollenaufhebung, Kindervernachlässigung, Geburtenrückgang. Frankfurt/M. 1976 (2.).

Helfer, R. E./Kempe, H. C. (Hg.): Das geschlagene Kind. Frankfurt/M. 1978.

Helfer, R. E./Kempe, H. C. (Hg.): The battered child. Chicago–London 1974 (2).

Hetzler, H.: Seelische Mißhandlungsspuren. In: Mitteilungen des Vereins zum Schutze der Kinder Nr. 2/1936/S. 17.

Höpler, R. v.: Über Kindesmißhandlungen. In: Archiv für Kriminologie 69/1915/ S. 68–73.

Jeziorowski, J.: Kein Platz für Kinder. Wie wir ihnen einen freundlicheren Lebensraum schaffen können. Freiburg i. Br. 1977.

Kempe, C. H./Helfer, R. E. (Hg.): Helping the battered child and his family. Philadelphia–Toronto 1972.

Kempe, C. et al.: The battered child syndrome. In: Journal of the American Medical Association 181/1962/S. 17–24.

Keyserlinck, H. v.: Kindesmißhandlungen. In: Psychiatrie, Neurologie und medizinische Psychologie 11/1951/S. 151.

Koers, A. J.: Kindesmißhandlungen und Kinderschutz in den Niederlanden. In: Bast, H. et al. (Hg.), 1975, S. 298–313.

Köttgen, U.: Kindesmißhandlungen. In: Monatsschrift für Kinderheilkunde 115/1967/S. 186–192.

Köttgen, U.: Kindesmißhandlung (»Battered Child Syndrome«). In: Medizinische Klinik 61/1966/S. 2025.

Köttgen, U.: 1974, S. 684.

Kohlhaas, M.: Die Mißhandlung von Kindern und Jugendlichen. In: Unsere Jugend 6/1964/S. 536.

Kuipers, F./Creveld, S. v.: Mißhandlungen von Kindern. In: Nederlands Tijdschrift voor Geneeskunde 108/1964/S. 2399.

Lenoski, E. F./Hunter, K. A.: Specific patterns of inflicted burn injuries. In: Journal of Trauma 17/1977/S. 842–846.

Lukianowicz, N.: Battered children. In: Psychiatrica Clinica 4/1971/S. 257–280.

Lukianowicz, N.: Parental maltreatment of children. In: British Journal of Social Psychiatry. 3/1969/S. 189–195.

Levetzow, G.: Die seelische Kindesmißhandlung. Heidelberg, Diss., 1934.

Mause, L. de: Gequält, mißbraucht, ermordet. In: Psychologie heute 4/1977/S. 48–55, 85.

Mause, L. de (Hg.): Hört ihr die Kinder weinen. Eine psychogenetische Geschichte der Kindheit, Frankfurt/M. 1977.

Mende, U./Kirsch, H.: Beobachtungen zum Problem der Kindesmißhandlung. Forschungsbericht des DJI. München 1968.

Menzel, M.: Kindesmißhandlung aus der Sicht der Ermittlungsbehörde. In: Kinderschutz aktuell 1975/Heft 4/S. 16–19.

Mingers, A. M.: Die ausweglose Situation des mißhandelten Kindes in der Bundesrepublik. In: Monatsschrift für Kinderheilkunde 125/1977/S. 601–602.

Nau, E.: Das Delikt der Kindesmißhandlung in forensisch-psychiatrischer Sicht. In: Münchener Mediziner Wochenschrift 21/1964/S. 972.

Nix, W.: Die Mißhandlung Abhängiger. Bonn: Diss., 1958.

Pelle, L.: Kindesmißhandlungen immer wieder. In: Zentralblatt für Jugendrecht 45/1958/S. 249.

Petri, H.: Konzepte der Prävention von Mißhandlungen und Gewalt gegen Kinder. In: Bundesvereinigung für Gesundheitserziehung (Hg.), 1979, S. 133–140.

Ploss, H./Renz, B.: Das Kind in Brauch und Sitte der Völker, Bd. I, Leipzig 1911 (3.).

Pollak, K.: Die Heilkunst der frühen Hochkulturen. Wiesbaden 1978.

Redhardt, R.: Das mißhandelte Kind als Projektionsobjekt (Vortrag), München 1963.

Reinhardt, J. B.: Syndromes of deficits in parenting: abuse, neglect, and accidents. In: Pediatric Annals 6/1977/S. 628–635.

Rochel, M.: Kindesmißhandlung – gerichtsmedizinische und psychologische Aspekte. Mainz: Diss., 1974.

Schaible-Fink, B.: Das Delikt der körperlichen Kindesmißhandlung. Literatur, Statistik, Kasuistik. Hamburg 1968.

Schleyer, F.: Kindesmißhandlung. In: Neue Sammlung 7/1967/S. 134.

Seibert, K.: Rechtlose Kindheit. Ein Kapitel über Ursachen und Entstehung einer chancenlosen Minderheit in unserer Gesellschaft. Weinheim–Basel 1974.

Silverman, F. N.: The roentgen manifestations of unrecognized skeletal trauma in infants. In: American Journal of Roentgenology 69/1963/S. 413–421.

Simons, B./Downs, E. F./Hurster, M. F./Archer, M.: Child abuse: epidemiologic study of medically reported cases. In: New York State Journal of Medicine 66/1966/S. 2783–2788.

Skinner, A. E./Castle, R. L.: 78 battered children: a retrospective study. London 1969.

Solomon, T.: History and Demography of Child Abuse. In: Pediatrics 51/1973/ S. 773–776.

Statistisches Bundesamt Wiesbaden (Hg.): Die Situation der Kinder in der Bundesrepublik Deutschland. Internationales Jahr des Kindes 1979. Stuttgart–Mainz 1979.

Statistisches Bundesamt Wiesbaden (Hg.): Statistisches Jahrbuch für die Bundesrepublik Deutschland 1978. Stuttgart 1978.

»Teuflisches Werk«. Der Spiegel Nr. 39/1977/S. 62–66.

Trube-Becker, E.: Zur Kindesmißhandlung. In: Medizinische Klinik 59/1964/ S. 1649–1653.

Trube-Becker, E.: Gewalt gegen das Kind. Heidelberg 1982.

Ullrich, W.: Die Kindesmißhandlung in strafrechtlicher, kriminologischer und gerichts-medizinischer Sicht. Berlin 1964.

Waechter, F. K.: Der Anti Struwwelpeter, Zürich 1982.

Walker, C. E./Bonner, B. L./Kaufman, K. L.: The physically and sexually abused child. Evaluation and Treatment, 1988.

Wolff, R.: Kindesmißhandlung und ihre Ursachen. In: Bast, H. et al. (Hg.), 1975, S. 13–45.

Woolley, P./Evans, W.: Significance of skeletal lesions in infants resembling those of traumatic origin. In: Journal of American Medicine 158/1955/S. 539.

Zenz, G.: Einleitung zur deutschen Ausgabe. In: Helfer, R. E./Kempe, C. H. (Hg.), 1978, S. 17–34.

Eltern, die ihre Kinder töten/Der Kindstod, der plötzlich kommt

Adelson, L./Kinney, E. R.: Sudden and unexpected death in infancy and children. In: Pediatrics, 17:663, 1956.

Althoff, H.: Der plötzliche und unerwartete Tod von Säuglingen und Kleinkindern. Stuttgart 1973.

Aries, P.: Geschichte der Kindheit. München/Wien 1975, S. 54.

Asch, S. S.: Crib Death: Their possible relationship to post partum depression and infanticide. In: Mount Sinai Journal of Medicine 35/1968/S. 214–220.

Becker, W.: Zum Problem der Kindesmißhandlungen. In: Therapie der Gegenwart 107.1/1968/S. 135–149.

Beckwith, B. J./Bergman, A. B.: The sudden death of infancy. In: Hospital Practice 2/1967/S. 44–52.

Bennie, E. H./Sclare, A. B.: The battered child syndrome. In: American Journal of Psychiatry 125/1969/S. 975–979.

Calef, V.: The hostility of parents to children: Some notes on infertility, child abuse and abortion. In: International Journal of Psychoanalysis and Psychotherapy 1/1972/S. 76–96.

Carpenter, R. G./Shaddick, C. W.: A study of cot deaths in England and Wales in 1960. In: Brit. J. Prev. Soc. Med., 19:1, 1965.

Der Fall Erika Mayer: Angeklagt wegen fahrlässiger Tötung. Gutachten von Horst Eberhard Richter. In: Päd.extra 1975/Heft 5/S. 9–20.

Emery, J. L.: Epidemiology of »sudden, unexpected or rapid« death in children. In: Brit. Med. J., 2:925, 1959.

Fontaine, G.: The sudden death of the infant. In: Sem. Med. Prof., 38: 624, 1962.

Gruen, A.: Der frühe Abschied. Eine Deutung des Plötzlichen Kindstodes, Stuttgart 1988.

Gummersbach, H.: Die kriminalpsychologische Persönlichkeit der Kindesmörderinnen und ihre Wertung im gerichtsmedizinischen Gutachten. In: Wiener Medizinische Wochenschrift 88/1938/S. 1151–1155.

Koettgen, U.: Kindesmißhandlung. In: Deutsches Ärzteblatt 71/1974/S. 683–684.

Lukianowicz, N.: Infanticide. In: Psychiatrica clinica 4/1971/S. 145–158.

Mause, L. de: Gequält, mißbraucht, ermordet. In: Psychologie heute 4/1977/S. 48–55, 85.

Molz, G./Hartmann, H. P./Michels, L.: Plötzlicher Säuglingstod. Epidemiologische Erhebungen bei nicht, teilweise oder hinreichend erklärbarer Todesursache. In: Helv. paediat. Acta, 39:395, 1984.

Preisendanz, H.: Strafgesetzbuch. Lehrkommentar. Berlin 1978 (30.).

Radbill, S. X.: Mißhandlung und Kindestötung in der Geschichte. In: Helfer, R. E./Kempe, H. C. (Hg.): Das geschlagene Kind. Frankfurt/M. 1978, S. 37–65.

Resnick, P. J.: Murder of the newborn: A psychiatric review of neonaticide. In: American Journal of Psychiatry 126/1970/S. 1414–1420.

Schubert, W.: Die Blutspur führte ins Kinderzimmer. In: *stern* 21/1979/S. 224–226.

Steinschneider, A.: Prolonged Apnea And The Sudden Infant Death Syndrome. Clinical and Laboratory Observations. In: Pediatrics 50:646, 1972.

Valdez-Dapena, M. A.: Sudden und unexpected death in infancy: A review of the literature 1954–1966. In: Pediatrics 39/1967/S. 123–138.

Wie kann man mißhandelten Kindern helfen? In: *stern* Nr. 49/1978/S. 174.

Unerwünschte Kinder als Opfer von Mißhandlungen

Amendt, G.: Die bestrafte Abtreibung. Argumente zum Tötungsvorwurf, Bremen 1988a, S. 13f.

Bennie, E. H./Sclare, A. B.: The Battered child syndrome. In: American Journal of Psychiatry 125/1969/S. 975–979.

Brosseau, B. E.: Letter: Unwanted child and unwanted pregnancy. In: Canadian Medical Association Journal 112/1975/S. 1039.

Brussel, J. H.: Casebook of a crime psychiatrist. New York 1968.

Brüschenweiler, W.: Mißhandlungen und Vernachlässigung von Kindern und Jugendlichen im Schweizerischen Strafrecht. Zürich: Diss., 1963.

Bryant, H. D.: Physical abuse of children: an agency study. In: Child Welfare 42/1963/125–130.

Caesar, B.: Autorität in der Familie. Ein Beitrag zum Problem schichtenspezifischer Sozialisation. Reinbek 1972 (2.).

Cameron, J. M./Johnson, H./Camps, F.: The Battered Child Syndrome. In: Medicine Science and the Law 6/1966/S. 2–21.

Cameron, J. M.: The battered baby. In: British Journal of Hospital Medicine 4/1970/S. 769.

Challenge of child abuse. Proceeding of a conference sponsored by the Royal Society of Medicine (2.–4. 6. 1976). London 1977.

Corboz, R. J.: Psychiatrische Aspekte des Streß beim Kind und beim Jugendlichen. In: Schweizer Archiv für Neurologie, Neurochirurgie und Psychiatrie 121/1977/S. 81–89.

Courte, J.: The battered child. In: Medical Social Work 22/1969/S. 11.

Craft, M.: A psychiatric study of parents who abuse infants and small children. In: Helfer, R. E./Kempe, C. H. (Hg.), 1974, S. 103–145.

Craft, M.: Child abuse as psychopathology: a sociological critique and reformulation. In: American Journal of Orthopsychiatry 43/1973/S. 611–621.

Craft, M.: Gewalt in der Erziehung: Plädoyer zur Abschaffung der Prügelstrafe. Analysen und Argumente. Frankfurt/M. 1975.

Craft, M.: Identification of abused children. In: Children 10/1963/S. 180–184.

Craft, M.: Parents of battered babies: a controlled study. In: British Medical Journal 4/1973/S. 388–391.

Craft, M.: The natural history of psychopathic disorder. In: British Journal of Psychiatry 115/1969/S. 39–44.

Craft, M.: Ursachen mütterlicher Kindesmißhandlungen. In: Acta paedopsychiatrica 29/1962/S. 375–385.

Elmer, H.: Children in Jeopardy: A study of abused minors and their families. Pittsburgh 1967.

Fairburn, A. C./Hunt, A. C.: Caffey's »Third Syndrome« – A critical evaluation. In: Medicine Science and the Law 4/1964/S. 123–126.

Fink, B.: Das Delikt der körperlichen Kindesmißhandlung. Literatur, Statistik, Kasuistik. Hamburg 1968.

Frühgeborene werden öfter mißhandelt. In: inForm 1979/Heft 2/S. 6.

Galdston, R.: Observations on children who have been physically abused and their parents. In: American Journal of Psychiatry 122.1/1965/S. 440–443.

Gelles, R. H.: Kindesmißhandlung als Psychopathologie. Eine soziologische Kritik und Neuformulierung des Problems. In: Bast, H. et al. (Hg.), 1975, S. 263–277.

Genser, B.: Erziehungswissen von Eltern. In: Scheewind, K. A./Lukesch, H. (Hg.), 1978, S. 27–43.

Gil, D. G.: Physical abuse of children. Findings and implications of a nationwide survey. In: Pediatrics 44/1969/S. 857–864.

Goode, W. J.: Gewalt und Gewalttätigkeit in der Familie. In: Bast, H. et al. (Hg.), 1975, S. 131–155.

Green, A. H./Gaines, R. W./Sandgrund, A.: Child abuse: pathological syndrome of family interaction. In: American Journal Psychiatry 131/1974/S. 882 bis 886.

Groen, J. J.: Society, interhuman communication and psychosomatic disease. In: Levi, L. (Hg.), 1975, S. 341–357.

Gruen, A.: Der frühe Abschied. Eine Deutung des Plötzlichen Kindestodes, Stuttgart 1988.

Guttmacher, A. F./Pilpel, H. F.: Abortion and the unwanted child. In: Family Planning Perspectives 2/1970/S. 16–24.

Hanson, R./Smith, S.: Letter: IQ of parents of battered babies. In: British Medical Journal 9.3.1975/S. 455.

Helfer, R. M.: The Etiology of child abuse. In: Pediatrics 51/1973/777–779.

Hoag, J. M. et al.: The encopretic child and his family. In: Journal of the American Academy of Child Psychiatry 10/1971/242–256.

Horobin, G. W. (Hg.): Experience with abortion: a case study of North-East Scotland. London 1973.

Hyman, C. A.: Letter: IQ of parents of battered babies. In: British Medical Journal 22.12.1973/S. 739.

Klein, M./Stern, L.: Low birthweight and the battered child syndrome. In: American Journal of Disease of Children 122/1971/S. 15–18.

Laury, G. V.: Aspects motivationels du syndrome de l'enfant battu. Pourquoi des parents maltraitent – ils leur enfant? In: Médicine et Hygiéne 907/1970/S. 342.

Lechleiter, Das Kind als Gegenstand und Opfer krimineller Mißhandlung. Zürich: Diss., 1970.

Lukianowicz, N.: Battered children. In: Psychiatrica Clinica 4/1971/S. 257–280.

Martin, H.: The child and his development. In: Kempe, C. H./Helfer, R. E. (Hg.), 1972, S. 93–114.

Neimann, N./Rabouille, D.: Les enfants victimes de sévices. In: Revue du Praticien 19/1969/S. 3879–3888.

Niedermeyer, K.: Studien über Kindesmißhandlung. In: Pädiatrie und Grenzgebiete 3/1964/S. 1.

Nitsch, K.: Öffentliche Anhörung von Sachverständigen zum Gesetzentwurf zur Neuregelung des elterlichen Sorgerechts (12.9.1977). In: Zur Sache 1/1978.

Nurse, S. M.: Familial patterns of parents who abuse their children. In: Smith College Studies in Social Work 35/1966/S. 11–25.

Osborn, F.: Excess and unwanted fertility. In: Eugenics Quarterly 10/1963/S. 59–72.

Petri, H.: Zur Psychodynamik der Gewalt gegen Kinder. In: Paediatrie und Paedologie 14/1979/S. 21–27.

Phillips, C. J./Wilson, H./Herbert, G. W.: Child development study (Birmingham 1968–71): A study of inadequate families. Part I. Birmingham 1972.

Pohlmann, E.: The psychology of birth planning. Cambridge 1973.

Pollock, C./Steele, B.: A therapeutic approach to the parents. In: Kempe, C. H./Helfer, R. E. (Hg.), 1972, S. 3–21.

Registrar General. Statistical review of England and Wales for the year 1967. London 1968.

Reiner, B. S./Kaufman, I.: Character disorders in parents of delinquents. Family Service Association of America. New York 1959.

Resnick, P. J.: Murder of the newborn: a psychiatric review of neonaticide. In: American Journal of Psychiatry 126/1970/S. 1414–1420.

Rottmann, G.: Untersuchungen über Einstellungen zur Schwangerschaft und zur fötalen Entwicklung. In: Graber, G. H. (Hg.), 1974, S. 68–87.

Sameroff, A. L.: The mother's construction of the child. Meeting of the ISSBD (Juli 1975). Guilford 1975.

Sarsfield, J. K./Dowell, A. C.: Letter: Parents of battered babies. In: British Medical Journal. 30. 3. 1974, S. 637.

Schneewind, K. A./Lukesch, H. (Hg.): Familiäre Sozialisation: Probleme, Ergebnisse, Perspektiven. Stuttgart 1978.

Schwartz, J. L./Schwartz, L. H. (Hg.): Vulnerable infants. A psychoogical dilemma. New York 1977.

Smith, S. M./Hanson, R./Noble, S.: Social aspects of the battered baby syndrome. In: British Journal of Psychiatry 125/1974/S. 568–582.

Smith, S. M.: Letter: Parents of battered babies. In: British Medical Journal 25. 5. 1974, S. 443.

Steele, B. F.: Parental Abuse of Infants and Small Children. In: Anthony, B. J./Benedek, T. (Hg.): Parenthood: Its Psychology and Psychopathology, Boston 1970.

Steele, B. F./Pollock, C. B.: Eine psychiatrische Untersuchung von Eltern, die Säuglinge und Kleinkinder mißhandelt haben. In: Helfer, R. E./Kempe, C. H. (Hg.), 1978, S. 161–243.

Stone, S. H./Scott, K. E.: The unwanted pregnancy. In: Canadian Medical Association Journal 111/1974/S. 1093–1097.

Straus, P./Wolf, A.: Un sujet d'actualité: Les enfants matraités. In: La Psychiatrie de l'Enfant. 12/1970/S. 577–628.

Terr, L. C.: Family study of child abuse. In: American Journal of Psychiatry Supplement 127/1970/S. 665–671.

Tompkins, K. J.: Letter: The unwanted pregnancy. In: Canadian Medical Association Journal 112/1975/S. 279–280.

Turner, E. K.: The syndrome in the infant resulting from maternal emotional tension during pregnancy. In: Medical Journal of Australia 1/1956/S. 221–222.

Vesterdal, J.: Kindesmißhandlung (»Battered child syndrome«). In: Annales Nestlé Heft 32/1972/S. 5–11.

Wasserman, S.: The abused parent of the abused child. In: Children 14/1967/S. 175–179.

Weispfennig, J.: The Battered Child in the USA Medicine, Society and Law. Freiburg i. Br. 1975.

Wie kann man mißhandelten Kindern helfen? In: stern Nr. 49/1978/S. 174.

Wolff, R.: Kindesmißhandlung und ihre Ursachen. In: Bast, H. et al. (Hg.), 1975, S. 13–45.

Die Familiendynamik der Kindesmißhandlung

Aktion Jugenschutz (Hg.): Kindesmißhandlung. Information – Aktion. München o. Jg.

Beck, M. B.: Abortion: the mental health consequences of unwantedness. In: Seminars in Psychiatry 2/1970/S. 263–274.

Bieler, M.: Still wie die Nacht. Memoiren eines Kindes, 1988.

Birrell, R. G. / Birrell, J. H. W.: The maltreatment syndrome in children: a hospital survey. In: Medical Journal of Australia 2/1968/S. 1023–1029.

Delsordo, J. D.: Protective casework for abused children. In: Children 10/1963/ S. 213–218.

Elmer, E. et al.: Studies of child abuse and infant accidents. In: Schwartz, J. L./ Schwartz, L. H. (Hg.), 1977, S. 214–242.

Fontana, V. J. / Robison, E.: A multidisciplinary approach to the treatment of child abuse. In: Pediatrics 57/1976/S. 760–764.

Gelles, R. J.: Kindesmißhandlung als Psychopathologie. Eine soziale Kritik und Neuformulierung des Problems. In: Bast, H. et al. (Hg.), 1975, S. 263–277.

Gibbens, T. / Walker, A.: Cruel parents – case studies of prisoners convicted of violence toward children. London 1956.

Gil, D. G.: Physical abuse of children. Findings and implications of a nationwide survey. In: Pediatrics 44/1969/S. 857–864.

Gostomzyk, J. G.: Kindesmißhandlung. In: Das öffentliche Gesundheitswesen 39/1977/S. 279–288

Gruen, A.: Der frühe Abschied. Eine Deutung des Plötzlichen Kindestodes, Stuttgart 1988.

Holman, R. R. / Kanwar, S.: Early life of the ›battered child‹. In: Archives of Diseases in Childhood 50/1975/S. 78–80.

Martin, H.: The child and his development. In: Kempe, C. H. / Helfer, R. E. (Hg.), 1972, S. 93–114.

Schmitt, B. D. / Kempe, C. H.: Kindesmißhandlungen. Erkennung, Behandlung, Vorbeugung. In: Der Kinderarzt 7/1976/S. 263–269, 403–409.

Thistleton, K. S.: The abusive and neglectful parent: treatment through parent education. In: Nursing Clinics of Northern America 12/1977/S. 513–524.

Wellner, Z. / Wellner, A. / Robins, E.: Child abuse: a case for a different approach. In: Comprehensive Psychiatry 18/1977/S. 363–368.

Selbsttötung von Kindern und Jugendlichen

Biener, K. / Burger, C.: Selbstmordversuche und Abschiedsbriefe Jugendlicher. In: Der Nervenarzt 47/1976/179–185.

Boszormenyi-Nagy, Ivan; Geraldine M. Spark: Unsichtbare Bindungen. Die Dynamik familiärer Systeme, 1981.

Connell, P. H.: Suicidal attempts in childhood and adolescence. In: Howells, J. G. (Hg.): Modern perspectives in child psychiatry. New York: Brunner, 1971, S. 403–427.

Decke, D. / Lange, E.: Familien-, Erziehungs- und Schulbedingungen bei Suizidenten. In: Zeitschrift für ärztliche Fortbildung 72/1978/901–904.

Haffter, C.: Selbstmord im kulturellen Zusammenhang. In: Psychologische Praxis 39/1966/49–60.

Harbauer, H.: Selbstmordhandlungen bei Kindern. In: Deutsches Ärzteblatt 70/ 1973/491–493.

Lebert, U.: Ich denke nur noch an den Tod. In: Brigitte, Heft 7/1979/162–166.

Müller, H.: Suizidalität und Suizidprophylaxe bei Kindern und Jugendlichen. In: Diagnostik 10/1977/821–825.

Oschlies, W.: Jugendselbstmorde in Osteuropa und im intersystemaren Vergleich. In: Berichte des Bundesinstituts für ostwissenschaftliche und internationale Studien 2–1979.

»Selbstmordrate 1976 weiter gestiegen«. In: Deutsches Ärzteblatt 75/1978.

Statistisches Bundesamt (Hg.): Statistisches Jahrbuch 1987 für die BRD, Stuttgart/Mainz.

Thille, Z.: Zamachy samobójcze dzieci i modziezy (Selbstmordversuch von Kindern und Jugendlichen). In: Psychiatria Polska 6/1971/715–723.

Trube-Becker, E.: Suizid im Schulkinderalter. In: Münchener Medizinische Wochenzeitschrift 121/1979/481–484.

Waage, G.: Selbstmordversuche bei Kindern und Jugendlichen. Basel: Diss. med. 1966.

Zumpe, L.: Selbstmordversuche von Kindern und Jugendlichen. Persönlichkeitsmerkmale und Entwicklungsverläufe anhand von 34 Katamnesen. In: Psychologische Praxis 39/1966/1–26 (Nachdruck aus: Zeitschrift für Psychotherapie und medizinische Psychologie 9/1959/224 ff.).

Jugendkriminalität

Abele, A. et al.: Zur Definition abweichenden Verhaltens in Abhängigkeit vom Kontext. In: Walther, H. (Hg.): Sozialisationsforschung Bd. III, Stuttgart 1975, S. 195–228.

Ahrens, S.: Außenseiter und Agent. Der Beitrag des Labeling-Ansatzes für eine Theorie abweichenden Verhaltens. Stuttgart 1975.

Aich, P. (Hg.): Da weitere Verwahrlosung droht... Fürsorgeerziehung und Verwaltung. Zehn Sozialbiographien aus Behördenakten. Reinbek 1973.

Autorenkollektiv: Gefesselte Jugend. Fürsorgeerziehung im Kapitalismus. Frankfurt/M. 1973.

Becker, H. S.: Außenseiter. Zur Soziologie abweichenden Verhaltens. Frankfurt/M. 1973.

Becker, W.: Jugendkriminalität, Erscheinungsformen und Schwerpunkte. In: Allgemeine Deutsche Lehrerzeitung, 21/1969/S. 14, Heft 9.

Bennett, I.: Delinquent and neurotic children. A comparative study. London 1960.

Bottenberg, E. H./Gareis, B.: Elterliche Erziehungsstile, Neurotizismus und Aggressivität bei jugendlichen Kriminellen. In: Psychotherapie und medizinische Psychologie 25/1975/S. 89–99.

Bowly, J.: Forty-four juvenile thieves: their characters and home-life. London 1946.

Bowly, J.: Mütterliche Zuwendung und geistige Gesundheit. München 1973.

Brandt, W.: Kriminalität Jugendlicher aus vollständiger Familie. In: Recht der Jugend 11/1963/5/S. 74–77.

Brandt, W.: Zur Kriminalität der Unehelichen. In: Recht der Jugend 11/1963/S. 42–45.

Brussel, J. A.: Casebook of a crime psychiatrist. New York 1968.

Brussel, J. H.: Das ungezähmte Böse. Die berühmten Fälle des Sherlock Holmes unter den Psychiatern. Bern–München–Wien 1971.

Brusten, M.: Determinanten selektiver Sanktionierung durch die Polizei. In: Feest, J./Lautmann, R. (Hg.), 1971, S. 31–70.

Bundesminister für Jugend, Familie und Gesundheit (Hg.): Zweiter Familienbericht. Bonn 1975.

Cameron, P./Tichenor, J. C.: The Swedish »Children born to women denied abortion« study: a radical criticism. In: Psychological Reports 39/1976/S. 391–394.

Conrad, K. G.: Frühsozialisation statt Resozialisierung. Die Gefahren frühkindlicher Deprivation für spätere Kriminalität. In: Fortschritte der Medizin 96/1978/S. 1691–1962, 1710.

Crellin, E./Pringle, M. L./West, P.: Born Illegitimate: social and educational implications. Slough 1971.

Die Kriminalität in der Bundesrepublik Deutschland. Polizeiliche Kriminalitätsstatistik für das Jahr 1978. In: Bulletin Nr. 60/1979/S. 545–567 (Presse- und Informationsamt des Bundesregierung).

Ehlen, G.: Kriminalität Jugendlicher aus unvollständiger Familie. In: Recht der Jugend 11/1963/S. 53–56/4.

Feest, J./Lautmann, R. (Hg.): Die Polizei. Soziologische Studien und Forschungsberichte. Opladen 1971.

Forssman, H./Thuwe, I.: Comments on Cameron and Tichenor's remarks on our 1966 paper. In: Psychological Reports 39/1976/S. 400.

Forssman, H./Thuwe, I.: One hundred and twenty children born after application for therapeutic abortion refused. In: Reitermann, C. (Hg.), 1971, S. 123–145; und in: Acta Psychiatrica Scandinavica 42/1966/S. 71–88.

Gareis, B./Wiesnet, E.: Frühkindheit und Jugendkriminalität. München 1974.

Gareis, B.: Jugendkriminalität – Folge frühkindlicher Deprivation. In: Kinderschutz aktuell 1978/2/S. 2526.

Glueck, S./Glueck, E.: Family Environment and delinquency. New York 1962.

Glueck, S./Glueck, E.: Jugendliche Rechtsbrecher. Wege zur Vorbeugung. Stuttgart 1972 (2.).

Glueck, S./Glueck, E.: One thousand juvenile delinquents. Cambridge 1934.

Glueck, S./Glueck, E.: Predicting delinquency and crime. Cambridge 1959.

Glueck, S./Glueck, E.: Ten years of unraveling juvenile delinquency: an examination of criticismus. In: dies: Ventures on criminology. London 1964, S. 262–303.

Glueck, S./Glueck, E.: Toward a typology of juvenile offenders. Implications for therapy and prevention. New York–London 1970.

Glueck, S./Glueck, E.: Unraveling Juvenile Delinquency. New York 1950, 19 (4.).

Grygier, F./Chesley, J./Wilson, E.: Parental deprivation: a study of delinquent children. In: British Journal of Criminology 9/1969/S. 209–253.

Hakeem, M.: Eine Kritik des psychiatrischen Ansatzes. In: Sack, F./König, R. (Hg.): Kriminalsoziologie. Frankfurt/M. 1968, 1974 (2.), S. 244–283.

Johnson, A./Szurek, S. A.: Etiology of antisocial behavior in delinquents and psychopaths. In: Journal of the American Medical Association 154/1954/814–817.

Johnson, G.: Delinquent boys, their parents and grandparents. In: Acta Psychiatrica Scandinavica Supplementum 195, 43/1967.

Jugendkriminalität gestiegen? In: Päd.extra – Sozialarbeit 3/1979/6/S. 4.

Kurzeja, D.: Jugendkriminalität und Verwahrlosung. Zu den Ursachen der Dissozialität Jugendlicher – Kritische Bestandsaufnahme und Versuch einer Neubestimmung. Gießen 1973.

Kvaraceus, W. C.: Prenatal and early development history of 136 delinquents. In: Journal of Genetic Psychology 66/1945/S. 267–271.

Lösel, F./Linz, P.: Familiale Sozialisation von Delinquenten. In: Abele, A./Mitzlaff, S./Nowak, W. (Hg.): Abweichendes Verhalten. Erklärungen, Scheinerklärungen und praktische Probleme. Stuttgart 1975, S. 181–203.

Lösel, F.: Endstation Knast. In: Psychologie heute, 1976/Heft 7/S. 13–19.

Lösel, F.: Konfigurationen elterlicher Erziehung und Dissozialität. In: Schneewind, K. A./Lukesch, H. (Hg.): Familiäre Sozialisation: Probleme, Ergebnisse, Perspektiven. Stuttgart 1978, S. 233–245.

Lukesch, H.: Sozioökologische Bedingungen im Schwangerschaftserleben und in Erziehungseinstellungen. In: Schneewind, K. A./Lukesch, H. (Hg.), a. a. O., S. 90–113.

May, D.: Illegitimacy and juvenile court involvement. In: International Journal of Criminology and Penology 1/1973/3/S. 227–252.

McCord, W./McCord, J.: Origins of crime. New York 1959.

Meves, C.: Gedanken zur modernen Charakterbildung. In: Krankenpflege 29/1975/S. 388–389.

Milhoffer, P.: Familie und Klasse. Ein Beitrag zu den politischen Konsequenzen familialer Sozialisation. Frankfurt/M. 1973.

Moser, T.: Jugendkriminalität und Gesellschaftsstruktur. Frankfurt/M. 1972.

Nye, F. I.: Family relationships and delinquent behaviour. New York–London 1958.

Ottomeyer, K.: Ökonomische Zwänge und menschliche Beziehung. Soziales Verhalten im Kapitalismus. Reinbek 1977.

Peters, D.: Die soziale Herkunft der von der Polizei aufgegriffenen Täter. In: Feest, J./Lautmann, R. (Hg.), 1971, S. 93–106.

Reiterman, C. (Hg.): Abortion and the unwanted child. New York City 1971.

Sack, F.: Neue Perspektiven in der Kriminologie. In: Sack, F./König, R. (Hg.): Kriminalsoziologie. Frankfurt/M. 1974 (2.), S. 431–475.

Schaefer, H.: Kind – Familie – Gesellschaft. Berlin–Heidelberg–New York 1977.

Schmidt-Munnendey, A.: Bedingungen aggressiven Verhaltens. Stuttgart 1975 (2.).

Schneewind, K. A./Lukesch, H. (Hg.): Familiäre Sozialisation. Probleme, Ergebnisse, Perspektiven. Stuttgart 1978.

Siemon-Netto, U.: Duschen mit Dollars. Amerikanische Multimillionäre – lebende Legenden. In: Zeitmagazin 8. 6. 1979/S. 4–14.

Stott, D. H.: Delinquency and human nature. Dunfermline 1950.

Thalmann, H. C.: Verhaltensstörungen bei Kindern im Grundschulalter. Eine Untersuchung über die Verbreitung und die sozialen und emotionalen Hintergrundfaktoren. Stuttgart 1974 (2.).

Therapie statt Strafe. Das Berliner Reform-Seminar über die Alternative zum Jugendstrafvollzug. Hamburg 1972 (3.).

Walther, H. (Hg.): Sozialisationsforschung. Bd. III. Stuttgart 1975.

Amendt, G.: Der Neue Klapperstorch. Die psychischen und sozialen Folgen der Reproduktionsmedizin, Bremen (2. überarb. Auflage) 1988b.

Amendt, G.: Die bestrafte Abtreibung. Argumente zum Tötungsvorwurf, Bremen 1988a, S. 109f.

Amendt, G.: Beratung als staatliche Antwort auf soziale Emanzipationsbewegungen. Die Problematik der Zwangsberatung nach § 218 StGB bei Schwangerschaftsabbrüchen. In: Nagel, H./Seifert, M. (Hg.): Inflation der Therapieformen, Hamburg 1979.

Amendt, G.: Warum die Frauenheilkunde nicht vom falschen Weg abkommt. In: pro familia magazin, 6/1989, S. 4f.

Amendt, G.: Gutachterliche Äußerung: Neuregelung des Schwangerschaftsrechts. In: Bundesrat, Dokumentation, April 1991a. Vgl. auch Abdruck in Frankfurter Rundschau, 11.5.1991.

Amendt, G.: Einige blinde Flecken in der Abtreibungsdebatte. In: Tutzinger Materialien: Susanne Heil (Hg.): § 218 – Ein Grenzfall des Rechts, 1991b.

Bericht »Der Kommission zur Auswertung der Erfahrungen mit dem reformieren § 218 StGB«, Bonn 1980.

Carr-Hill, R.-A./Thalin, M./Johansson, S.: Pregnancy, social status and health in Sweden. In: Social Science and Medicine, 1983, Bd. 17 (6), S. 343–347.

DIE GRÜNEN: Leben mit Kindern – Mütter werden laut; Eigendruck, o.J.

Forrest, J. D.: The impact of U.S. family planning programs on births, abortions and miscarriages, 1970–1979. In: Social Science and Medicine, Vol 18 (6), 1984, S. 461–465.

Luker, K.: Abortion and the Politics of Motherhood. University of California Press, 1984.

Lyon, N.: Die Reproduktion des Mutterns. Psychoanalytische und soziologische Aspekte der sozialen Organisation der Geschlechter. In: Verlic, B./Spörk, I./Simon, G.: Die heilige Familie, Wiener Frauenverlag 1990.

Oeter, K./Wilken, M.: Psycho-soziale Entstehungsbedingungen unerwünschter Schwangerschaften, Band 75, Schriftenreihe des Bundesministers für Jugend, Familie und Gesundheit, S. 35f.

Pfeil, S.: Das Kind als Objekt der Planung. Eine kulturhistorische Untersuchung über Abtreibung, Kindestötung und Aussetzung. Göttingen 1979.

Simms, M.: Nicht-ärztliche Beratung in Schwangerschaftskonflikten. In: Koschorke, M./Sandberger, J.F. (Hg.): Schwangerschafts-Konflikt-Beratung. Göttingen 1978.

Namenregister

214

215

Psychologie

Eine Auswahl

Alexandra Adler
**Individual-
psychologie
Anleitung zur
Praxis**
Band 10131

Robert F. Antoch
**Von der
Kommunikation zur
Kooperation**
Studien zur indivi-
dual-psychologischen
Theorie und Praxis
Band 4618

Charles Brenner
**Grundzüge der
Psychoanalyse**
Band 6309

**Praxis der
Psychoanalyse**
Psychischer Konflikt
und Behandlungs-
technik
Band 6740

Hilde Bruch

Eßstörungen
Zur Psychologie und
Therapie von Überge-
wicht und Magersucht
Band 6796

**Das verhungerte
Selbst**
Gespräche mit
Magersüchtigen
Band 10167

Sándor Ferenczi
**Schriften zur
Psychoanalyse**
Auswahl
in zwei Bänden
Herausgegeben von
Michael Balint
 I. Band: Bd. 7316
II. Band: Bd. 7317

Bernhard
Handlbauer
**Die Adler-
Freud-Kontroverse**
Band 7425

Jolande Jacobi
**Die Psychologie
von C. G. Jung**
Eine Einführung
in das Gesamtwerk
Band 6365

Russell Jacoby
**Die Verdrängung
der Psychoanalyse**
oder Der Triumph
des Konformismus
Band 10518

C. G. Jung
**Über Grundlagen
der Analytischen
Psychologie**
Die Tavistock
Lectures 1935
Band 6302

Fischer Taschenbuch Verlag

fi 1191/3 a

Psychologie

Eine Auswahl

 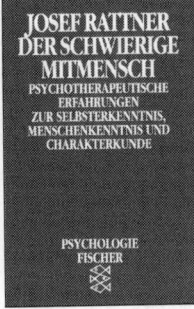 

C. G. Jung
Über die Psychologie des Unbewußten
Band 6299

Welt der Psyche
Band 10398

Arthur Koestler
Die Armut der Psychologie
Zwischen Couch und Skinner-Box und andere Schriften
Band 4616

Hans-Martin Lohmann (Hg.)
Das Unbehagen in der Psychoanalyse
Eine Streitschrift
Band 6782

Margaret S. Mahler
Studien über die drei ersten Lebensjahre
Band 10798

Gerald H. J. Pearson
Handbuch der Kinder-Psychoanalyse
Einführung in die Psychoanalyse von Kindern und Jugendlichen
Band 7324

Josef Rattner
Psychologie und Psychopathologie des Liebeslebens
Band 6737

Psychotherapie als Menschlichkeit
Band 6253

Der schwierige Mitmensch
Psychotherapeutische Erfahrungen zur Selbsterkenntnis, Menschenkenntnis und Charakterkunde
Band 6186

Reimut Reiche
Geschlechterspannung
Eine psychoanalytische Untersuchung
Band 10329

Rainer Schmidt (Hg.)
Die Individualpsychologie Alfred Adlers
Band 6799

Harry Stroeken
Freud und seine Patienten
Band 10856

Erwin Wexberg
Zur Entwicklung der Individualpsychologie
und andere Schriften
Herausgegeben von Gerd Lehmkuhl
Band 4619

Horst Wilhelm
Informationshandbuch Psychologie
Band 4533

Fischer Taschenbuch Verlag

Psychologische Ratgeber

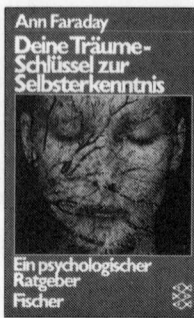  

George R. Bach /
Herb Goldberg
**Keine Angst vor
Aggression**
Die Kunst der
Selbstbehauptung
Band 3314

George R. Bach /
Peter Wyden
Streiten verbindet
Spielregeln für
Liebe und Ehe
Band 3321

Christian Büttner (Hg.)
**Spielerfahrungen
mit Kindern**
Sinnvolles Lernen
oder pädagogischer
Trick?
Band 3350

Katharina Dalton
**Mütter nach
der Geburt**
Wege aus
der Depression
Band 10955

Dorothee Ebert (Hg.)
Wer behindert wen?
Eltern behinderter
Kinder und Fachleute
berichten
Band 3349

Ann Faraday
**Deine Träume –
Schlüssel zur
Selbsterkenntnis**
Band 3306

Ingrid Fiala
**Mein Kind, dein Kind,
unser Kind**
Vom Umgang mit den
Problemen in einer
neuen Partnerschaft
Band 3529

Günther Gauß
**Angewandtes
Ganzheits-Training**
Übungen und
Erfahrungen
Band 3537

Günther Gauß
Der Weg zum Selbst
Übungen zur auto-
meditativen Energetik
Band 3536

Liz Greene
Kosmos und Seele
Wege zur Partnerschaft
Ein astro-psycho-
logischer Ratgeber
Band 10748

Werner Gross
Sucht ohne Drogen
Arbeiten, Spielen,
Essen, Lieben …
Band 3531

Wolfgang Hölzle
**Krankheit als
Neubeginn**
Bewußter leben
nach dem Herzinfarkt
Band 3360

Fischer Taschenbuch Verlag

Psychologischer Ratgeber

**Gottfried Lutz /
Barbara Künzer-
Riebel (Hg.)
Nur ein Hauch
von Leben**
Eltern berichten vom
Tod ihres Babys und
von der Zeit der Trauer
Band 10616

Else Müller

**Du spürst unter
deinen Füßen das Gras**
Autogenes Training
in Phantasie- und
Märchenreisen
Vorlesegeschichten
Band 3325

**Auf der Silberlicht-
straße des Mondes**
Autogenes Training
mit Märchen zum
Entspannen und
Träumen
Band 3363

**Steffen-Luis
Neuendorff /
Jürgen Schiel
AL-Anon: Selbsthilfe
für Angehörige von
Alkoholkranken**
Band 3361

**Karl Robert Rosa
Das ist
Autogenes Training**
Band 3323

**Klaus Janikulla-
Schüttler
Struwwelpeter-ABC
für Erwachsene**
Band 3396

**Renate Schwab
Der Drache im Herzen
des Lebensbaums**
Mit Märchen
meditieren
Band 10163

Reinhart Stalmann

**Guten Tag,
Traurigkeit**
Ein psychologisches
Brevier über den
Umgang mit sich
selber und anderen
Band 3242

Psychosomatik
Ein Therapeut erklärt
Fälle aus der Praxis
Band 3332

**Sven Wahlroos
Familienglück
kann jeder lernen**
Band 3302

Fischer Taschenbuch Verlag

fi 9 / 2 b

Gerhard Amendt
Die bestrafte Abtreibung
ISBN 3-927076-00-7

Gerhard Amendt
Der neue Klapperstorch
Die psychischen und sozialen Folgen
der Reproduktionsmedizin
ISBN 3-927076-02-3

IKARU VERLAG
BREMEN